그는 어떻게 **아시아 최고의 부자**가 되었을까?

『李嘉诚白手起家的八字箴言』 by Wang Feng
Copyright ⓒ 2004 by Wang Feng
Korean Translation Copyright ⓒ 2005 by EIN and Company Co., Ltd.
This Korean language edition is published by arrangement with Wang Feng
through ShinWon Agency Co.

이 책의 한국어판 저작권은 (주)아인앤컴퍼니가 소유합니다.
저작권법에 의하여 한국 내에서 보호받는 저작물이므로 무단전재와 무단복제를 금합니다.

그는 어떻게 아시아 최고의 부자가 되었을까?

초판 1쇄 발행 2005년 9월 1일
초판 2쇄 발행 2005년 9월 20일

지은이 왕펑(王峰)
옮긴이 황보경
펴낸이 조철선
펴낸곳 (주)아인앤컴퍼니
등록번호 제22-2451호
주소 서울특별시 서초구 양재2동 275-1 삼호물산 A동 1816호
전화 02-589-0130
팩스 02-589-0131
E-mail books@einandcompany.com
홈페이지 www.einandcompany.com

인쇄 · 제본 (주)아트정글

ISBN 89-91042-10-4   03320
값 12,500원

아인북스 는 (주)아인앤컴퍼니의 출판 브랜드입니다.

그는 어떻게 **아시아 최고의 부자**가 되었을까?

왕평(王峰) 편저 | 황보경 옮김

아인북스

리자청(李嘉誠)은 누구인가?

리자청(홍콩식으로 발음하면 리카싱, Li Ka-shing)은 미국 경제지 〈포브스(Forbes)〉에서 집계한 바에 따르면 2005년 현재 개인 재산이 124억 달러로 아시아 최대 부호이다. 또한 그는 창장실업(長江實業) 회장, 허치슨 왐포아(Hutchison Whampoa Limited) 이사회 의장으로 창장그룹을 이끌고 있는 세계적 기업인이다.

창장그룹은 주력기업인 창장실업, 허치슨 왐포아, 창장개발, 홍콩텔레콤, 홍콩전력 외에 460여 개 기업을 거느린 총자산규모 6백억 달러의 홍콩 최대의 다국적기업군단이다. 에어캐나다와 허스키오일, 파나마운하, 그리고 부산과 광양의 컨테이너터미널도 창장그룹의 소유다. 창장그룹의 사업 분야는 건설, 운송, 통신, 전력, 항만, 무역, 금융, 소매, 서비스업 등이고, 사업 대상 국가는 홍콩 외에 중국, 싱가포르, 마카오, 태국, 말레이시아, 인도네시아, 인도, 한국 등 아시아와 캐나다, 미국, 영국, 네덜란드, 오스트레일리아, 이스라엘, 파나마 등이다.

홍콩 상장기업의 4분의 1과 홍콩시장 주식 가운데 26%가 창장그룹의 소유라는 사실과 '홍콩에서 1달러를 쓰면 그 중 5센트는 리자청의 주머니로 들어간다'는 말에서 리자청이 거느린 기업 및 부의 규모를 짐작할 수 있다.

〈포브스〉에 의해 기업규모, 정치적 영향력, 사회공헌도 등의 측면에서 영향력 있는 세계 10대 기업가 가운데 한 사람으로 선정된 리자청은 투명하고 정직한 경영과 사회에 대한 지대한 공헌으로 인해 홍콩 및 중국인들에 의해 폭넓은 존경을 받고 있다. '성장 가운데 안정, 안정 속에서 지속적인 성장'이라는 경영철학을 바탕으로 그는 창장실업 설립 후 50여 년간 승승장구하며 상신(商神), 재신(財神), 초인(超人)으로 추앙받고 있다.

■ 리자청 연표 ■

1928년 7월 29일 광둥성 차오저우(潮州)시에서 훗날 초등학교 교장을 역임한 부친 리윈징(李雲經)과 모친 좡비친(莊碧琴)의 장남으로 출생.

1940년 (12세) 일본의 침략을 피해 가족이 홍콩으로 이주.

1942년 (14세) 부친이 사망하자 모친과 세 명의 동생을 부양하기 위해 중학교 1학년을 중퇴하고 사회생활을 시작. 최초의 직업은 찻집 종업원. 이후 시곗줄과 허리띠 행상 등을 거쳐 플라스틱제조업체에서 세일즈맨으로 일했으며, 근면성과 두뇌를 바탕으로 만 스무 살에 그 업체의 사장이 됨.

1950년 (22세) 플라스틱 업계의 전망과 시장성을 간파하고 창장플라스틱 공장을 설립.

1958년 (30세) 부동산개발로 업종 전환. 뛰어난 사업적 능력과 전략에 힘입어 창장실업은 빠른 시간 내에 홍콩 최대의 부동산개발회사로 성장.

1972년 (44세) 창장실업 홍콩 주식시장 상장. 70년대 말에 증시의 거물로 부상.

1979년 (51세) 홍콩 내 영국계 자본의 대표 그룹인 허치슨 왐포아 인수.

1980년 (52세) 리자청 기금회 설립. 기금회를 통해 본격적으로 자선사업 및 의료·교육사업 시작.

1981년 (53세) 고향인 차오저우 인근의 산터우(汕頭)시에 산터우대학 설립.

1984년 (56세) 홍콩전력의 최대 주주가 됨.

1996년 (68세) 창장 산하의 기업들을 독립시켜 상장.

2002년 (74세) 상하이에 MBA 전문상학원 장강상학원(長江商學院) 설립.

2005년 현재 창장그룹의 주식가치는 7천억 홍콩달러(한화 100조 원)에 달하고, 41개 국가에 투자하고 있으며, 직원 수는 16만여 명에 달함.

차례

리자청은 누구인가? · 4

비결 1 立 역경에 굴하지 않고 우뚝 서다 · 10

1. '역경에 굴하지 않는 노력'은 성공을 보장하는 묘약이다 · 12
2. 하늘은 큰 소임을 맡기기 전에 생각과 의지를 시험한다 · 15
3. 상인으로 성공할 유전자가 없어도 타고난 포부와 식견, 용기로 성공하다 · 20
4. '나는 반드시 성공한다'는 자기암시를 멈추지 마라 · 24
5. 목표는 아주 높게, 멀리 정하라 · 27
6. 항상 새로운 시도를 하고, 적극적·능동적으로 행동하라 · 32
7. 실패를 두려워하지 말고 혼자 힘으로 앞으로 나아가라 · 38
8. 사람은 현자(賢者)를 따라야 인격이 높아진다 · 42

비결 2 進 지혜와 용기로 기회를 포착하여 과감히 나아가다 · 46

1. 모든 일을 자신을 단련시키는 기회로 여겨라 · 48
2. 담력과 과감성은 성공의 밑거름이다 · 50
3. 근면함으로 부족함을 보완하라 · 54
4. 인생이란 사전에 '만족'이란 단어는 없다 · 59
5. 과감하게 독립하여 주인이 되어라 · 63
6. 사업이 순조로울 때도 변혁과 발전을 꾀하라 · 67
7. 성공의 4요소 : 사업가적 기질, 뛰어난 두뇌, 근면성, 기회 · 74
8. 세인의 허를 찌르는 기세로 밀고 나가라 · 78

비결 3 **謹** 욕심을 삼가고 신중한 태도로
　　　　발전을 꾀하다 · 88

　　1. 이익에 급급하면 큰 오류를 범할 수 있다 · 90
　　2. 큰일을 하려면 신중함을 잃지 않아야 한다 · 92
　　3. 전체적인 국면을 고려하며 치밀한 전략을 세워라 · 95
　　4. 투자를 해야 할 때는 조금도 망설이지 마라 · 99
　　5. 영원히 이익을 내는 장사는 없음을 기억하라 · 103
　　6. 안정 속에서 발전을, 발전 속에서 안정을 도모하라 · 105
　　7. 치밀한 준비 없이는 싸움을 하지 마라 · 109
　　8. 계란을 한 바구니에 담지 마라 · 114

비결 4 **略** 치밀한 전략과 전술을 통해
　　　　작은 것으로 큰 것을 얻다 · 124

　　1. 다른 사람이 버릴 때 취하고, 싸게 사서 비싸게 판다 · 126
　　2. 결사적으로 싸우지 않고도 적의 힘을 역이용해 승리하다 · 129
　　3. 상대의 허점을 파고듦으로써 골리앗을 쓰러뜨리다 · 138
　　4. 결정적 순간에는 모든 것을 걸고 전력투구하다 · 143
　　5. 치열한 경쟁을 직시하며 과감히 승패를 겨루다 · 149
　　6. 다원화전략으로 지속적인 성장을 추구하다 · 156
　　7. 남보다 한발 앞선 투자로 이익을 창출하다 · 163
　　8. 이익을 같이 하는 자들과 단결하여 뜻하는 바를 이루다 · 168

차례

비결 5 術 교묘한 세의 이용과 기발한 방법으로 승리하다 · 176

1. 적은 자본으로 10배가 넘는 이윤을 창출하다 · 178
2. 자본을 빌려 돈을 벌다 · 183
3. 사람과 돈을 함께 얻는 일석이조의 장사를 하다 · 187
4. 서두르지 않고 최적의 시기를 기다려 어부지리를 얻다 · 194
5. 이익을 줄 수 없는 일은 과감히 포기하다 · 198
6. 장점을 최대한 선전하고, 유리한 점을 적극 활용하다 · 205
7. 다양한 방법으로 광고효과를 얻다 · 210
8. 어리석음을 가장하여 목적을 달성하다 · 214

비결 6 人 인재를 적극적으로 유치하고 양성하다 · 220

1. 포용력을 갖고 인재를 발굴, 양성하다 · 222
2. 사업의 성공은 능력과 인품을 갖춘 인재의 활용에 달려 있다 · 226
3. 리자청의 인사원칙 : 합리성, 전문성, 연공서열의 파괴 · 229
4. 전문성을 갖춘 인재를 중용하다 · 232
5. 외국인을 영입하여 기업의 경쟁력을 높이다 · 238
6. 능력 있는 인물들을 자기 사람으로 만들다 · 243
7. 충분한 보상으로 인재의 가치를 인정하다 · 247
8. 후계자 양성에 심혈을 기울이다 · 250

비결 7 正 믿음, 의리, 정직함으로 일관하다 · 260

1. 성실과 신용으로 성공의 기초를 놓다 · 262
2. 필요한 순간에는 위험을 무릅쓰고 리더의 역할을 해내다 · 266
3. 우호적 M&A로 윈윈전략을 달성하다 · 271
4. 근검절약하지만 타인에게는 크게 베풀다 · 276
5. 공익사업과 자선활동에 앞장서다 · 282
6. 의리를 중시하고 이익에 연연하지 않다 · 290
7. 몸가짐에 각별히 신경 쓰며 바르게 처신하다 · 298
8. 명예를 목숨보다 소중히 여기다 · 303

비결 8 情 은혜에 보답하고 인간관계에 정성을 쏟다 · 314

1. 대(對)사회 관계에 심혈을 기울이다 · 316
2. 은혜를 입은 사람에게는 반드시 보답을 하다 · 319
3. 이익보다 의리를 중시하여 스스로의 약속을 어기지 않다 · 323
4. 회사의 운명은 직원이 결정한다는 사고를 갖다 · 325
5. 국가와 국민에 이바지하는 것이 인생의 큰 기쁨이다 · 328
6. 뜨거운 애국심으로 조국에 헌신하다 · 333
7. 겸손함과 인정미가 돋보이는 인간적 매력을 지니다 · 341
8. 고향과 공익을 위한 활동에 헌신하다 · 345

역경에 처하는 것은 두려운 일이 아니다. 우리가 정작 경계해야 할 것은 역경에서 벗어나 앞으로 나아가지 못하는 태도이다. 창업을 할 때 사람들은 순조롭게 성공하기를 희망한다. 그러나 성공은 사람의 뜻대로 되는 것이 아니다. 역경에 처했을 때 어려움을 깊은 나락으로 여기는지 용광로로 보는지는 사람마다 다르지만, 강한 사람은 후자의 태도를 취할 것이다. 리자청은 역경 속에서도 굳은 의지로 독학을 했고, 모든 일을 완벽하게 처리한다는 원칙으로 고집스럽게 자립했다.

(비결 1)

立

역경에
굴하지 않고
우뚝 서다

1 '역경에 굴하지 않는 노력'은 성공을 보장하는 묘약이다

인간은 본능적으로 성취욕을 가지고 있다. 그런데 성취, 혹은 성공에 대해 이야기할 때 사람들은 '행운'이란 단어를 떠올린다. 행운이 실제로 어떻게 작용하는지 단언할 수는 없지만, 행운이 성공의 결정적 요소는 아니다.

일반적으로 중국인들은 성공을 해도 겸손하게 운이 좋았다고 말하지 피나는 노력으로 쟁취한 것이라고 하지 않는다. 하지만 리자청은 성공에는 세 종류가 있다고 생각한다. 첫 번째는 열심히 일을 하여 얻은 성공이다. 두 번째는 약간의 행운이 따르기는 하지만 주로 비상한 두뇌회전과 기민한 판단력으로 성공한 것이다. 세 번째는 운도 좋지만 개인적인 능력이 없다면 이룰 수 없는 성공이다.

그렇다면 리자청의 성공에는 운이 어느 정도 작용했을까? 이는 많은 사람들의 관심사이자 질리지 않는 화젯거리 중 하나다. 실제로 운은 흔히 끊임없는 노력에 부산물처럼 따라 온다. 리자청은 이에 대해 독특한 견해를 갖고 있는 것으로 알려져 있다. 그는 '시대가 영웅을 만든다'는 말은 겸손한 말에 불과하다고 반박하면서 자신의 경험을 토로했다. "솔직히 말하면 나는 창업 당시에 운이라곤 거의 없었다. 오로지 고생을 감수하면서 열심히 일을 해서 돈을 번 것이다. 성공하기 위해서는 자신의 일과 사업에 대해 무한한 흥미를 갖고 혼신의 힘을 다해야 한다."

"운명을 부정하기 힘든 이유는, 환경이 여의치 않으며 인간관계가 좋지 않으면 성공할 수 없기 때문이다. 그러나 즉흥적으로 어떤 일을 벌였다가 실패했을 때 운명을 원망한다면 그것은 잘못된 태도이다."

10대에 학교를 중퇴하고 무일푼으로 사회에 뛰어들어 자산가치가 6백 억 달러에 달하는 기업군단을 일궈낸 그의 성공은 노력과 행운이 어떻게 변증법적으로 작용하는가를 잘 보여준다.

그는 서른 살부터 자신의 재산이 정확히 얼마나 되는지 계산하지 않았다. "1957년과 58년에 굉장히 많은 돈을 벌자 얼떨떨한 기분이 들었다. 시간이 지나면서, 사업을 하면 당연히 많은 돈을 벌어야 하지만 돈은 좋은 목적에 써야만 한다는 사실을 깨닫게 되었다. 그래야 돈을 번 의미가 있는 것이다. 처음 사회에 뛰어들어 일을 하면서 몇 년 동안은 스트레스가 굉장했고, 동생들을 공부시키느라 몹시 힘들었다. 사업을 시작한 지 얼마 안 되어서는 몇 년간 자금 부족으로 곤경에 처했다. 그러나 열심히 일과 공부를 하고, 새로운 것을 계속해서 시도하면서 근검절약하는 생활을 했다. 내 자신에게는 엄격하면서도 친구들에게는 아낌없이 베풀었다. 노력을 하다 보니 생활에 대한 걱정도 하지 않게 되었다. 분명한 사실은, 사업이 일정 궤도에 오른 뒤 새롭게 도약할 계기가 생겼을 때 절대로 과욕을 부려서는 안 된다는 것이다."

그는 또한 이런 반성도 했다. "나는 젊었을 때 겉으로는 겸손한 척했지만, 실제로는 아주 교만했다. 동료들이 놀 때 나는 공부했고, 그들이 현실에 만족하고 있을 때 나는 나날이 발전하고 있었기 때문이다."

그는 친구나 동료들이 마작을 하며 놀 때 《사해(辭海)》라는 두꺼운 국어사전을 손때로 까맣게 되도록 정독했던 것에 대해 "공부를 한 것이 아니라, 학문을 도둑질했다"라고 표현했다.

학문에 대한 열정이 있었기에 자신을 둘러싼 환경을 바꿀 수 있었고, 그로 인해 행운의 여신은 리자청을 찾아왔다. 만약 그에게 열정과 학구열이 없었다면 하늘에서 돈다발이 떨어졌더라도 움켜쥐지 못했을 것이다.

성공적인 정치가는 몇 년간의 노력으로 만들어질 수 있다. 하지만 성공적인 사업가, 특히 자수성가한 사업가는 평생을 바쳐야 탄생된다고 한다. 리자청의 성공과정은 이 말을 그대로 증명하고 있다. 그는 두뇌가 매우 명석하고 인생관도 확실해서 큰 실수를 저지른 적이 없다. 그러나 오늘날과 같은 성과를 이루기 위해 그는 거의 평생을 몸 바쳐 일하고 공부했다. 또한 성공이라는 목적지에 이르는 데에는 지름길이 없음을 여실히 증명했다. 뿌린 자만이 수확을 할 수 있고, 일생을 분투해야 성공적인 삶을 이룰 수 있다는 진리를 실천한 것이다.

> **· 리자청 어록 ·**
>
> 사람은 반드시 뜻, 지식, 도덕성을 가지고 있어야 한다.

2 하늘은 큰 소임을 맡기기 전에 생각과 의지를 시험한다

투지란 한 사람이 평생 지니고 있는 포부의 다른 말이라 할 수 있다. 투지가 강할수록 큰일을 할 수 있다. 투지야말로 고난과 싸워 이길 수 있는 잠재력을 끌어올리기 때문이다. 실제로 모든 사람들은 인생에서 많은 곤경에 처하지만 투지가 식지 않는 사람만이 살아남는다.

맹자는 이렇게 설파했다. "하늘은 어떤 사람에게 큰 소임을 맡기기 전에 반드시 생각과 의지를 시험한다. 기아에 허덕이게 함으로써 빈곤이 어떤 것인지 알게 하고, 하는 일마다 좌절을 맛보게 함으로써 경각심을 갖게 만들고, 강한 성격으로 단련시킴으로써 능력을 향상시키는 것이다."

깊은 의미를 지닌 맹자의 이 말은 2천여 년을 전해지면서 뜻을 지닌 사람들이 고난을 극복하고 위대한 일을 하도록 격려하는 작용을 했다. 하늘의 의지를 믿지 않더라도, 우리는 사람이 소명을 갖고 큰일을 해내려 할 때는 정신적, 육체적으로 엄청난 시련을 겪는다는 사실을 잘 알고 있다. 그 이유는, 안락함은 흔히 의지를 약화시키지만, 역경은 인간을 분발하게 만들어 생존과 발전을 모색하게 만들기 때문이다. 이 이치는 '사람은 우환 속에서 살아남고, 안락함에 죽는다'는 말로 설명할 수 있을 것이다. 맹자는 어려운 환경을 딛고 일어난 고대의 현인 여섯 명을 예로 들고 있다. 순(舜)임금은 가난한 농촌에서 일어나 왕이 되었고, 부열(傅說)은 둑을 쌓는 일을 하다가, 교격(膠鬲)은 물고기를 잡고 소금을 굽는 일을 하다가, 관리오(管夷吾)는 감옥에 갇혔다가, 손숙오(孫叔敖)는 바닷가에서, 백리해(百里奚)는 시장에서 일을 하다 관직에 등용되어 높은 자리에 올랐다. 이렇듯 고난과 역경은 큰 인물을 탄생시키는 필수조건이지만, 문제는 보통사람들이 과연 시련을 견뎌낼 수 있는가 하는 점이다. 그러므로 낙관적으로 말한다면 시련을 모두 이겨낸 사람에게 성공은 이미 그 모습을 드러내고 있는 것이라 할 것이다.

리자청의 유년 시절, 중국은 몹시 혼란했다.

1937년 7월 7일, 일본이 중국을 침략한 지 얼마 안 되었을 때 리자청의 고향 광둥(廣東)성의 차오저우(潮州)는 일본군에게 점령당했다. 방화와 약탈을 자행한 일본군은 주민들을 안심시키기 위해 곳곳에 벽보를 붙였지만, 공포와 불안감에 사로잡힌 주민들은 피난을 떠났다.

오랫동안 교사생활을 했던 리자청의 부친 리윈징(李雲經)은 전쟁으로 일자리를 잃었고, 초등학생이었던 리자청도 학교를 그만두어야 했다. 시국이 어지럽고 생계도 막막해진 리윈징은 대대로 살아온 고향에서 살 수 없다는 생각에 1940년 초, 처자식을 데리고 청하이현(澄海縣) 룽두(隆都)의 송컹(松坑)에 있는 처가로 갔다. 처가에 잠시 머물렀던 그는 몇 군데를 전전하다 허우고우(後溝)로 가서 초등학교 교사인 동생에게 의탁했다. 그해에 리자청의 조모가 세상을 떠나자 리윈징과 리이 형제는 얼마 안 되는 재산을 털어 장례를 치렀다.

리윈징은 교직을 잃은 뒤 1년간 실업상태였지만 다시 교직으로 돌아가지 못했다. 육체노동도, 장사도 할 수 없었던 그는 선생이야말로 아무 짝에도 쓸모없는 인간이라고 한탄만을 했다. 동생의 얼마 안 되는 수입에 빌붙어 살던 리원징은 초조하기 짝이 없었으나 결국 얼마 안 가 동생의 저축도 바닥이 나고 말았다.

중국대륙에는 전쟁이 치열했지만 전란의 불길을 피해 번영을 구가했던 홍콩은 내지인들의 피난처가 되었다. 리원징도 홍콩으로의 피난을 고려했는데, 마침 처남 좡징안(莊靜庵)이 홍콩에서 꽤 성공한 상인이었으므로 처 좡비친(莊碧琴)과 며칠을 상의한 끝에 홍콩으로 가기로 결정을 내렸다. 그리고 1940년 겨울, 리원징 일가는 10여 일의 고생 끝에 홍콩에 도착했다.

당시 세계 최대의 자유무역항이었던 홍콩은 그 화려함으로 인해 '속세의 도원경(桃源境)', '동양의 진주'라는 별명을 갖고 있었다. 만약 리자청이 홍콩에 오지 않았다면 후일 거대한 부의 제국을 건설하는 신화를 창조하기란 거의 불가능했을 것이다.

화려한 도시 홍콩에 오기는 했지만 리자청 일가의 생활은 도원경의 평온함과는 거리가 멀었다. 오히려 그들은 가난과 냉혹한 인심만을 맛보았다. 특히 리자청은 열네 살의 나이에 일가를 책임지는 무거운 짐을 떠맡고 생활전선에 뛰어들어야 했다. 하지만 이로 인해 그는 일찌감치 철이 들었고, 삶에 대한 투지를 갖고 성공을 향해 나아갈 수 있었다.

리자청의 외삼촌 좡징안은 어린 시절 차오저우의 사숙(私塾)에서 글을 익혔고, 초등학교를 졸업한 후 차오저우 사람들이 대부분 그러하듯 고향을 떠나 객지에서 삶을 개척했다. 1935년, 27세의 좡징안은 홍콩에 시계공장을 차렸다. 소자본으로 간단하게 만든 시계였지만 품질과 가격 면에서 대리점과 소비자들을 만족시켜 날개 돋친 듯 팔려나갔다. 사업규모가 커지자 시계무역에도 손을 댄 그는 스위스제 시계를 수입하여 동남아 국가들에 판매했다.

리자청 일가가 홍콩으로 이주했을 당시, 좡징안은 이미 차오저우와 산터우(汕頭) 출신의 동향들 사이에서 성공한 인물로 이름이 높았다. 그는 기꺼이 누이 가족에게 방을 내주어 살게 했다. 그는 고향 소식을 묻고 나서 매형에게 초조해하지 말고 휴식을 취한 뒤, 홍콩 구경도 하면서 천천히 일자리를 찾으라고 했다.

리윈징 부부는 좡징안이 자신의 회사에서 일하라고 권하지 않자 뜻밖이라는 생각이 들었다. 인척을 회사에 개입시키지 않으려는 고충을 이해하면서도 섭섭한 감정은 어쩔 수 없었다. 보다 못한 좡비친이 동생에게 말을 꺼내려 하자 리윈징은 제지했다. 어쩔 수 없이 처남의 신세를 지게 되었지만, 더 이상 폐를 끼치고 싶지 않았기 때문이다. 게다가 그는 '쌀 다섯 말을 위해 허리를 굽히지 않는다'는 전통적 선비정신이 몸에 배어 있었고 자존심이 무척 강했다.

한편 홍콩은 영국의 식민지였지만, 2차 세계대전 발발 후 일본군이 홍콩에 진주함에 따라 평화는 깨졌고 미래는 암담해졌다. 일본군의 점령으로 홍콩경제가 붕괴되자 살기는 더욱 힘들어졌다. 가족을 먹여 살리기 위해 결사적으로 일을 하던 그는 오랜 기간 누적된 피로와 빈곤, 울분 등으로 폐병에 걸려 쓰러지고 말았다. 그리고 1943년 겨울, 병을 이겨내지 못한 리윈징은 기구한 삶을 등지고 별세했다.

한 유명한 철학가는 역경이야말로 천재를 주조하는 최상의 용광로라고 말했다. 그렇듯 리자청은 고난과 역경이라는 학교를 졸업하면서 점차 성공의 길로 접어들게 된다.

그는 부친의 유언을 지금까지도 기억하고 있다. "사람은 가난해도 뜻을 꺾지 말아야 한다. 남에게 도움을 청하기보다는 스스로 구하라. 고생을 해본 사람만이 우뚝 일어설 수 있다. 실의에도 절망하지 말고, 뜻을 이뤄도 근본을 잊지 마라."

이러한 선친의 유지는 리자청에게 평생 유익한 가르침으로 작용했다. 비록 훌륭한 유언을 남기기는 했지만 리원징은 아들 리자청에게 한 푼의 재산도 남겨주지 못한 채 가족을 부양해야 하는 무거운 짐만 남겼다.

불운했던 소년시절은 리자청을 단련시켜 재계의 영웅으로 만들려는 하늘의 뜻이 아니었을까? 만약 "하늘은 중대한 사명을 맡기기 전에 반드시 생각과 의지를 시험한다"는 맹자의 말을 적용한다면 이 질문에 대한 적절한 답이 될 것이다. 10대를 유복하게 보냈다면 리자청은 그저 평범한 삶을 살게 되었을지도 모른다.

> • 리자청 어록 •
>
> "어렸을 때 우리 집은 부유하지는 않았지만 생활은 안정적이었다. 아버지와 큰아버지, 숙부들은 교육을 많이 받으셨고 사람들로부터 존경을 받는 선비들이었다. 그런데 선친을 따라 홍콩에 온 후 나는 이해관계에 따라 표변하는 사람들의 인심을 경험하면서 세상을 새롭게 알게 되었다. 그리고 결국 환상을 버리고 천진함도 잃게 되었다."

3 상인으로 성공할 유전자가 없어도 타고난 포부와 식견, 용기로 성공하다

리자청은 '은수저를 입에 물고 태어난' 행운아는 아니었다. 그렇다면 상인으로 성공할 유전자를 타고났을까? 대답은 정반대이다.

그의 집안은 대대로 고관대작이나 부유한 상인을 배출한 적이 없는, 글자 그대로 선비집안이었다. 족보에 따르면, 명대 말에서 청대 초기에 시조인 리밍산(李明山)은 전란을 피해 푸젠(福建)성 푸텐(蒲田)에서 광둥성 차오저우부(潮州府)의 하이양(海陽)현, 즉 오늘날의 차오저우시로 이주했다. 시조 리밍산부터 꼽으면 리자청은 10대 손이 된다.

리씨 집안은 학문에 전념하는 가풍을 지니고 있었다. 리자청의 증조부인 리펑완(李鵬萬)은 청대의 관직인 팔공(八貢)을 역임했다. 그 후 리씨 집안은 명문가로 자리 잡았고, 집 앞에는 팔공 출신임을 알리는 공기(貢旗)가 게양되었다.

조부인 리샤오판(李曉帆)은 청대 말기 과거에 합격한 수재였으나 관직을 역임하지 못한 채 초야에 은둔했다. 20세기 초 서구 열강의 침략과 함께 서양 학문이 들어오자 전통 학문을 익혔던 리샤오판은 아들 리윈장(李雲章)과 리윈디(李雲梯)를 일본에 유학 보냈다. 그들은 각기 상과와 사범학교를 졸업한 뒤 귀국하여 차오저우와 산터우에서 교육사업에 종사했다.

리자청의 부친 리원징은 어려서부터 총명하고 학구적이었다. 1913년, 15세에 우수한 성적으로 성립(省立) 진산(金山)중학교에 입학한 그는 4년 뒤 1등으로 졸업했다. 이 무렵 가세가 기울어 대학 진학이 어렵게 되자 그는 롄양(璉陽)학교의 초빙을 받아 교직의 길로 들어섰다.

수년간 교사생활을 한 후 그는 교직을 떠나 멀리 인도네시아의 자바에 들어가 차오저우 상인이 경영하는 위허(裕合)공사에 들어갔다. 그러나 얼마 되지 않아 시국이 혼란해지자 귀국하여 차오안(潮安)의 헝안(恒安)회사에서 창고 관리와 출납 업무를 보게 되었다. 그러나 얼마 후 회사는 도산했다.

직장생활에서 두 번의 실패를 경험하자 리원징은 교직이 천직임을 깨닫고 룽두(隆都)의 허우고우(後溝)학교에서 다시 교사생활을 시작하여 차오저우가 일본군에 함락될 때까지 근무했다. 뛰어난 실력으로 명성이 높아지자 그는 1935년 봄에 안푸(庵埠)의 훙안(宏安)초등학교 교장으로 초빙되었다.

이미 반세기가 넘은 일이라 그가 교직을 떠나 상업에 종사하려 했던 정확한 이유를 알기는 힘들다. 그러나 여러 자료에 나타난 바에 의하면 가난과 혼란한 시국이 그를 전직하게 만들었다고 한다. 이밖에 환경적인 문제도 지적하지 않을 수 없다. 차오저우와 산터우지역은 세계에 퍼져 있는 화교들의 고향으로 유명한 곳이다. 현재 이 지역의 인구는 1천만 정도인데 비해, 해외에 거주하는 화교는 6~7백만 명에 달한다. 여기에다 홍콩, 마카오, 타이완까지 포함시키면 차오저우와 산터우 출신의 화교는 1천만이 넘는다.

광둥성 동부의 정치, 경제, 문화의 중심지인 차오저우와 산터우의 주민들은 일찍이 명·청시대부터 무역이 발달하면서 많은 인구가 해외로 진출했다. '상인은 이익을 중시할 뿐 이별은 가볍게 여긴다', '안주하기보다는 떠도는 삶을 선택한다'는 의식을 갖고 있던 이들의 이주는 빈곤으로 인한 이민과는 이유가 다르다. 적극적인 개척정신은 이 지역 사람들의 또 다른 특징으로서, 다른 지역의 이주와는 다른 양상을 보인다. 즉, 산둥(山東)성 출신들의 만주로의 이주, 닝보(寧波)에서 상하이(上海)로의 이주와 같은 국내적인 이동이 아니라, 해외로 눈을 돌린 것이다.

차오저우와 산터우 주민들의 해외이주는 19세기 중엽부터 붐을 이루었다. 1861년에 항구가 개방되면서 해외로 이주하는 노동자들은 매년 수만 명에 달했다. 광둥 세관의 통계에 의하면 1876년부터 1898년 사이에 홍콩과 동남아로 이주한 중국인은 150여 만 명에 달했는데, 그 중 절대다수가 차오저우와 산터우 출신이었다. 중국에는 해외에 진출한 노동자들의 눈물겨운 이민사를 다룬 영화와 문학작품이 많다. 착취와 사기, 인신매매 등을 주제로 한 그 작품들은 역사적 사실을 근거로 했지만 허구성도 많이 가미되었다고 볼 수 있다. 그 이유는 그 지역 노동자들의 대부분은 해외에서 꿈을 실현하기 위해 자발적으로 이주했기 때문이다. 실제로 그 지역 사람들은 모험정신과 개척정신이 투철했다. 이민 인구의 구성비율을 보면 노동자 계층은 점차 감소한 데 비해 상인들의 수는 매년 증가했다. 그러나 이민 붐은 1949년 중국 본토의 공산화를 기점으로 막을 내렸다.

리원징의 이주는 이러한 분위기와 무관하지 않았다. 차오저우와 산터우에는 해외에서 부를 쌓은 이민자들의 전설적인 성공담이 성행했다. 실제로 성공보다는 실패사례가 더 많았지만, 성공사례는 이 지역 주민들을 해외로 이주하게 만드는 원동력이 되었다.

리원징의 경우는 원인이 무엇인지 확실히 알 수 없지만 이민에서 실패한 케이스였다. 어지러운 시국과 사업을 하기에는 험난한 환경 등이 이유가 되었겠지만 그는 어쨌든 원점으로 돌아와 교편을 잡았던 것이다. 의리를 중시하고 이해관계에 밝지 못한 그의 전통적 도덕관이 장사를 하기에 부적합했을 수도 있고, 교육에 대한 열정이 강했기 때문이었을 수도 있다.

리씨 집안의 가족사를 살펴보면 사업으로 부를 쌓는 데 필요한 유전자가 결여되어 있음을 알 수 있다. 그럼에도 불구하고 리자청이 일세를 풍미하는 재계의 거물이 된 데에는 고난으로 점철된 청소년시절의 경험이 큰 자극제가 되었을 것이다. 또한 선천적으로 타고난 포부, 담력, 식견, 용기가 그를 성공적인 상인으로 만들었다.

• 리자청 어록 •

대기업들은 모두 작고 미약한 출발점에서 시작했다.

4 '나는 반드시 성공한다'는 자기암시를 멈추지 마라

야심이 큰 사람에게 있어 고통은 두려움이 아니라 오히려 투지를 불태우게 만드는 촉매제이다.

1940년 초, 열두 살의 리자청은 일본군의 침략을 피해 홍콩에 도착했다. 리윈징은 현실을 직시하고 장남인 리자청에게 학업을 그만두고 '홍콩인이 되라'고 주문했다.

성공한 홍콩사람들의 가장 큰 특색은 뛰어난 사교능력을 가지고 있다는 것이다. 사교능력을 갖추기 위해 우선적으로 갖춰야 할 것은 '언어' 능력이었다. 홍콩사람들의 가장 보편적인 언어는 광저우화(廣州話)이다. 광저우화는 광둥의 방언이고, 차오저우와 산터우 말은 푸젠 남부의 방언이기 때문에 양자는 의사소통이 되지 않는다. 그리고 공용어는 영어이므로 홍콩에서 성공하기 위해서는 영어를 구사할 줄 알아야 했다.

리윈징은 리자청에게 광저우화와 영어를 공략하도록 했다. 홍콩에서 뿌리를 내리고 국제적으로 활동하기 위해서는 두 언어를 마스터해야 한다는 사실을 깊이 인식했던 것이다. 리자청은 부친의 뜻에 따라 열심히 공부했다. 단어장을 손에서 놓지 않았고, 밤에는 식구들의 수면을 방해하지 않기 위해 집 밖으로 나와 가로등 아래에서 밤을 새며 회화를 연습했다. 노력은 인간을 배신하지 않는 법, 몇 년 후 리자청은 광둥어와 영어를 모두 유창하게 구사할 수 있게 되었다.

영어는 그에게 돈으로 환산할 수 없는 막대한 이익을 안겨주었다. 창장(長江)플라스틱공장을 창업할 당시 그는 뛰어난 영어실력으로 외국 바이어와 직접 상담을 하여 주문을 따냈고, 이를 시작으로 그는 세계 제일의 '플라스틱조화(造花)의 왕'이 되었다. 후에 세계적인 기업을 경영하는 데 있어 영어는 더욱 중요한 무기가 되었다.

만일 리자청이 차오저우의 언어만을 했다면 사업범위도 제한적이었을 것이고, 지금과 같은 큰 성공은 기대할 수 없었을 것이다.

언어능력이 사업가에게 있어 얼마나 중요한지는 마카오의 카지노 왕 스탠리 호(Stanley Ho, 何鴻燊)의 경우에서도 확인할 수 있다. 일본군이 홍콩을 침입하자 스탠리 호는 마카오로 피난을 갔다. 그는 명문가 출신으로, 영어실력이 뛰어났다. 롄창(聯昌)공사에 입사한 그는 비서로 일하면서 포르투갈과 일본인 사업가들과 교분을 트게 되었다. 이 과정에서 영어만으로는 중요한 비즈니스 기회를 놓칠 수 있다는 사실을 자각한 뒤 야간 대학에서 일어와 포르투갈어를 공부했다.

환경에 잘 적응하지 못한다는 약점 때문에 성공의 기회를 놓치는 사람들이 있다. 영웅과 시대의 관계는 어떤 의미에서는 인간과 환경의 문제라 할 수 있다. 환경을 바꾸기 위해서는 먼저 적응을 해서 생존해야 한다. 일단 생존한 다음에는 환경을 변화시킬 수 있다.

리자청은 홍콩이란 낯선 곳, 그것도 치열하기 짝이 없는 경쟁사회에 발을 내디디면서 사고방식에 일대 전환을 겪었다. 배금주의(拜金主義)가 팽배한 홍콩사회의 사람들과 본토 사람들의 사고방식은 천양지차였다. 홍콩인들은 '직장은 전장(戰場)'이라는 의식을 가지고 있기 때문에 아무리 돈이 많아도 조금도 나태해지지 않았다. 이런 환경 속에서 열네 살

소년 리자청이 일가족을 부양하면서 자신의 입지를 마련하는 것이 얼마나 어려웠을지는 짐작이 가고도 남는다.

그는 당시 자신이 어떤 생각을 가지고 있었는지를 이렇게 술회했다.

"어렸을 때 우리 집은 부유하지는 않았지만 생활은 안정적이었다. 아버지와 큰아버지, 숙부들은 교육을 많이 받으셨고 사람들로부터 존경을 받는 선비들이었다. 그런데 선친을 따라 홍콩에 온 후 나는 이해관계에 따라 표변하는 사람들의 인심을 경험하면서 세상을 새롭게 알게 되었다. 그리고 결국 환상을 버리고 천진함도 잃게 되었다."

그의 청소년시절의 이력에서 알 수 있듯이, 환경의 영향은 실로 엄청나다. 그러므로 끝없이 환경에 적응하려는 노력을 하고, 더 나아가 새로운 환경을 만들어가는 것이야말로 가장 중요한 능력임을 알 수 있다. 리자청은 험난한 환경에서 현실을 직시했고, 과감하게 의식을 바꿔나갔다. 시대에 맞지 않는 생각과 습관들을 버리고 새로운 환경의 장점들을 과감히 받아들이면서 낯선 환경에 적응했다. 이런 면에서 볼 때 홍콩이 리자청의 인생을 바꾸었다기보다는, 그가 홍콩에 적응하고 정복하여 진정한 강자로 태어났다고 하는 편이 옳다.

· 리자청 어록 ·

예전에 내가 젊은이들에게 했던 말의 99%는 사람의 도리에 관한 것이었다. 그러나 이제는 사업에 대해서도 이야기를 한다. 그들과의 대화 내용 중 3분의 1이 사업에 관한 것이고, 3분의 2는 여전히 인간으로서 갖춰야 할 덕목에 대한 것이다. 인간을 이해하는 것은 무척이나 중요한 일이기 때문이다.

5 목표는 아주 높게, 멀리 정하라

역경에 처하는 것은 두려워할 일이 아니다. 정작 경계해야 할 것은 어려움 속에서 뜻과 의지를 상실하는 것이다. 그렇게 되면 아무것도 이룰 수 없기 때문이다. 리자청은 찻집(우리의 다방과는 달리 가벼운 식사인 딤섬(點心)과 차를 판다)에서 힘들게 1년을 일했다. 그러나 주인은 그의 성실성과 근면함을 높이 사 일반 종업원보다 많은 월급을 주었고, 저녁 근무시간도 줄여주었다.

리자청은 가족의 생계를 해결하고 동생들의 학비를 댈 수 있게 해준 찻집 주인에게 진심으로 감사하는 마음을 가졌다. 또한 그로 인해 인생에서 자신을 단련시키는 소중한 경험을 했다고 생각했다.

물론 그의 포부는 결코 평범한 종업원에 머무는 것이 아니었다. 아무리 일을 잘한다 해도 찻집에는 비전이 없기 때문이다. 그는 기술을 배울 수 있는 직업을 원했으므로 외삼촌의 시계회사에서 일해보고 싶었다. 그러나 예전에 외삼촌의 호의를 거절한 적이 있기 때문에 번복을 할 수가 없어 며칠을 망설였다.

심사숙고를 거듭한 그는 이제 사회적 경험과 능력을 쌓았으므로 외삼촌의 회사에 들어가도 신세를 지는 것이 아니며 당당하게 일할 수 있다는 결론을 내렸다. 게다가 남자가 뜻을 펴기 위해서는 듣기 싫은 말을 좀 들더라도 감수해야 한다고 생각했다.

　리자청이 우려했던 것과 달리 외삼촌 장징안은 흔쾌히 자신의 회사에서 일하라고 허락했다. 입사 후 외삼촌은 조카라는 이유로 특별대우를 해주지는 않았다. 그래서 얼마 동안 리자청은 청소와 심부름만 했을 뿐 시계와 관련된 일은 접하지도 못했다. 찻집에서 엄격한 훈련을 받은 리자청에게 있어 이런 일은 조금도 힘들지 않았다.

　회사 직원들은 처음에는 리자청이 사장의 외조카라는 사실을 알지 못했다. 그들은 사장에게 리자청이 "나이는 어리지만 영리하고 아주 부지런하다", "사람들의 얼굴만 보고도 무슨 생각을 하는지를 알아차려서 먼저 돕곤 한다"며 칭찬을 아끼지 않았다. 사람을 파악하는 능력은 리자청이 찻집에서 익힌 것으로, 어른들도 놀라움을 금치 못할 정도였다.

　리자청이 중난(中南)시계회사에 들어간 목적은 시계를 조립하고 수리하는 기술을 배우기 위해서였다. 하루 빨리 기술을 익히기 위해 그는 일하는 틈틈이 기술자들의 어깨 너머로 눈 도둑질을 했다. 기술자들도 점차 리자청의 성실함을 기특하게 여겨 기꺼이 기술을 가르쳐주었다. 머리와 손재주가 좋은 리자청은 반 년 만에 시계에 관한 기술을 거의 마스터했다. 조카의 나날이 발전하는 모습을 본 외삼촌은 마음속으로 몹시 기뻐했지만 칭찬의 말은 한마디도 건네지 않았다.

　1945년 8월, 일본이 투항하자 암담했던 일본 점령의 시대가 막을 내렸지만 홍콩의 피식민지 상황은 변함이 없었다. 영국의 통치는 끝나지 않았다. 2차 대전이 발발하기 전 홍콩 인구는 163만이었지만 일제 점령기에는 60만으로 급감했다. 영국이 홍콩을 접수할 때 많은 가옥과 건물이 파괴되어 17만 명이 집을 잃은 상태였다. 그런데 타지로 피난 갔던 주민들이 매월 10만 명 정도씩 돌아오면서 식량, 연료, 주택 등이 심각하게 부족해지자 영국정부는 문제 해결과 경제 회복을 위한 조치를 취하기로 결정했다.

　이런 상황에서 리자청의 외삼촌은 홍콩이 머지않아 비약적으로 발전하리라 예견하고 회사규모를 대폭 확장하고 인사조정을 단행했다. 그래서 리자청은 대리점 직원으로 승진하게 되었다. 그는 단시간에 시계의 조립과 수리기술을 익혀 고급 기술자의 수준에 올랐으므로 주위 사람들은 그가 시계 장사로 성공할 것이라고 생각하게 되었다. 이 총명한 소년이 후일 재계의 거물이 될 것이라 예상한 사람은 아무도 없었다.

　시계회사에서 차 심부름과 청소를 하는 사환에서 대리점 직원으로 승격한 것만도 대단한 일이었지만, 리자청은 외삼촌이나 찻집에서 본 부자들과 마찬가지로 사업가로 성공하려는 야심을 품고 있었다. 시계회사에서 안정된 자리에 오르자 그는 새로운 목표를 세웠다. 즉 일을 하지 않는 시간에 독학으로 중·고등학교 과정을 마치기로 한 것이다. 일단 목표를 정하자 그는 공부에 매진했다. 그러면서 한편으로는 시계시장의 동향을 파악하기 위해 노력했다. 반 년 정도의 관찰과 분석을 통해 그는 점차 이 분야의 흐름과 미래에 대해 지식과 통찰력을 갖게 되었다.

　1946년 전반기에 급속한 발전을 이룬 홍콩경제는 전쟁 전인 1939년 수준으로 회복되었다. 또한 영국정부의 효과적인 정책에 힘입어 전시에 파괴되었던 산업시설이 복구되고 시장도 활기를 띠게 되어 홍콩의 인구는 100여 만 명으로 급증했다.

　중난시계회사도 활황의 물결을 타고 동남아에 전쟁 전 수준의 판매망을 구축했다. 홍콩과 외국에서의 매출액이 기하급수적으로 증가하자 좡징안은 사업을 확장하기 위해 시계조립공장을 설립할 계획을 세웠다. 그래서 공장이 완공되면 회사의 주력사업을 자체적으로 생산한 시계의 판매로 전환하여 홍콩의 시계시장을 석권하기로 결심했다.

리자청은 중난시계회사의 미래에 대해 낙관했을 뿐 아니라 홍콩경제의 비약에 대해서도 흥분을 감추지 못했다. 그는 빅토리아항에 서서 침사추이(尖沙咀)의 화려한 야경을 쳐다보며 깊은 생각에 빠졌다. 앞으로 어떤 길을 가야 하는가에 대한 고민이 시작된 것이다.

한 가지 방법은 계속해서 외삼촌 밑에서 일하는 것이다. 회사는 이미 시계업계의 중견으로 자리 잡았으므로 그대로 있으면 수입이 증가하고 생활도 안정될 것이다. 다른 한 길은 고생과 위험이 예상되는 새로운 업종에 뛰어드는 것이었다.

리자청은 생각을 거듭한 끝에 후자를 선택했다. 그는 도전적인 일을 좋아했던 것이다. 외삼촌의 그늘에 있으면 안일함을 탐하다 투지를 상실할 게 뻔했다. 젊었을 때 생존능력을 기르고 시야를 넓혀서 큰일을 해내야 한다는 야심이 고생의 길을 선택하게 한 것이다.

리자청은 외삼촌에게 그와 같은 생각을 털어놓았다. 쫭징안은 리자청의 입장에서 그의 선택을 생각해보았다. 사회 밑바닥에서 시작하여 사장이 된 그는 리자청이 아직은 독립적으로 창업을 하기 힘들겠지만 조만간 사업을 할 것이라 생각했으므로 조카의 결정을 존중해주기로 했다. 무엇보다도 대화를 하면서 그는 리자청의 사고가 충분히 성숙했다는 느낌을 받았다. 독립적이고 강인한 천성을 타고난 이 조카가 현실에 안주하지 않으면서 자신의 세계를 구축하리라는 믿음이 생겼다.

그리하여 1946년 초, 열여덟 살의 리자청은 외삼촌의 회사를 나왔다. 퇴사 전 그는 외삼촌에게 홍콩 시계업계의 전망에 대한 자신의 생각을 밝혔다. 스위스의 시계 제조기술은 세계 최강이고, 일본은 틈새시장을 공략하기 위해 전자시계를 개발했다. 그래서 세계적으로 고가시장은 스위스가 독점하고, 중가시장은 일본이 석권하는 판도가 형성되어 있었다. 따라서 중저가시장은 개척의 여지가 있으므로 리자청은 외삼촌에게 하루 빨리 이 시장을 차지하라고 건의했다.

리자청이 예상한 대로 얼마 안 가 홍콩은 질 좋은 중저가시계 생산에 주력함으로써 중하층 고객의 수요를 만족시켰고, 스위스와 일본에 이어 세계 3위의 시계 생산기지가 되었다.

훗날 쟝징안의 중난시계주식회사는 홍콩 시계업계의 정상이 되었는데, 그 이면에 리자청의 건의가 일정 부분 기여했음을 부인하기는 힘들다. 어떤 의미에서 보든 확실한 것은, 리자청은 소년시절부터 이미 범상치 않은 경제적 감각을 드러냈다는 것이다.

어린 나이에도 높은 안목과 견식을 가질 수 있었던 것은 리자청의 평상시 학습과 불가분의 관계가 있다. 그는 나이가 들어 성공의 길로 들어선 다음에도 다양한 분야의 지식을 습득하기 위한 노력을 게을리 하지 않았다. 그래서 중요한 결정을 해야 할 때면 독창적인 안목과 견해로 경쟁상대를 굴복시킬 수 있었다.

변변한 학력이 없는 리자청은 보통사람들에 비해 공부가 얼마나 중요한지를 체감했다. 환경적으로 공부를 하는 데 별 어려움이 없는 사람들은 학습의 기회를 대수롭지 않게 여기게 되는데, 이 점은 아마도 그들이 성공하지 못하는 원인 중 하나인지도 모른다.

> **· 리자청 어록 ·**
> 나는 중국인이 자랑스러워할 만한 기업, 나아가 외국인들에게 자랑할 수 있는 기업을 세우고 싶다는 열망을 가지고 있었다.

6 항상 새로운 시도를 하고, 적극적·능동적으로 행동하라

진정으로 자신의 적성에 맞는 일을 찾기란 쉽지 않다. 보통사람의 경우 많은 시행착오를 거치고 모색을 한 다음에야 자신의 모든 것을 바칠 수 있는 분야를 찾기 마련이다.

리자청은 우여곡절 끝에 창장플라스틱공장을 세웠다. 이에 앞서 그는 금속과 플라스틱제품 영업을 하면서 플라스틱조화를 개발하기로 했다. 세일즈맨으로서 뛰어난 성과를 올려 사장의 총애를 받던 그가 창업을 결심하고 회사를 그만두려 하자 사장은 승진과 월급 인상을 약속하며 그를 붙잡으려 했다. 하지만 이미 마음을 정한 그는 뜻을 꺾지 않았다.

그렇다면 세일즈맨으로서 성공할 것 같았던 그가 창업을 결심하게 된 동기는 무엇일까? 첫째, 새로 부상하는 업종에 대한 큰 관심 때문이다. 둘째, 세일즈 경험을 통해서 아연합금이 사양길에 접어들고 플라스틱이 급부상하는 현실을 절감했기 때문이다. 셋째, 한 플라스틱회사의 사장으로부터 창업을 하라는 권유를 받았기 때문이다.

그는 금속제품 영업을 할 때 이미 플라스틱제품의 위협을 실감했다. 플라스틱은 처음 나왔을 당시에는 사치품에 속할 정도로 가격이 비싸서 부유한 계층에서나 소비할 수 있었으나, 생산이 늘면서 점차 가격이 인하되었다. 특히 홍콩에서 생산한 제품은 가격이 빠르게 하락했다.

무엇보다도 플라스틱제품은 제조하기가 쉽고 색깔과 형태가 다양하며 가벼워서 목제품이나 금속제품들을 압도했다. 비록 내구성이 떨어지고 유독성 물질을 함유하고 있지만, 이런 결점들은 플라스틱제품을 선호하는 소비자들에게는 문제가 되지 않았다. 그렇기 때문에 리자청은 조만간 플라스틱이 대중적인 소비품이 되리라 확신했다.

 리자청이 알게 된 플라스틱회사 사장은 앞서가는 생각을 가진 경영자였다. 그는 플라스틱으로 만든 벨트로 시작하여 1년 동안 10여 종이 넘는 제품을 개발했다. 하지만 우후죽순 격으로 늘어나는 플라스틱공장들과 경쟁을 하면서 유능한 영업사원의 필요성을 절감했다. 적임자를 찾지 못해 직접 영업을 하던 그는 한 호텔이 공개적으로 납품처를 정하는 자리에서 리자청을 알게 되었다. 호텔 측이 플라스틱제품을 선택하는 바람에 리자청은 경쟁에서 패했다.

 그러나 사장은 열일곱 살의 리자청이 뛰어난 영업능력을 가졌음을 알아보았다. 그는 '지금껏 만났던 최고의 적수'라는 표현으로 리자청을 칭찬한 뒤 자신의 회사로 오라고 제안했다. 사장과 대화를 나누던 리자청은 플라스틱의 전망에 큰 흥미를 느꼈다. 하지만 자신을 신뢰하는 회사를 저버릴 수 없다는 생각에 이렇게 대답했다. "우리 사장님이 저를 무척 신임하고 있는 데다 회사에 들어간 지 얼마 되지 않았기 때문에 그만둘 수가 없습니다."

 "나중에 그만두는 것보다는 하루라도 빨리 사직하는 편이 나을 걸세. 어차피 작은 회사에서 평생을 보낼 생각은 없을 테고, 이제 금속이나 철물은 비전도 없네." 그의 말은 시의 적절한 판단이었다. 플라스틱회사 사장의 간곡한 권유에 마음이 동한 리자청은 전망이 밝은 플라스틱업계에서 새로운 길을 모색하기로 결심했다.

앞날을 내다볼 줄 아는 그의 안목은 플라스틱 분야에서 성공하는 초석이 되었다. 만약 그때 변신을 결심하지 않았다면 기업가로서의 그의 성공담은 달리 쓰였을 것이다. 여기서 중요한 사실을 발견할 수 있다. 즉, 성공한 사람들은 결정적인 순간에 자신을 바꿀 능력과 기백을 가졌다는 점이다. 사실상 리자청이 플라스틱공장을 차리기로 한 것은 즉흥적인 결정이 아니라 심사숙고의 결과였다. 마음을 굳힌 그는 시간을 다퉈가며 홍콩의 시장성을 조사하는 한편, 제품 개발에 박차를 가했다.

창장플라스틱공장을 설립하고 1개월 후, 그는 첫 번째 시제품을 생산했다. 그는 홍콩시장을 선점하기 위해 플라스틱조화를 선택했고, 희귀성이 고가를 보장하는 법칙은 제대로 맞아떨어졌다. 주도면밀한 그는 자신이 개발한 상품의 미래에 대해서도 정확히 예견했다. 플라스틱조화를 만드는 공정이 큰 기술을 요하지 않으므로 다른 플라스틱회사들이 머지않아 모방제품을 출시하리라는 것이다. 대량생산이 가능한 플라스틱조화는 원가가 얼마 되지 않으므로 판매가가 높으면 잘 팔릴 수가 없다는 한계도 있었다. 게다가 다른 곳에서 물량공세를 펴면 시장에서 창장의 위치는 흔들릴 수밖에 없었다.

시제품이 완성되자 리자청은 경쟁자가 없는 상태에서 적당한 가격으로 홍콩의 플라스틱조화시장을 석권하는 전략을 쓰기로 결정했다. 그러면 후발주자들이 속속 등장해도 시장을 점령한 창장플라스틱의 조화가 소비자 속에 먼저 뿌리를 내릴 것으로 점친 것이다.

그런데 창장에서 생산한 제품의 출시를 며칠 앞두고 홍콩의 한 백화점이 이탈리아에서 플라스틱조화를 수입해 판매하는 일이 벌어졌다. 이 백화점은 오랜 역사를 자랑하는 영국 자본의 회사로서, 고급제품을 주로 취급했다. 당연히 이탈리아제 플라스틱조화도 고가였기 때문에 일반 소비자들은 쉽사리 구입할 수 없었다. 리자청은 자신의 회사에서 생산한 제품이 이탈리아제에 비해 질이 떨어지지 않지만 고가전략을 취하면 경쟁을 할 수 없다고 생각했다. 그래서 그는 처음의 구상을 뚝심 있게 밀고 나가기로 결심했다.

결과적으로 그의 판단은 적중했다. 창장의 플라스틱조화는 몇 주일 만에 홍콩의 크고 작은 꽃가게를 거의 점령했다. 또한 일반 가정, 사무실, 심지어 택시 안에도 창장의 플라스틱조화가 그 자태를 자랑했다. 지금도 홍콩의 중장년들은 그때의 광경을 생생하게 기억하고 있다.

플라스틱조화로 선풍을 일으킨 창장플라스틱은 무명의 작은 회사에서 일약 홍콩 플라스틱업계의 강자로 부상했다. 그러나 리자청이 예상했던 대로 얼마 되지 않아 플라스틱조화를 생산하는 회사들이 우후죽순 격으로 생겨났다. 당시 창장플라스틱의 위치나 경쟁력은 동종업계에서 선두를 유지하기 힘들었다. 그러자 리자청은 공장의 규모를 늘리고, 생산설비를 강화하기로 결정했다.

그는 개인기업은 자본력이 약하고 발전도 느릴 수밖에 없으므로 주식회사로의 전환을 서둘러야 한다고 생각했다. 자신의 능력과 회사의 상황을 세밀히 검토 분석한 다음 그는 2단계 전략을 세웠다. 첫째, 합자 형식의 주식회사를 설립하고, 둘째, 어느 정도 규모를 갖춘 다음 증시에 상장하여 공공성을 갖춘 주식회사로 전환하는 것이다.

1957년 말, 창장플라스틱공장은 창장공업유한공사(有限公司, 주식회사)로 개명했고, 리자청은 대표이사에 취임했다. 공장을 두 곳으로 나눠 각기 플라스틱완구와 플라스틱조화를 생산했으나 주력상품은 여전히 플라스틱조화였다.

돈이 살 길을 만든다는 것은 하나의 상식이다. 다른 사람의 돈을 빌려 사업을 하면서 실력을 강화하는 것은 사업가의 능력이다. 사업가의 세계에서 설득력을 갖는 견해가 있다. '성공적인 사업가의 능력은 보유한 자금의 액수가 아니라 자금의 운용능력으로 결정된다'는 것이다.

홍콩의 플라스틱조화시장에서 성공을 거둔 리자청은 세계에서 가장 큰 시장인 유럽과 미국으로 눈을 돌렸다. 당시에는 유럽과 미국시장으로 진입하려면 일반적으로 홍콩의 외국계 회사를 통해야 했다. 이런 상황에서 리자청은 홍콩의 외국계 회사의 신용장을 사들였지만, 이런 식의 거래는 피동적일 수밖에 없다는 생각을 하게 되었다. 그래서 그는 오퍼상을 배제하고 직접 유럽과 미국의 바이어들과 상담을 하기로 결심했다. 실제로 조사를 해보니 외국의 바이어들도 리자청과 같은 생각을 가지고 있었다. 하지만 그들과 연결하기가 쉽지는 않았다.

문제를 해결하기 위해 리자청은 유능한 영업직원을 유럽과 미국으로 파견하여 적극적으로 바이어들을 홍콩으로 유치, 합작할 기회를 만들었다. 다른 한편 그는 홍콩의 시장동향을 수시로 체크하면서 외국 바이어가 홍콩에 오면 직접 상담을 하여 계약을 성사시켰다.

그리하여 리자청은 오퍼상들을 통하지 않고 직접 무역을 할 수 있게 되었다. 그는 유럽과 미국의 바이어들과 직접 신용장을 개설했고, 해외에서 많은 주문을 받았다. 오퍼상이 개입하지 않게 되자 가격을 낮출 수 있었고, 원가를 낮추자 이윤이 높아졌다. 더욱 중요한 사실은, 이를 계기로 외국계 회사들의 영향권에서 완전히 벗어나게 된 것이다.

사업가가 치열한 경쟁 속에서 헤게모니를 장악하는 것은 무엇보다도 중요하다. 적극적으로 능동적인 위치를 점할 때 사업가는 자신의 뜻대로 기업을 경영할 수 있기 때문이다. 공격적, 혹은 능동적인 경영을 할 수 없으면 한 나라가 주권을 상실하고 다른 나라의 식민지가 되는 것과 같은 처지가 된다. 이는 큰 뜻을 가진 사람이라면 당연히 원치 않는 상황일 것이다.

> **· 리자청 어록 ·**
> 근면하고 학구적인 자세로 혁신을 꾀하고, 자신에게 엄격하고 타인에게 관용을 베풀면서 의리를 지켜라. 노력을 게을리 하지 않는다면 반드시 성과를 올릴 것이다. 무엇보다도 경계해야 할 점은, 사업이 호조를 보일 때 탐욕을 부려서는 안 된다는 것이다.

7 실패를 두려워하지 말고 혼자 힘으로 앞으로 나아가라

사람들은 타인이 지속적으로 도움을 준다면 이익을 얻을 수 있다는 잘못된 생각을 갖고 있다. 그러나 다른 사람에게 자꾸 의지한다면 스스로는 영원히 강해질 수도 없고, 독자적인 힘을 기를 수도 없다. 큰일을 성취하고자 한다면 주위에 있는 '지팡이'를 치우고 독립적으로 일어서야 한다. 그렇게 하지 못하면 큰 성공을 기대할 수 없으며, 평생 평범한 사람으로 남을 것이다.

그런데 사람들은 있는 자만이 큰 돈을 벌 수 있고 돈이 없는 사람은 사병을 거느리지 못한 장군처럼 뜻을 펼 수 없다고 한탄을 한다. 이 말은 빈손으로 시작해서는 성공하기가 하늘의 별 따기라는 일반의 인식을 대변한다고 하겠다. 실제로 이런 생각을 부정하기는 힘들다. 현실적으로 자본이 없어 눈앞에 보이는 좋은 투자 기회를 놓치는 경우가 너무 많기 때문이다.

문제는 '종자돈'을 만들 용기가 있느냐 하는 것이다. 하늘에서 기회를 주지 않았다면 우리는 어떻게 성공을 위한 종자돈을 마련할 것인가? 리자청은 확실히 '종자돈'을 움켜잡을 용기를 가지고 있었다.

부친 리윈징은 그에게 유산은커녕 가족 부양의 무거운 짐만 남긴 채 세상을 떠났다. 그래서 생활을 책임져야 한다는 부담과 인간의 도리를 지켜야 한다는 의식은 리자청의 삶에서 매우 중요한 과제로 남았다.

그는 14세 소년으로서 부친에게 가정을 책임지겠다는 약속을 했다. 그래서 중학교에 진학하면 학비를 대주겠다는 외삼촌의 호의를 사절하고 직업전선에 뛰어들었다. 그의 머릿속에는 어머니와 동생들을 위해 돈을 벌어야 한다는 생각뿐이었다. 생계를 책임져야 하는 현실은 별다른 선택의 여지 없이 그를 장사꾼의 길로 내몰았던 것이다.

직원에서 독립하여 창업을 한 것은 리자청의 인생에서 큰 전환점이 되었다. 이를 계기로 그는 고난과 희망으로 점철된 창업의 길로 나아가게 된 것이다. 가진 것 없이 시작하는 험난한 창업은 인생의 성패를 결정하는 중요한 문제이므로 신중에 신중을 기해야 한다. 그의 뛰어난 판단력은 창업과정에서 빛을 발했다.

그가 플라스틱 분야에 주력하기로 결심한 이유는 공장을 경영하면서 충분한 경험을 쌓았다고 판단했기 때문이다. 후일 그는 창장플라스틱주식회사 시절을 이렇게 회고했다. "그 시기에 나는 인생에서 가장 값진 단련을 했다. 특히 영업 일을 하면서 많은 것을 배웠다. 그런 경험은 이제 억만금을 주고도 살 수 없는 소중한 것이다."

그가 올바른 선택을 할 수 있었던 데에는 충분한 이유가 있다. 세상의 변화를 관찰하는 데 늘 촉각을 세우고 있었으며, 다른 업종들의 전망과 기회에 대해서도 깊이 있는 이해를 했다. 그리하여 자신만의 독특한 견해를 갖게 되어 결정적인 순간에 정확한 판단을 할 수 있었다.

우리는 피고용자의 입장이든, 창업을 하든 간에 자신이 종사하는 분야의 앞날에 대해 뚜렷한 인식을 가지고 있어야 한다. 경영은 인력으로는 어쩔 수 없는 요인들의 영향을 받을 수밖에 없으므로, 미래를 보는 안목과 정확한 판단력으로 앞날에 대비해야 하는 것이다.

리자청의 꿈은 교육자였지 상인은 아니었다. 그러나 현실은 꿈을 추구할 수 없게 만들었다. 그는 사업을 시작할 당시에는 돈을 좀 벌고 나면 교육계에 투신하기로 마음먹었다고 한다. 사업을 시작한 것은 온전히 자신의 뜻이 아니었고, 결과적으로 시대가 그를 영웅으로 만들었던 것이다.

전통문화와 재계의 문화는 물과 기름처럼 어울리지 않는다. 하지만 재계의 거물이 된 리자청은 양자를 훌륭하게 결합하는 인물이 되었다. 다시 말해 물욕이 지배하는 재계에서 그는 중국인의 전통적인 미덕을 구현했다. 그럼으로써 그는 홍콩에서, 나아가 세계적으로 재계의 모범적인 인물로서 도덕성과 명예를 획득했다. 또한 금전으로 살 수 없는 신용과 명예는 더 많은 부를 축적할 수 있게 만들었다.

신용과 명예를 중시하는 간접적이고 전략적인 경영철학은 직접적이고 전술적으로 부를 쌓는 방법보다 더 큰 위력을 가질 수 있다. 그의 경영관은 단기적인 거래나 장사가 아니라 지속적으로 발전하는 사업의 기초가 되었던 것이다.

그는 어린 나이에 사회에 발을 내딛으면서 형용하기 힘든 고생과 굴욕을 견뎌야 했다. 홍콩 전역을 발로 걸어 다니며 일자리를 구할 때 그는 무시와 냉담한 거절을 당하면서 자존심에 큰 상처를 입었다. 그런 와중에 외삼촌은 리자청에게 자신이 경영하는 중난시계회사에 들어오라고 권유했다. 그런데 뜻밖에도 리자청은 "저는 외삼촌의 회사에 들어가지 않고 제 일을 찾아보겠습니다"라고 하여 모친과 외삼촌을 놀라게 했다. 그의 독립심과 자신감 넘치는 성격은 친척에게 의지하는 것을 허락하지 않았던 것이다.

그는 타인의 도움과 은혜를 원치 않았고, 그것은 친척이라 해도 예외가 아니었다. 이렇듯 실패를 두려워하지 않고 혼자 힘으로 앞으로 나가려는 기질은 그를 재계의 거물로 만들었다.

여기서 우리는 성격이 성공을 결정짓는 중요한 요소라는 것을 알 수 있다. 성격은 선천적인 것이지만, 후천적으로 단련되는 부분도 있다. 확실하게 말할 수 있는 사실은 비즈니스의 세계는 약자를 포용하지 않으며, 눈물을 믿지 않는다는 것이다.

> **· 리자청 어록 ·**
>
> 성공하기 위해서는 자신의 일에 큰 흥미와 관심을 가져야 할 뿐만 아니라, 온몸을 던져 빠져들어야 한다.

8 사람은 현자(賢者)를 따라야 인격이 높아진다

'봉황을 따르는 새가 멀리 날듯, 사람은 현자(賢者)를 따라야 인격이 높아진다'는 말처럼, 어떤 사람이 성공할지의 여부는 주변 인물들을 보면 알 수 있다. 사람이 살다 보면 무수한 사람과 접촉을 하게 되지만 깊은 영향을 주는 사람은 그리 많지 않다. 리자청이 가난한 찻집 종업원에서 출발하여 거대한 부를 이루기까지 그에게 가장 큰 영향을 준 사람은 바로 부모님이었다. 부모의 간절한 기대와 희망이 리자청을 성공하게 만들었던 것이다.

리자청의 집안은 대대로 학문을 했기 때문에 학구적인 분위기가 강하고 박학다식해서 널리 존경을 받으면서 지역의 명문으로 자리 잡았다. 리자청의 부친인 리윈징은 어려서부터 총명하고 공부를 좋아했던 데다 노력을 많이 하여 학업 성적이 뛰어났다. 그래서 그는 리씨 집안의 기대를 한 몸에 받았다. 그는 15세에 명문인 진산중학교에 입학했지만 가세가 기울어 대학 진학은 포기하고 집 인근의 학교에서 교편을 잡았다.

그런 가운데 리자청의 출생은 집안의 경사로 여겨져 부모는 그를 금지옥엽처럼 키웠다. 아들이 큰 인물이 되기를 바라는 조급한 마음에 리윈징은 자청이 만 5세가 되자 관하이스(觀海寺) 초등학교에 입학시켰다. 차오저우는 예로부터 학문을 숭상하고 공자를 모시는 분위기가 농후했다. 그래서 아이들이 초등학교에 입학하는 날에는 '공자에 입문'하는 의식을 치렀다.

리자청이 처음 학교에 가던 날 그의 모친은 세 가지 요리를 준비했다. 돼지 간과 미나리 볶음, 콩꼬투리와 대파 볶음, 잉어 요리가 그것이었다. 요리를 먹는 리자청에게 어머니는 음식의 의미를 설명해주었다. 차오저우 방언에서 돼지 간(肝), 대파(葱), 미나리(芹)는 각기 관(官), 총명함(聰), 근면함(勤)과 발음이 같기 때문에 아이에게 이 재료가 들어간 음식을 먹이면 총명하고 근면하게 되고, 커서는 벼슬을 할 수 있다는 것이다. 또한 물고기는 눈이 유난히 밝기 때문에 세상을 잘 볼 수 있다는 속설이 있다. 그래서 아이가 학교에 입학하기 전에 공자의 신위 앞에 물고기의 눈을 상징하는 투명한 사탕을 놓고 절을 한 다음 성인의 제자로 받아달라고 기원하게 했다. 공자에게 예를 마치고서야 아이들은 학교에 갈 수 있었다. 리자청은 그때 이미 마음속으로 부모님의 기대에 부응하기 위해 열심히 공부해 두각을 드러내겠다고 결심했다.

정직하고 교육열이 강했던 리윈징은 애국심이 강한 진보적 지식인으로서 교육에 헌신했고, 이러한 정신과 행동은 리자청에게 많은 영향을 미쳤다. 부친의 가르침을 좌우명으로 삼은 리자청은 부친의 유지를 실현하기 위해 훗날 고향에 산터우(汕頭)대학을 세웠다.

> **· 리자청 어록 ·**
> 인생에는 부침이 있기 마련이다. 삶의 여의치 못한 부분들을 인내하고 받아들인다면 무슨 일을 하든 성공할 수 있을 것이고, 진정한 행복이 무엇인지 알 수 있을 것이다.

살아 있는 富의 전설, 리자청

돈벌이에 관해서는 홍콩에서 일등, 나아가 아시아에서 최고라는 사람이 바로 리자청이다. 2005년 2월 미국 경제주간지 〈포브스(Forbes)〉의 발표에 따르면, 리자청은 124억 달러(한화 13조 원)의 재산을 보유한 아시아 최고의 갑부다. 또한 창장실업(長江實業)과 허치슨 왐포아의 대주주인 리자청이 이끄는 창장그룹(長江集團)은 자산규모만 600억 달러가 넘는 세계적인 기업군단이자 대표적인 화교그룹이다.

리자청에게는 그런 사실 외에 특이한 점이 있다. 부자라면 의혹의 눈초리를 받기도 하는 것이 현실인데, 중국인들은 그를 '초인(超人)'이나 '상신(商神)'이라는 별명으로 부르며 존경하고 있다. 도대체 그에게 어떤 특별한 점이 있어서일까?

첫째, 리자청은 아무리 이익이 커도 사회와 국가에 해를 끼치는 사업은 하지 않는다. 그는 수많은 회사를 사들이거나 투자하는 과정에서 단 한 번도 막강한 자본력을 내세워 강제하거나 반칙을 범한 적이 없다. 모든 과정에서 우호적인 타협을 통해 일을 진행했다. 그리고 한번 한 약속은 어김없이 지켰다.

그가 얼마나 이 원칙을 철저히 지켰는지 알려주는 일화가 있다. 그는 카리브해 연안의 한 국가의 컨테이너터미널, 공항, 호텔, 골프장 등의 건설에 투자를 한 적이 있다. 그의 투자가 국가경제에 많은 공헌을 하자 그 나라 총리가 그에게 카지노 사업권을 주려 했다. 리자청은 처음에는 강력히 거절했으나 총리의 간곡한 요청에 자기 호텔 건물에 카지노가 들어서는 것은 반대하고, 대신 호텔 근처에 별도의 건물을 지어 제3자가 카지노를 운영하는 것으로 '양보'했다.

둘째, 리자청은 굽힐 줄 모르는 도전정신으로 온갖 고난을 극복했다. 그의 일생은 항상 도전의 연속이었다. 소년기에 아버지를 여의고 중학교 1학년 때 학교를 중퇴한 후

찻집 종업원과 시곗줄·허리띠 행상 등 밑바닥 인생으로 갖은 시련과 어려움을 딛고 세계적 기업군단의 총수로 발돋움해 '차이니즈 드림'을 실현시켰다.

그가 창장플라스틱공장을 설립하고 사업을 시작한 초창기의 일화 한 가지가 있다. 그는 "이곳에서 사업을 했던 기업들은 모두 망했다. 당신 공장 옆에 있는 2개의 공장도 곧 문을 닫으려고 하니 빨리 떠나는 게 좋을 것이다"라는 충고를 받았다. 하지만 그는 "이미 주문을 받은 상태이고, 지금 생산을 하지 않으면 바이어는 나를 더 이상 믿지 못한다"라며 공장을 계속 가동했다. 그리하여 한 달 만에 1년 치 임대료와 영업비를 벌었다. 그가 돈을 벌어 새 공장부지를 사서 떠날 때 그곳은 명당이 되었다는 전설이 남아 있다.

셋째, 리자청은 자신이 번 돈을 꾸준히 빈민과 사회로 환원하고 있다. 그는 1980년에 교육·의료·학술지원사업 등을 목표로 '리자청 기금회'를 설립했고, 지금까지 거기에 쏟아 부은 돈은 78억 홍콩달러(한화 1조 원)가 넘는다. 기업이나 그룹 차원에서 자선사업을 하는 경우가 흔한데, '리자청 기금회'의 경우 기금의 70%가 리자청이 개인 재산에서 출연한 것이라고 한다.

이 기금회를 통해 그는 고향인 차오저우(潮州) 부근 산터우(汕頭)시에 20억 홍콩달러(약 3천억 원)를 기증해 산터우대학을 설립하도록 했고, 중국 남부의 간판 대학으로 키웠다. 또 장애인, 소년소녀가장, 재해민 등을 돕기 위해 해마다 수억 홍콩달러를 기부하고 있다.

중국에는 '용기는 소중한 가치이고, 지혜는 그보다도 더 값지다. 그런데 사업에서 성공하려면 두 가지를 모두 갖춰야 한다'는 말이 있다. 리자청은 단순한 장사꾼이 아니라 지혜와 용기, 담력을 겸비하고 있는 인물로서, 기회를 정확히 포착하여 남보다 앞선 투자로 성공의 기회를 잡았다.

(비결 2)

進

지혜와 용기로
기회를 포착하여
과감히 나아가다

1 모든 일을 자신을 단련시키는 기회로 여겨라

흔히 자신과의 싸움이 다른 사람과의 싸움보다 훨씬 어렵다고 한다. 이 말은 리자청의 예에서 극명하게 드러난다. 어린 나이에 부친을 여의고 학교를 중퇴해야 하는 상황을 맞아 그는 사회에 나가 돈을 벌어 식구를 부양하겠다는 각오를 했다. 그리고 춘밍(春茗)이라는 찻집에서 일을 하게 되었다.

그는 매일 새벽 5시면 어김없이 찻집에 출근하여 찻물과 딤섬을 준비했다. 하루에 일하는 시간은 15시간이 넘었다. 외삼촌에게서 자명종을 선물 받은 그는 일어나야 하는 시간보다 10분 빠르게 시계를 맞춰놓고 기상하여 가장 먼저 출근했다. 퇴근도 가장 나중에 했다. 이런 습관은 반세기 넘게 계속되어왔다. 지금도 그는 손목시계를 실제 시간보다 10분 빠르게 돌려놓고 생활한다. 이 버릇은 홍콩사람이라면 누구나 알고 있을 정도로 유명하다.

찻집은 온갖 부류의 손님이 드나드는 사회의 축소판이다. 리자청은 찻집을 사회를 이해하고 배우는 최적의 장소이자 기회로 삼았다. 찻집에서 일을 배우면서 그는 두 가지를 실천하기로 결심했다.

첫째는 손님들의 신분, 고향과 연령, 직업, 부의 정도, 성격 등을 추측해본 다음 어떤 식으로든 확인을 해보는 것이다.

둘째, 손님이 돈을 쓰는 심리를 파악하고 정성스런 서비스를 해서 그들로 하여금 기꺼이 지갑을 열게 만드는 것이다.

이 두 가지 목표를 실천하기 위해 노력한 리자청은 손님들이 필요로 하는 것과 습관을 손바닥 보듯 훤히 꿰게 되었다. 예를 들면 어떤 손님이 새우만두를 좋아하는지, 쌀국수에 고추를 넣어먹는 손님은 누구인지, 홍차를 좋아하는 손님과 녹차를 좋아하는 손님은 누구인지 등을 구별하여 기억하게 된 것이다.

손님들의 구미에 맞는 서비스를 하여 더 많은 돈을 쓰게 만들자 찻집 주인은 리자청을 총애하게 되었다. 그래서 리자청은 춘밍찻집에서 가장 빠르게 월급이 오른 종업원이 되었다.

고객의 취향에 맞추는 기민한 행동으로 뛰어난 영업실력을 발휘하면서 그는 사회 각 분야의 사람들을 이해하게 되었다. 찻집은 사업상의 정보가 교환되는 장소이므로 리자청은 손님들의 대화를 들으면서 사업을 잘하는 비결들을 배울 수 있었다. 또한 사람을 관찰하는 습관은 나중에 출중한 세일즈맨이 되는 자산이 되었다.

사실, 사람의 특성을 파악하여 그에 맞게 행동하는 능력은 리자청이 타고난 것이 아니라 생존을 위해 후천적으로 배양한 것이다. 이렇듯, 일을 성사시키는 것은 하늘이지만, 일을 도모하는 주체는 인간이다. 그러므로 무슨 일을 하든 심혈을 기울여야만 성과를 거둘 수 있다.

> **· 리자청 어록 ·** 창업 초기에 나는 행운과는 무관했다. 오로지 피땀을 흘리며 일에 매달린 결과 성공할 수 있었다.

2 담력과 과감성은 성공의 밑거름이다

하버드대학의 한 경영학 교수는 '성공은 담력에서 시작된다'는 말을 했다. 인생을 살다 보면 그 의미를 실감할 수 있다. 담력이 없는 사람은 앞으로 한 발 내딛지 못하고 주저앉아 성공의 길에서 멀어지기 때문이다.

리윈징은 자신이 평생 이룬 것이 없자 모든 희망을 맏아들인 리자청에게 걸었다. 그의 가장 큰 희망은 아들이 훌륭한 학자가 되어 국가와 고향에 공헌을 하는 것이었다. 이는 사업에 몸담았다 실패하고 물러나면서 얻은 인생경험에 의거한 것이다.

리자청은 아버지의 기대를 저버리지 않았다. 그는 총명하고 공부를 좋아하여 3살 때 이미 〈삼자경(三字經)〉과 〈천가시(千家詩)〉를 암송했다. 시를 외우고 문장을 낭송하는 것은 그의 어린시절 가장 즐거운 놀이였다.

다섯 살 되던 해 그는 아버지를 따라 공자의 사당에 예를 올린 뒤 차오저우의 관하이스초등학교에 입학했다. 학교는 절 안에 있었기 때문에 학교에 있으면 늘 독경 소리와 책 읽는 소리가 들려왔다.

신문화운동(1919년의 5·4운동)이 일어난 후 10년 동안 많은 변화가 일면서 상하이, 광저우(廣州)와 같은 대도시에서는 산업혁명이 본격적으로 진행되었다. 그러나 리자청이 다니는 학교에서는 여전히 독경과 고전을 읽는 소리만 들릴 뿐 새로운 시대를 실감할 만한 아무런 변화도 없었다.

리자청은 매일 부친에게 학교에서 배운 내용을 이야기했고, 부친은 아들에게 일본군이 만주를 침략하고 상하이를 공격한 사실 등을 들려주었다. 세상 돌아가는 이야기를 하는 부친의 어두운 표정은 리자청의 어린 가슴에 깊이 각인되었다.

그의 집안이 대대로 살았던 고택에는 고서들이 빼곡히 들어찬 작은 장서각(藏書閣)이 있었다. 매일 하교를 하면 장서각에 들어가 독서를 한 리자청은 〈시경〉, 〈논어〉, 〈이소(離騷)〉, 당시(唐詩), 송사(宋詞), 원곡, 중국 4대 소설 등을 독파했다.

그의 사촌형 리자즈(李嘉智)는 이 시절의 리자청을 이렇게 기억했다. "자청은 타고난 책벌레여서 책을 보면 푹 빠져들었다. 그렇기 때문에 우리는 자청이 홍콩에서 거부가 되었다는 이야기를 들었을 때 깜짝 놀랐다." 평생 교육계에 몸담았던 또 다른 사촌형 리자라이(李嘉來)는 이런 말을 했다. "자청은 나보다 열 살 이상 어렸지만 아주 빨리 철이 들었다. 그는 책을 매우 꼼꼼히 읽는 편이어서 책 한 권을 몇 번씩 읽곤 했다. 밤에 등불을 켜고 책을 읽다가 새벽녘에야 잠자리에 들었다."

리자청은 독서습관과 근면함 덕에 부친으로부터 많은 칭찬을 받았다. 부친 리윈징이 훙안(宏安)초등학교 교장에 부임한 뒤 얼마 되지 않아 리자청은 이 학교로 전학했다. 그래서 부자는 매일 대화를 할 수 있었다.

그들의 화제는 항상 책에 관한 것이었고, 리자청은 아버지가 읊어주는 시를 들으며 새로운 세계를 접하게 되었다. 아직 어려서 시를 완전히 이해하지는 못했지만, 그는 마음속으로 굳은 결심을 했다. 즉 열심히 공부해서 나라와 민족을 위해 봉사하겠다는 것이다.

리자청은 학업 성적이 매우 우수했고, 이런 사실은 뜻을 펴지 못해 우울함을 떨치지 못했던 부친에게 큰 위로가 되었다. 만약 중국의 정세가 안정적이었다면 리자청은 공부를 계속하여 학문의 길을 걸었거나, 부친과 마찬가지로 고향에서 교사로 봉직했을 것이다. 어렸을 때부터 유난히 총명하기는 했지만 사업가로서의 자질은 엿보이지 않았고, 무엇보다도 책과 가까웠기 때문이다. 그래서 그가 사업가로 성공하자 친지들은 모두 의외로 여겼다.

한번은 기자가 리자청에게 성공과 어렸을 때의 꿈이 연관성이 있는지, 그러한 꿈은 자연적으로 형성된 것인지 물었다. 그러자 리자청은 다음과 같이 대답했다.

"모든 사물은 변화하고 발전한다. 사람의 뜻이나 희망도 어렸을 때의 환상에서 출발하여 구체적인 사고로 발전한다. 이 과정에서 우리는 두 가지 환경을 경험하게 된다. 하나는 스스로 이상적으로 설정한 환경이고, 다른 하나는 생활을 하는 실제 환경이다. 사람은 두 가지 환경이 충돌하는 가운데에서 의지를 키우게 된다.

내 경우에는 어렸을 때 부친으로부터 예의와 신의를 지켜야 한다는 교육을 받았다. 또한 부친의 영향을 받아 책을 좋아하고, 끊임없이 나아져야 한다는 마음이 강했다. 그 당시 나는 마음속으로 부친과 같이 많은 제자를 길러내는 박학다식한 교사가 되기로 다짐했다. 그러나 바뀐 환경과 빈곤한 생활은 나에게 돈을 벌어야 한다는 강렬한 투지를 불러일으켰다. 결국 내가 결사적으로 사업에 매달리게 된 원동력은 바로 환경의 변화라 할 것이다.

열네 살에 부친이 별세하자 나는 맏아들이자 한 푼의 유산도 물려받지 못한 처지에서 가족 부양이라는 무거운 짐을 져야 했다. 도저히 공부를 계속할 수 없었다. 돈을 벌어야 하는 절박함이 나로 하여금 포부를 바꿀 수밖에 없게 했던 것이다. 다행히 사회에 나와 일을 할 때 나는 인내심과 용기, 담력이 있었기 때문에 보상을 받을 수 있었다."

어린시절의 꿈을 버리고서 거부가 된 것이 그의 인생의 행인지 불행인지 쉽게 판단할 일은 아니다. 하지만 리자청의 성공은 사람들에게 중요한 사실을 일깨워주었다. 무슨 일을 하든 열심히 하고 과감히 도전하면 성과를 거둘 수 있다는 것이다.

• 리자청 어록 •

어떤 일에 대해 결정을 내리기 전에는 신중하게 연구를 해야 한다. 그러나 결정을 내린 후에는 뒤돌아보지 말고 용기 있게 앞으로 나아가야 한다.

3 근면함으로 부족함을 보완하라

'근면함으로 부족함을 보완하라'는 리자청의 경험에서 우러난 중요한 인생철학이다.

어느 기자가 리자청에게 마케팅을 잘하는 비결에 대해 물었다. 그러자 그는 직접적인 대답을 하지 않고 다음과 같은 이야기를 들려주었다.

일본의 '세일즈의 신(神)'이라 불리는 하라이치 헤이(原一平)가 69세 때 강연을 했다. 청중 가운데 한 사람이 그에게 영업을 잘하는 비결이 무엇이냐고 물었다. 그러자 그는 양말을 벗어들고 질문자에게 자신의 발바닥을 만져보라고 했다.

발바닥을 만져본 질문자는 놀라움을 금치 못했다. "발바닥의 굳은살이 정말 두껍습니다!" 그러자 하라이치 헤이가 담담하게 말을 이었다. "나는 다른 사람들보다 많이 걷고 열심히 뛰었습니다. 그래서 발바닥에 아주 두꺼운 굳은살이 생긴 거죠."

질문을 했던 사람은 깊은 감동을 받았고, 무척 중요한 사실을 깨달을 수 있었다.

리자청은 말을 마치고 미소를 지으며 기자에게 말했다. "기자양반에게 내 발바닥을 만져보라고 할 수는 없지만, 그래도 한 가지 해줄 말은 있습니다. 사실 내 발바닥에도 아주 두꺼운 굳은살이 있다는 거죠."

과거 리자청은 매일같이 큰 가방에 상품 샘플을 가득 넣고 쉬지 않고 홍콩섬을 샅샅이 돌아다닌 다음, 페리를 타고 주룽(九龍)반도의 침사추이와 여우마디(油麻地)까지 방문했다. "다른 사람들이 8시간을 일할 때 나는 16시간을 일했다. 그래야만 처음 일을 시작한 내가 부족함을 보충할 수 있었기 때문이다." 이 말로써 그는 스스로의 초인적인 근면성을 설명했다.

일찍이 찻집에서 배달을 할 때 그는 큰 찻주전자를 들고 다니며 10시간을 일했다. 후에 세일즈맨으로 일할 때도 그는 매일 무거운 가방을 메고 10시간 이상을 걸어 다녔다. 그러니 그의 발에 굳은살이 생기지 않았다면 오히려 이상할 것이다. 아마도 굳은살에는 글자 하나가 새겨져 있을 것이다. '勤(근면함)'자가 바로 그것이 아닐지!

'근면함으로 부족함을 보완한다'는 행동철학은 리자청의 창업 초기에 뚜렷이 발휘되었다.

1950년 여름, 22세의 리자청은 창장플라스틱공장을 세웠다. 이 시기는 중화인민공화국이 건국된 지 얼마 되지 않은 때였다. 그런데 40년대 말 국공(國共)내전 시기에 대륙에서 수많은 사람들이 육로와 해로를 통해 홍콩으로 피난을 왔다. 일본군의 침략을 받았던 45년까지 홍콩의 인구는 5, 60만 명이었으나 50년에 이르러서는 약 200만 명으로 급증했다. 대륙에서 건너온 사람들이 자본, 기술, 노동력을 제공했으므로 홍콩의 시장규모는 비약적으로 커졌다. 이밖에도 상하이, 톈진(天津), 광저우 등의 대도시에 있던 외국 회사와 산업시설들도 공산당 정권을 피해 홍콩으로 이전했다.

이러한 상황은 1930년대 초 세계경제의 위기와 일본 점령으로 인해 홍콩이 입었던 피해를 만회할 수 있게 해주었다. 자본력과 인재, 그리고 대량의 값싼 노동력은 홍콩의 경제부흥에 기초가 되었고, 미래를 낙관할 수 있게 했다.

한편으론 유언비어가 난무하여 인심이 흉흉했지만 리자청은 홍콩경제에 대해 믿음을 갖고 있었다. 그는 지금이야말로 창업을 할 최적의 시기이므로 이 기회를 놓치면 후회하리라 생각했다.

그가 플라스틱공장을 세웠을 무렵 한국전쟁이 발발하자 홍콩의 영국정부는 대중국무역을 봉쇄했고, 덕분에 중개무역으로 경제를 지탱하던 홍콩은 큰 타격을 입었다. 그러자 정부에서는 산업정책을 조정하여 중개무역이 아닌 가공무역을 육성하여 경제의 중심으로 삼으려 했다.

그런 가운데 리자청이 플라스틱 업종을 선택한 것은 경제구조 전환기에 적절한 대응이었다. 당시 플라스틱제조업은 세계적으로 신흥산업이었으므로 전망이 매우 밝았다. 플라스틱제품은 투자비용이 적게 들면서도 이윤 회수가 빨라서 소기업에 유리했다. 원료는 유럽, 미국, 일본 등에서 수입했고, 판매시장은 초기의 홍콩 위주에서 급속도로 해외로 확대되었다.

리자청의 창업 자본은 5만 홍콩달러에 불과했다. 원래 그는 수입의 전부를 어머니에게 드렸으므로 창업 자금은 어머니와 여러 사람에게서 빌린 것이었다.

이 무렵 그는 적은 나이에도 이미 인격과 신용을 갖췄다는 평을 들었다. 게다가 사업에도 천부적인 자질을 드러내기 시작했으므로 여러 사람이 기꺼이 그의 창업에 물질적인 도움을 주었다.

옛말에 목표가 높으면 결과가 목표를 초월하지 못하며, 목표가 중간 정도이면 결과는 훨씬 낮아진다고 했다. 그러므로 목표를 낮게 설정하면 미미한 결과를 얻을 수밖에 없다. 따라서 어떤 일을 할 때는 목표를 높게 잡아야 한다.

　이런 면에서 볼 때 리자청의 눈부신 성공은 높고 큰 이상에서 비롯되었다고 할 수 있다. 대부호가 되려면 원대한 목표를 설정하되 작은 이익에 연연해서는 안 된다. 큰 이상은 우리를 분발하게 만들고 패기를 길러주므로 좌절과 패배를 맛보아도 다시 일어설 수 있게 한다.

　공장을 세우고도 리자청은 여전히 세일즈맨을 시작했을 때의 정신과 자세를 잃지 않았다. 아침 일찍 일어난 그는 거래처의 직원이 출근할 때에 맞춰 영업을 하고 자재를 구입하기 위해 나갔다. 그는 절대로 택시를 타지 않았으며 먼 거리는 버스를 타고 가까운 곳은 걸어서 다녔다.

　정오가 되면 그는 공장으로 돌아와 오전의 작업현황을 확인한 뒤 직원들과 함께 식탁도 없이 쭈그리고 앉아 간단히 점심식사를 했다. 직원들을 진심으로 대하고 모든 것을 함께 하는 생활은 창업 초기의 어려운 환경을 극복할 수 있게 했다.

　그는 사장이면서 동시에 공장에서 작업을 했고, 엔지니어와 설계사 역할도 했으며, 영업, 회계, 출납 등의 일도 겸했다. 공장에서 처음으로 채용한 공원들은 플라스틱 업종과 거리가 먼 사람들이었다. 대부분은 농사를 짓던 사람들이었고, 플라스틱에 대해 알고 있는 사람은 사장인 리자청뿐이었다. 그래서 리자청은 기계의 시험 가동에서 제품을 생산하기까지의 전과정을 직원들과 협력하여 해나갔다.

　저녁에도 리자청의 일은 끝나지 않았다. 그는 장부를 정리하면서 매출현황을 체크하고 판로 개척, 신상품의 설계도 작성, 다음날의 생산계획까지 총괄했다. 여기서 그치지 않고 그는 조금이라도 시간이 나면 나날이 새로워지는 플라스틱 관련 기술에 대해 독학을 했다. 새로운 원료, 설비, 디자인 등은 모두 그의 머리를 통해 개발되었다. 리자청에게 시간은 항상 부족했다.

　모든 일을 자신의 손으로 처리해야 하는 성격의 리자청은 불필요한 지출은 절감했다. 그리고 공장의 일들을 완전히 파악하고 있었으므로 관리에 있어 별 어려움이 없었다. 또한 사장으로서 열과 성을 다하는 태도는 직원들에게 모범이 되었다.

　리자청의 경영방식이 옳았음이 증명되었다. 최초로 생산한 제품들을 성공적으로 출시한 후 주문이 몰려들었고, 이에 따라 생산규모를 늘릴 수 있었기 때문이다. 규모가 커지면서 리자청은 재무, 영업, 구매, 창고 관리 등을 담당할 직원들을 채용했다. 이와 동시에 대규모로 공원들을 모집하여 1일 3교대 생산체제를 갖춤으로써 주야를 가리지 않고 생산라인을 가동했다.

　이로써 우리는 '근면함으로 부족함을 보완한다'는 원칙이 창업 초기의 회사에서 얼마나 큰 힘을 발휘하는지를 알 수 있다. 오늘날 창업을 꿈꾸는 사람들에게도 이 금언은 분명히 가슴속에 새겨둘 만한 가치가 있을 것이다.

· 리자청 어록 ·

다른 사람들이 하루에 8시간 일할 때 나는 16시간 일했다. 그 당시에 나는 그럴 수밖에 없었고, 그렇게 근면하게 노력했기 때문에 부족한 면들을 채워갈 수 있었다.

4 인생이란 사전에 '만족'이란 단어는 없다

　스스로를 구해야 한다는 것은 성공의 철칙이다. 달리 표현하면 스스로를 극복해야 할 존재로 여겨 능력의 한계를 뛰어넘어야 큰일을 해낼 수 있다는 것이다. 늘상 타인의 도움을 받는 습관을 들인다면, 인생은 실패로 끝날 것이다. 스스로 돕고 구하는 사람은 자조(自助)적인 태도의 중요성을 잘 알고 있다. 일반적으로 사람들은 외부의 도움이 완전히 끊긴 다음에야 분투하게 된다. 그러나 운명을 조종하는 힘은 오로지 스스로의 노력에서 나오므로 자구적인 자세를 갖추는 것은 무엇보다 중요하다. 그렇지 않으면 인생이라는 배가 그대로 침몰할 수 있다.
　동서고금을 막론하고 리자청처럼 고생을 한 사람은 헤아릴 수 없이 많다. 그러나 그런 환경에서 진정으로 성공한 사람은 손으로 꼽을 정도밖에 안 된다. 사람들은 어려운 시절이 지나고 나면 힘든 기억을 잊고 안일함을 추구하게 되기 때문이다.
　그러나 리자청은 어렵고 힘든 시절이 지난 다음에도 수시로 과거를 떠올리며 와신상담의 효과를 얻었다. 항상 스스로에게 압력을 가하고, 도전을 멈추지 않음으로써 안락함에 빠지지 않았다. 험난한 환경은 그에게서 투지와 잠재력을 끌어냈고, 끊임없이 자신의 한계에 도전하는 정신은 사업가에게 필요한 최상의 훈련이자 능력을 키워내는 동력이 되었다.

창업을 하기 전, 리자청은 찻집 종업원으로서 서비스업에 발을 내딛은 이래 기술직, 세일즈맨 등 몇 가지 직업을 거쳤다. 그는 직종을 바꿀 때마다 심사숙고하면서 새로운 기회를 또 다른 도전으로 여기며 최선을 다함으로써 동료들 가운데 최고가 되었다. 그 중에서도 자신에 대한 최대의 도전은 플라스틱벨트회사에서의 세일즈맨 경험이었다.

그 회사에는 7명의 세일즈맨이 있었다. 나이가 어리고 경험도 없는 리자청에 비해 다른 동료들은 경험이 풍부하고 고객도 많이 확보하고 있었다. 그로서는 무척 불리한 조건에서 경쟁을 시작한 셈이었다. 그러나 승부욕이 강한 그는 3개월 내에 동료들과 동등한 성과를 거두기로 결심했고, 반 년 후에는 그들을 제쳤다. 스스로에게 압력을 가하면서 분발하여 최선을 다했던 것이다.

리자청의 회사는 홍콩섬의 서북단에 있었지만 고객들은 주로 홍콩섬 중심지와 주룽반도에 집중되어 있었다. 그래서 그는 매일 샘플을 넣은 가방을 들고 버스나 페리를 타고 곳곳을 누비고 다녔다. 그는 무슨 일을 하든 과거에 힘들었던 기억을 떠올리며 현재에 감사했다. 연약한 책벌레 같은 체격의 그가 무거운 짐을 들고 하루 종일 이동하는 것은 몹시 힘든 일이었다. 다행히도 찻집에서 배달을 하면서 다리의 힘과 의지력을 길렀으므로 버틸 수가 있었다. 또한 찻집에서 일하며 얻은 사람들의 기호를 파악하는 능력은 세일즈에서 빛을 발했다. 그는 고객을 상대할 때면 표정을 살펴 거래가 성사될 가능성을 점치곤 했다.

세일즈맨으로서 성공하려면 첫째 근면함, 둘째로 재빠른 두뇌회전이 필요한데, 리자청은 이 두 가지를 모두 갖췄다. 이러한 장점 덕분에 그는 영업실적에 있어 사내의 세일즈맨 가운데 1등을 했는데, 놀랍게도 그의 실적은 2등보다 6배나 많았다.

　한편 그는 영업성과를 올리는 데만 신경 쓰지 않았고 플라스틱업계의 정보를 수집하는 데도 열을 올렸다. 신문이나 잡지를 통해서만이 아니라 다양한 친구들을 사귀면서 정보를 얻는 한편, 플라스틱의 국제시장 동향에도 촉각을 세웠다.

　수년간의 조사와 연구 끝에 그는 홍콩을 몇 개의 구역으로 나눈 뒤 각 구역의 소비수준과 시장현황을 기록했다. 이 기록을 보면 각 구역의 판매량을 정확히 알 수 있었다. 그는 시장을 상세히 분석한 뒤, 사장에게 각 상품별 생산량과 판매전략에 대해 건의했다. 사장은 리자청의 건의를 그대로 경영에 반영했고, 그 결과 회사는 큰 수익을 올리게 되었다. 시장상황을 정확히 파악하면 적어도 1, 2년간의 발전 전망을 예측할 수 있다. 어린 나이의 리자청이 시장동향과 정보를 분석하여 회사의 전략을 세울 수 있게 한 데서 그의 사업가적 자질은 유감없이 드러난다.

　회사에 공로가 큰 리자청은 1년 후에 전격적으로 세일즈 매니저로 승진했다. 이때 그의 나이 겨우 18세였다. 2년 후 그는 사장으로 승진하여 회사업무를 총괄하게 되었다. 그러나 그는 영업에는 자신이 있었지만 생산과 관리 분야는 매우 낯설었다. 모르고 지나가는 것이 문제지 배움을 두려워할 필요는 없다고 생각한 그는 사무실을 떠나 대부분의 시간을 생산현장에서 작업복을 입고 생산직 직원들과 함께 지내면서 생산과정을 익혔다. 공정의 모든 과정을 직접 배우면서 강한 흥미를 느낀 그는 조금도 피로하지 않았다. 그가 의욕으로 가득 찼던 것은 가슴 속에 숨겨둔 포부 때문이었다. 그 무렵 그는 독립하여 창업할 계획을 세우고 있었던 것이다.

　한번은 작업대에서 플라스틱을 자르다 잘못하여 손을 다쳐 출혈이 심했다. 통증이 심했지만 그는 아무 일도 없었다는 듯 붕대를 감고는 계속해서 작업을 했다. 나중에 상처에 염증이 생기고 나서야 병원에서 치료를 받았다.

후에 한 기자가 이때의 사고를 언급하며 "당신의 경험은 피를 흘려서 얻은 것이죠?"라고 물었다. 그러자 리자청은 미소를 지으며 대답했다. "그렇게 말하기는 힘들죠. 모든 게 내가 원해서 한 일이니까. 자신이 원해서 한 일이라면 일 외의 것에는 개의치 말아야 합니다." 그는 겸손하게 대답했지만, 기자의 말도 과장이라고는 할 수 없다.

한편 리자청이 생산의 모든 부문을 관장하게 되자 생산량이 늘고 판매망도 안정되었다. 모든 거래는 그를 통해 이뤄졌다. 스무 살에 회사의 사장이 된 그는 같은 연령대의 근로자에 비해 고소득자가 되었고, 많은 사람들로부터 부러움을 샀다.

이 정도의 위치에 오르면 만족을 하는 게 인지상정이지만 그의 사전에는 '만족'이란 단어가 없었다. 모든 것이 순조롭게 풀리던 때에 그는 다시 새로운 도전을 시작했다. 고용 사장에서 독립하여 창업을 하는 것이 그것이었다. 그는 공장을 차려 스스로 사장이 되기로 결심했다.

다년간의 시련과 역경을 통해 그는 남들보다 빨리 성숙해졌고, 여명을 뚫고 솟아오르는 해처럼 엄청난 에너지를 비축했다. 그리하여 마침내 세상에 자신의 존재를 알리기로 작정한 것이다.

> **· 리자청 어록 ·**
>
> 조직이나 사회에서 새로운 시도를 하는 것은 매우 중요하다. 하지만 우선 실행가능성이 있는가를 면밀히 검토해야 한다.

5 과감하게 독립하여 주인이 되어라

어떤 업종에 종사하더라도 과감히 독립하여 자신의 사업을 할 것이라는 생각을 가지고 있어야 한다. 그렇지 않으면 스스로가 주인이 되는 일을 영영 할 수 없으며 피고용자의 신분을 벗어날 수 없다. 직장에서 독립하려는 꿈을 하루라도 빨리 실현하기 위해서는 미루지 말고 당장 실행에 옮겨야 한다. 타인에게 의존하다 보면 자주적인 능력은 파괴당한다. 다시 말해 남들에게 기대다 보면 창의력을 상실한 채 평범한 사람에 머물게 된다.

현실에 만족하여 안일함을 추구하지 않는 리자청은 스스로 주인이 되기 위해 창업을 결심했다. 사업 초기에 가장 먼저 맞닥뜨린 문제는 바로 자본금 마련이었다. 저축이 별로 없는 그가 창업자본을 마련한 것은 어머니의 도움 덕이었다.

그는 창업 당시의 상황에 대해 이렇게 회고했다. "나의 창업자본은 어머니가 근검절약하며 모은 돈이었다. 나는 월급을 받으면 일상적인 지출 부분을 제외하고는 모두 어머니께 드렸다. 어머니는 알뜰하게 가족들의 생계를 꾸려나가면서 저축을 하셨다. 그러므로 순조롭게 창업을 할 수 있게 도움을 준 어머니께 가장 먼저 감사를 드려야 한다. 다음으로는 나에게 도움을 준 주위 사람들에게 감사했다."

야심만만한 그는 자신의 미래에 대해 큰 희망을 품고 있었으므로 플라스틱공장에 그럴듯한 이름을 붙이고 싶었다. 수십 개의 이름이 떠올랐지만 만족하지 못했던 그는 어느 날 갑자기 중국이 자랑하는 '창장(長江, 한국에서는 흔히 양자강이라 하지만 정식 명칭은 '장강'이다)'을 생각해내고 그것을 회사 이름으로 정했다.

그는 창장이라는 이름에 대해 이렇게 설명했다. "창장은 작은 물줄기도 받아들여 만 리를 도도하게 흐른다. 강의 시작은 보잘것없지만 동으로 흐르면서 무수한 지류와 합류하여 거대한 기세를 형성한다. 우리의 창장플라스틱공장도 창장과 같이 작게 시작하여 크게 일어날 것이다. 창장은 중국의 강들 가운데 어머니와 같으며, 중화민족의 자랑이다. 미래의 창장은 반드시 중국인의 자랑거리가 될 것이다. 창장은 만 리를 흘러가고, 넓은 가슴을 가지고 있다. 이와 마찬가지로 뜻을 가진 사업가라면 마땅히 돛을 올려 거친 풍랑을 헤치며 끊임없이 전진하여 위업을 달성해야 한다." 이 말에서 그의 원대한 포부를 엿볼 수 있다.

물론 리자청은 실사구시적인 인물이므로 말만 내세우는 것이 아니라 행동으로 자신의 큰 뜻을 실현했다. 재미있는 사실은, 오랜 시간이 흐른 후 누군가가 처음 공장을 시작할 때 '창장'이라는 이름을 선택한 이유를 묻자 리자청은 담담한 어투로 "창장이 듣기 좋은 이름이어서 그냥 붙인 것이다"라고 했다.

창업 초기에 당면한 많은 문제들 가운데에서도 가장 시급한 것은 공장부지를 확보하는 것이었다. 자본금을 마련하고 공장 이름도 지었지만 공장을 차릴 부지가 결정되지 않았던 것이다. 그는 홍콩 전역을 1개월 넘게 돌아다니다 홍콩섬 동북쪽의 샤오지만(筲箕灣)의 무너질 듯 허름한 공장을 빌릴 수 있었다.

그 무렵 중국대륙에서 수십 만 명이 홍콩으로 몰려들었기 때문에 주택 등이 턱없이 부족하여 부동산과 임대가격은 천정부지로 올랐다. 자본금이 부족한 리자청은 어쩔 수 없이 가장 싼 공장을 빌릴 수밖에 없었다. 그런데 샤오지만은 주위 풍광은 수려했지만 교통이 불편한 외진 곳이어서 공장을 세우기에는 불리한 입지였다. 그래서 창업 초기에는 생산에 자본을 투자하고, 여유가 생기면 입지가 좋은 곳으로 공장을 이전하기로 했다.

공장은 너무 낡고 허름해서 유리창도 성한 것이 없었다. 홍콩은 봄과 여름에 비가 많이 와서 공장 안은 빗물이 홍건할 정도였다. 플라스틱 압축기계는 중고시장에서 사들인 유럽제와 미국제로 고물덩이나 마찬가지였다. 리자청의 창업은 열악하기 그지없는 상황에서 출발했다.

그가 월급쟁이 생활을 청산하고 창업을 한 것은 경제의 흐름을 정확히 판단한 것이었다. '발전이 극에 달하면 쇠퇴의 길로 들어서고, 달도 차면 기운다'는 도가(道家)의 소박한 변증법은 경제에도 예외 없이 적용된다. 한 업종이 활기를 띄기 시작한다는 것은 발전 전망이 아주 밝다고 해석할 수 있지만, 동시에 힘든 개척과정을 거쳐야 한다는 의미도 된다. 이와는 대조적으로, 어떤 업종이 호황을 누릴 때 그 분야에 진출하기는 쉽지만 발전가능성은 제한적이라 할 수 있다. 그러므로 번성과 쇠퇴 사이에는 수많은 위험과 기회가 잠재되어 있다.

'천하의 대세에 순응하는 자는 번영하고, 거스르는 자는 망한다'는 말에서 알 수 있듯이, 시국과 상황을 읽는 안목은 사업가에게 가장 필요한 자질이다. 기회가 왔음을 아는 사람은 많아도, 이를 움켜잡을 수 있는 사람은 많지 않다. 성공한 사람들은 천부적으로 기회를 잡는 능력을 가진 것이 아니라, 평소 기회에 대해 많은 사고를 하고, 유심히 관찰하면서 지식을 축적한 것이다.

　스스로를 구할 수 있는 사람은 먼저 위기를 극복할 수 있는 생각을 갖추고, 그리하여 자신을 극복하여 운명을 철저히 바꾼다. 이 과정에서 자존심 때문에 방황해서는 안 된다. 자신을 잘 통제하여 위기를 극복해야 한다.

> **· 리자청 어록 ·**
>
> 변화무쌍한 사회에서 살아남기 위해서는 학구적이어야 하고 새로움을 추구하면서 능력을 강화한 뒤 발전을 꾀해야 한다. 또한 안정과 발전 속에서도 위기에 대해 생각하며 준비를 해야 한다.

6 사업이 순조로울 때도 변혁과 발전을 꾀하라

많은 사람들이 창업 초기에는 부지런히 노력하며 온갖 방법을 동원하여 현재의 상황을 변화시키려 하지만, 어느 정도 궤도에 오르면 현실에 안주하며 변화를 모색하지 않는다. 안정을 희구하는 것이 인간의 속성이기는 하지만, 이는 큰 부를 이룰 수 없는 한계로 작용하곤 한다. 리자청의 뛰어난 점은, 어려운 상황에서뿐만 아니라 사업이 순조롭게 진행될 때도 변혁과 발전을 꾀한다는 사실이다. 이러한 성격은 확실히 보통 사람들과 구분되는 면이고, 이로 인해 큰 성공을 거둘 수 있었다.

1950년대 중반, 홍콩에서는 산업화가 본격적으로 진행되어 수출이 늘었고, 해외시장에서 일정한 영향력을 발휘하기 시작했다. 경제발전에 따라 홍콩섬과 주룽반도의 외곽지대 및 신제(新界)의 공단에는 소규모 공장들이 우후죽순처럼 들어서서 호황을 누렸다. 창장플라스틱은 도산 위기까지 가는 위기를 겪은 후 주문이 쇄도하는 기사회생을 했다. 공장에서는 밤을 밝히며 생산을 했고, 매출도 거의 기하급수적으로 급증했다. 질 좋은 제품을 생산하고 신용 제일을 원칙으로 삼아 성실한 경영을 하자 은행에서는 대출한도액을 계속 높여주었다. 원료 공급상들은 외상으로 원료를 주었고, 바이어들도 대량으로 주문을 했다.

냉철한 두뇌를 가진 리자청은 공장의 현재와 미래에 대해 항상 깊은 생각을 했다. 당시 홍콩에는 플라스틱과 완구공장이 300여 개가 넘었는데, 동종업계에서 창장은 후발주자이고 별 특색이 없었다. 생산하는 플라스틱완구는 다른 메이커들과 대동소이했다. 별다른 이목을 끌 방법이 없다는 사실에 리자청은 우려를 금치 못했다.

실제로 홍콩의 플라스틱제품이 해외시장에서 잘 팔린 이유는 순전히 가격이 저렴했기 때문이다. 홍콩 제품들이 가격적으로 우세할 수 있던 것은 풍부한 노동력 덕분이었다. 1950년대에 정부가 홍콩으로 유입되는 인구를 모두 받아들였으므로 값싼 임금으로 저렴한 상품을 생산할 수 있었던 것이다.

한편 창장플라스틱의 주요 생산품목인 완구와 일상용품은 계속하여 새로운 디자인을 선보였다. 디자인의 변화는 대부분 판매상들의 요구에 따른 것이었다. 판매상들의 힘에 의해 생산이 좌우되는 바람에 생산자 측에서는 시장의 움직임을 정확히 파악하기 어려웠다. 리자청은 소비자의 입장에서 새로운 상품을 생산하여 판매상의 개입을 배제하려는 생각도 해보았지만 너무 바빴고 리스크도 컸기 때문에 시도를 할 수 없었다.

플라스틱업계에 몸담은 지 7년째 되던 해, 그동안의 실적을 되돌아보던 리자청은 자신이 아직도 이 분야에서 두각은커녕 평범한 업자에 머물고 있다는 사실을 발견했다. 평범함을 거부했던 그는 현 상황에 대해 점점 불만을 느끼게 되었고, 반드시 창장플라스틱을 업계의 선두주자로 발전시켜 시장을 점령하겠다는 결심을 굳혔다.

현실을 돌파하기 위해서는 시야를 넓혀 해외시장을 개척해야 하고, 그러기 위해서는 플라스틱산업의 새로운 동향을 이해해야 했다. 여기에는 리자청이 소년시절 쌓은 영어실력이 큰 도움이 되었다. 적지 않은 사업가들이 돈을 좀 벌면 자만심으로 가득 차거나 향락에 빠지는 것과 달리 리자청은 절도 있는 생활을 했다. 항상 자신의 목표를 상기하면서 조금도 방종하지 않았다. 아무리 바쁘고 몸이 피곤해도 강렬한 학구열을 유지하면서 시장의 미묘한 변화를 놓치지 않고 관찰했다.

잠자리에 들기 전에는 항상 잡지를 읽는 습관을 가졌던 그는 많은 종류의 경제 잡지를 정독하면서 지식과 정보를 습득했다. 그러던 어느 날 영문판 잡지 〈플라스틱(Plastic)〉을 읽던 그의 눈에 확 들어오는 기사가 하나 있었다. 이탈리아의 한 회사가 플라스틱조화의 제조에 성공하여 곧 대량생산에 들어갈 예정이고, 이 상품으로 유럽과 미국시장을 공략할 것이라는 내용이었다.

이 기사는 리자청의 마음을 사로잡았다. 새로운 활로를 모색하느라 고민에 빠져 있던 그는 신대륙을 발견한 듯한 흥분에 잠을 이룰 수 없을 정도였다. 그가 이해하는 서구사회는 생활의 리듬이 매우 빠르고, 가정주부들의 취업률이 상승하고 있어 가사노동의 사회화에 대한 목소리가 커지고 있었다. 서구의 가정들은 실내외를 가리지 않고 꽃으로 장식하기를 좋아하지만 바쁜 생활 때문에 신경 써서 꽃을 키우기가 쉽지 않았다. 더욱이 '시간이 돈'인 시대에 사람들은 시간을 투자해 꽃을 돌보기를 원치 않으며, 계절에 따라 품종을 바꿔줘야 하는 수고를 감당할 만한 여유가 없었다.

그런 상황에서 플라스틱조화로 진짜 꽃을 대신하면 미적 효과와 시간 절약의 일거양득을 거둘 수 있지 않은가. 무엇보다도 플라스틱조화는 디자인에 따라 무궁무진한 모양을 만들어낼 수 있으므로 현대인의 구미에 딱 들어맞았다. 어느 모로 보나 플라스틱조화시장의 전망은 매우 밝았다. 리자청은 플라스틱조화가 플라스틱시장에서 일대 혁명을 일으킬 것이라 판단했다.

그는 좋은 기회가 왔다고 생각하는 한편 문제점에 대해서도 숙고했다. 서구인들에게 있어 플라스틱조화가 선풍을 일으키기는 하겠지만, 인기가 오래 지속되지 않을 것은 불을 보듯 훤했다. 그렇기 때문에 시장을 선점하지 못하면 기선을 제압당해 전망이 없을 거라고 예상했다.

다음 날 아침 일찍 홍콩 전역을 돌아다닌 결과, 그는 플라스틱조화를 갖춘 상점이 거의 없다는 사실을 알 수 있었다. 그러나 생활수준이 높아짐에 따라 집안을 가꾸는 데 대한 흥미와 관심이 높아지면 플라스틱조화는 큰 시장을 형성할 것이 분명했다. 따라서 이 잠재적인 시장의 가능성은 무궁무진했다. 새로운 길이 보이자 흥분을 감추지 못한 그는 플라스틱조화에 승부를 걸기로 작정하고 즉시 행동에 들어갔다.

1957년 봄, 리자청은 기대감과 호기심에 부푼 가슴으로 플라스틱조화의 생산과정과 판매시장을 살피기 위해 이탈리아로 향했다. 찬란한 고대문명을 꽃피웠던 이탈리아의 봄은 관광의 황금 계절이었다. 눈부신 햇빛과 맑고 푸른 하늘, 아름다운 자연경관, 고색창연한 건축물 등은 관광객들을 사로잡았지만 리자청은 플라스틱조화사업으로 성공해야 한다는 마음만이 간절했다.

그는 비행기에서 내리자마자 작은 호텔에 여장을 푼 뒤 곧바로 잡지에서 보았던 회사의 주소를 찾았다. 이틀간의 조사 끝에 그는 마침내 공장을 찾았지만 들어가기가 망설여졌다. 일반적으로 신상품에 관한 기술은 기밀이므로 불쑥 찾아가기보다는 정식으로 특허를 사들여야 한다는 생각이 들었다. 그러나 다음 순간, 엄청난 가격의 특허기술을 사들이기에는 역부족이라는 생각이 들었다. 또한 그들이 쉽사리 특허권을 팔지 않으리라는 것도 충분히 예상할 수 있었다. 특허기술로 시장을 점령하여 수익을 올린 후 새로운 기술이 나올 때쯤에야 제조기술을 이전하는 것은 재계의 상식이었다.

　조화의 제조기술을 사들이지 않으면 창장은 결코 선두주자가 될 수 없을 거라는 생각에 리자청은 초조한 마음이 들었다. 홍콩인들은 모방의 천재이므로 조화가 홍콩에서 유행할 때 창장이 뛰어든다면 결과는 명약관화했다.

　한참을 망설이던 리자청은 결국 회사로 들어갔다. 접대하는 직원에게 홍콩에서 이 회사의 제품을 판매하기를 원한다고 하자, 직원은 정중하게 상품진열실로 안내했다. 수많은 디자인의 아름다운 제품을 본 리자청은 눈이 두개밖에 없다는 사실이 원망스러울 정도였다. 그는 제품을 꼼꼼히 살펴보면서 직원에게 플라스틱조화에 대해 자세히 물었다. 거의 한나절을 회사에서 보낸 그는 몇 종류의 제품을 산 뒤 홍콩에서 시범적으로 판매해보겠다고 했다.

　제품도 손에 넣고, 플라스틱조화에 대한 상식도 많이 얻었지만 실제 생산은 또 다른 문제였다. 생산을 하기 위해서는 구체적인 생산공정을 알아야 했지만, 이에 대해서는 아무런 노하우도 얻지 못했다. 도서관에 가서 자료를 찾았지만, 홍콩에서 본 것 이상의 정보는 얻을 수 없었다. 궁금한 문제들에 대한 정답을 하나도 찾지 못한 것이다.

　그는 빈손으로 돌아가면 직원들을 대할 면목이 없고, 무엇보다 자신의 무능함에 대한 실망감을 해소할 길이 없을 거라는 생각에 좌불안석이 되었다. 하지만 하늘이 무너져도 솟아날 구멍이 있다고, 그는 신문에서 방문했던 회사의 공장에서 공원을 모집한다는 광고를 발견했다. 순간적으로 그는 그곳의 공원으로 들어가야겠다는 결심을 했다.

　그는 곧장 주소를 들고 공장으로 찾아가 원서를 냈다. 그러나 외국인인 데다 여행비자만 갖고 있었기 때문에 허드렛일이나 해야 한다는 지시를 받았다. 원래 규정대로라면 여행비자를 가진 외국인의 고용은 불법이지만 사장은 리자청을 고용했다. 가장 힘든 일을 시키고 월급을 일반 공원의 절반만 지급해도 불법취업자인 리자청이 고발을 할 수 없다는 사정을 잘 알고 있었던 것이다. 당시 서구 선진국의 기업주들은 형편없는 임금으로 후진국 출신 불법노동자를 착취하며 이익을 챙기고 있었다. 사장의 탐욕을 역으로 이용해 리자청은 '음모'를 실행에 옮길 수 있는 기회를 얻은 것이다.

그 공장은 원래 시내에 있었지만 오염물질 배출에 대한 환경단체의 항의로 인해 교외로 이전했다. 그래서 리자청은 본사 직원의 눈에 띄어 신분을 발각당할 위험을 피할 수 있었다. 그가 맡은 일은 폐기물을 처리하는 일이었다. 공장에서 가장 힘든 일이었지만 그에게는 그보다 더 좋은 작업이 없었다. 하루 종일 공장 곳곳을 돌아다니며 폐기물을 운반하다 보면 모든 생산공정을 관찰할 수 있었기 때문이다.

한동안 리자청의 근면함과 성실성을 눈여겨 본 작업반장은 입에 침이 마르도록 칭찬을 했다. 그러나 그는 이 '말단 공원'이 '국제 스파이'로서 정보를 몰래 수집하고 있다고는 상상도 하지 못했다. 공장에 근무하면서 리자청은 친구들도 사귀었다. 이탈리아인을 친구로 만든 데에는 뚜렷한 목적이 있었기에 그는 중요한 기술을 알고 있는 숙련된 기술자들을 중점적으로 사귀었다. 그는 휴일이면 친구들을 중국음식점으로 불러 식사를 대접하면서 은근슬쩍 잘 모르는 기술에 대해 질문을 했다. 지금과 같이 하급 노동자에 머물 것이 아니라 기술을 익혀 다른 공장에 취업하고 싶다는 리자청에게 친구들은 기꺼이 도움을 주었다. 더 나아가 그들은 자신이 굉장한 기술자라고 뻐기고 싶은 마음에 고급 노하우를 술술 털어놓았다.

시간이 어느 정도 지나자 리자청은 눈과 귀로 플라스틱조화 제조에 대한 요령을 거의 마스터했다. 목적을 달성한 리자청은 큰 트렁크 몇 개에 가득 담은 플라스틱조화 샘플과 자료를 가지고 귀국하여 꿈을 펼칠 희망에 부풀었다. 이탈리아를 떠날 준비를 할 무렵 플라스틱조화가 시장에 선을 보이기 시작하자 리자청은 꽃가게를 뛰어다니며 시장현황을 조사했다. 그가 예상했던 대로 시장 전망은 매우 밝아서 안도의 숨을 내쉴 수 있었다.

현재의 시각으로 보면 리자청의 이탈리아에서의 행적은 상도덕적으로 분명히 문제가 있다. 그러나 당시에는 특허법이 허술했고, 기술을 몰래 빼내는 행위가 보편적인 현상이었다.

여기서 우리가 주목해야 할 사실은 사업이 순조로울 때도 만족하지 않고 끊임없이 변화를 모색하는 리자청의 개척정신이다. 이는 대기업가라면 반드시 갖추어야 할 자질이다. 이와 더불어 플라스틱조화 생산기술을 얻기 위해 순간순간 기지를 발휘한 리자청의 행동은 성공을 향해 달리는 사람들에게 시사하는 바가 크다.

> **· 리자청 어록 ·**
>
> 젊은 사람들은 정확한 방향으로만 간다면
> 결국 성공의 비방(秘方)을 얻게 될 것이다.

7 성공의 4요소 : 사업가적 기질, 뛰어난 두뇌, 근면성, 기회

맹자는 군대와 백성을 다스리는 데 필요한 3대 요소를 천시(天時, 하늘이 준 때), 지리(地利, 지리적 이점), 인화(人和)라고 지적했다. 이 세 가지 요소는 오늘날에도 여전히 무시할 수 없는 설득력을 가지고 있다.

홍수오(鴻碩)는 일찍이 리자청의 '행운'에 대해 설득력 있는 분석을 한 적이 있다. 그의 저서 《거부와 명문가》에는 다음과 같은 대목이 있다. "1979년 10월 29일자 〈타임(TIME)〉지에서는 리씨를 '신의 아들'이라 표현했다. 그가 이룬 엄청난 성과가 행운의 여신으로부터 특별한 은총을 받은 결과라는 뜻이다. 영국인들도 '1온스의 행운이 1파운드의 지혜보다 낫다'는 말을 한다. 그렇다면 리자청의 성공에 있어 행운(혹은 기회)과 지혜 중 어느 쪽이 더 큰 요소로 작용했을까?"

1981년, 리자청은 위의 질문에 대해 이렇게 대답했다. "20살 전에 거두는 성과는 100% 근면함으로 얻어지는 것이다. 20살에서 30살까지는 작으나마 이미 기초가 있기 때문에 성공의 10%는 운으로, 90%는 노력으로 얻어진다. 그 이후에는 기회 혹은 운의 비중이 점점 커진다. 지금 나의 경우는 운이 30~40%를 차지하고 있다."

홍콩에는 일주일 내내 하루에 10시간 이상을 일하는 사람이 10만여 명은 된다. 그런데 그들이 수십 년을 근면함으로 일관해도 소시민의 삶을 벗어나지 못하는 이유는 무엇인가? 홍수오는 이렇게 말한다.

"리자청이 성공할 수 있었던 가장 큰 자산이 근면함이었다고 한 말은 겸손에 불과하다. 운이 좋았다는 것도 일반인의 잘못된 인식이다. 그의 성공의 과정을 보면 기회를 알아보는 안목이 남달랐다는 사실을 알 수 있다. 보통사람들이 평범한 삶으로 일관하는 것은 기회를 알아볼 줄 모르거나, 기회가 와도 과감하게 잡지 못하기 때문이다. 혹자는 기회를 잡으려 해도 '종자돈'이 없어 포기하곤 한다. 또한 눈앞의 이해득실에 연연하여 좋은 기회를 놓치는 사람들도 있다."

홍콩의 한 경제평론가는 리자청의 성공에 대해 이렇게 평했다. "리자청의 성공은 극기, 적절한 시기 포착, 그리고 개인 재산을 회사에 투자하여 발전을 모색한 점 덕분에 가능했다. 모험가의 천국이자 개인의 영달을 추구하기에 급급한 사회에서 이사들이 회사의 공금을 유용하는 사례는 비일비재하다. 기업주가 이익을 기업에 환원하거나 특혜금융을 회사의 발전을 위해 사용하는 경우 뉴스가 되는 것이 홍콩사회이다. 그렇기 때문에 인격적으로나 사업적으로 걸출한 리자청은 대중의 머릿속에 진정한 성공인의 모델로 각인되었다. 홍콩사람들은 그를 다른 부호들과 차별화하여 존경한다. 결론적으로 말해 리자청은 창장그룹의 가장 귀한, 금전적으로 환산할 수 없는 막대한 자산인 것이다."

사리사욕을 버리고 전력을 다해 회사의 발전을 추구한 점은 리자청 성공신화의 중요한 요소이다. 기업이 발전하면 오너는 당연히 부를 축적하게 되지만, 작은 이익에 탐닉하는 것은 근시안적 행위다.

한편 리자청의 뛰어난 능력이 가장 빛을 발한 부문은 부동산과 주식이다. 그는 부동산투자를 잘하는 비결을 묻는 기자들에게 이렇게 대답했다. "비결은 없고, 내 원칙에 대해서는 말해줄 수 있습니다. 나는 오늘

시세가 좋다고 해서 즉각 땅을 팔아서 시세차익을 남기는 짓은 하지 않죠. 나는 전반적인 국면을 중시합니다. 예를 들어 공급상황, 시민들의 수입과 지출, 더 나아가 세계경제의 전망 등을 다 고려합니다. 홍콩경제는 세계경제, 국내정치 등으로부터 영향을 받기 때문이죠. 그래서 나는 큰일을 결정하기 전에는 신중을 기하기 위해 관련 분야의 사람들을 모두 불러 모아 상의를 합니다. 그러나 일단 방침을 정하고 나면 번복하는 일은 없습니다."

"나는 일단 내린 결정은 어떤 경우에도 관철합니다. 지금까지 99.9%의 일을 처음 결정대로 했습니다. 오늘은 오피스빌딩을 지으려다 내일은 호텔을, 모레는 주택을 짓겠다는 식의 생각은 하지 않습니다. 결정을 위해 심사숙고하는 동안 모든 것을 철저히 조사하기 때문입니다. 결정을 내린 일은 아주 특별한 상황이 벌어지지 않는 한 계획대로 실행합니다. 홍콩에는 많은 땅을 소유한 사람들이 몇 차례나 결정을 바꾸다가 10년이 넘어서야 계획을 완성하는 경우가 있습니다. 그런 방식을 좋아하는 사람들이 있지만, 나는 그렇게는 할 능력이 없습니다."

이밖에도 리자청은 기업집단의 총수로서 정책을 시행해 나가는 원칙에 대해 설파했다. "거대한 기업집단의 총수는 반드시 기업 내부에 튼튼한 기반을 마련해두어야 합니다. 정책을 시행하기에 앞서 공격에 대비해 먼저 수비를 해야 합니다. 공략을 하기 전에 내가 확신을 가져야 100% 능력을 발휘할 수 있죠. 다시 말해, 내가 100의 능력이 있어 일을 성사시킬 수 있더라도 200 정도의 능력을 비축한 다음에 공략을 해야 합니다. 그러지 않고 도박을 하듯이 일을 할 수는 없다는 겁니다."

"내가 일을 하는 원칙은 수영을 하는 것과 마찬가지로 간단합니다. 나의 수영실력과 배를 조종하는 기술은 보통 수준에 불과합니다. 해안에 도착해야 하는 목표를 달성하기 위해서는 단순히 도착하는 정도의 능력뿐 아니라, 도착했다 다시 출발점으로 돌아올 수 있는 능력을 갖춰야 합니다. 즉 수영을 하다 모래사장이 눈에 보여도 거기에서 쉴 생각을 하지 않고 다시 되돌아올 정도의 여력이 있어야 나는 물에 들어갑니다. 나는 일에 착수하기 전에 훈련을 합니다. 예를 들어 거리와 기록 등을 예상하고 능력을 충분히 검토한 다음에야 일을 시작하는 식이죠."

"중국 상계에는 '사기 전에 먼저 팔 생각을 한다' 는 금언이 있습니다. 내 생각이 바로 그렇습니다. 어떤 물건을 살 때는 최악의 경우를 상정해야 합니다. 거래를 하기 전에 내가 생각하는 것의 99%는 온갖 경우를 예상하는 것이고, 1%만 얼마나 벌 수 있나를 계산합니다. 우리의 실력이란 것은 대부분의 경우 진정한 것이 아닙니다. 비유를 하자면, 내 배가 거친 풍랑을 이겨낼 수 있다 하더라도 바람이 예상치 못한 방향으로 불거나 너무 거세면 배는 어쩔 수 없이 전복되는 법입니다. 그러므로 나는 반드시 사전에 충분한 준비를 합니다. 예를 들어 일기예보에서 날씨가 쾌청하다고 해도 5분 후에 태풍 경보가 떨어질 수 있다는 생각을 합니다. 홍콩에서 사업을 하려면 반드시 이런 심리적 준비를 해야 합니다."

경제전문가들과 리자청의 말에서 알 수 있듯이 사업가적 기질과 뛰어난 두뇌, 근면함, 기회 등의 요소 중 한 가지 요소만으로는 성공할 수 없다. 이 모든 조건들이 조화를 이뤄야 한다.

> **리자청 어록**
>
> 성공하기 위해서는 책 속의 지식과 일을 통해 얻은 경험을 접목하는 것이 가장 좋다.

8 세인의 허를 찌르는 기세로 밀고 나가라

'날지 않을 때는 조용하지만 한번 날면 하늘을 찌른다(不飛卽已 飛必沖天)'는 말은 위대한 인물의 공통된 속성을 묘사한 것이다. 하늘로 솟아오를 듯한 용기야말로 영웅이 갖춰야 할 기질인데, 리자청이 바로 이런 기개를 갖추었다. 그의 과단성 있는 성격이 가장 잘 드러난 사건은 바로 지하철 건설공사의 입찰이었다.

지하철 건설은 1842년 홍콩의 개항 이래 최대 규모의 공공건설사업이었다. 계획에만도 8년이 걸렸고, 건설비용은 약 205억 홍콩달러에 달했다. 1기 공사는 주룽반도의 관탕(觀塘)에서 해저터널을 뚫어 홍콩섬의 센트럴(中環)까지 연결하는 15.6km 구간으로, 15개 역으로 이루어졌으며 건설비는 56.5억 홍콩달러였다. 건설에 소요되는 자본은 홍콩정부의 보증을 받은 은행들의 장기대출, 지하철공사가 발행하는 채권, 지하철공사와 부동산회사들이 공동으로 역세권의 이윤을 채권으로 발행하는 방식으로 조달되었다.

센트럴역과 진종(金鐘)역은 승객이 가장 많은 중요한 역이다. 1호선의 종점인 센트럴역은 홍콩에서 가장 번화한 지역에 위치했다. 해저터널을 지나 첫 번째 역인 진종역은 부근에 정부청사, 최고법원, 해군총부, 경찰총부, 적십자본부, 박물관 등이 몰려 있었고, 센트럴의 은행가에서 지척에 있었다. 일설에 의하면 이 두 역은 닭의 두 다리와 같아서 그 위에 건물을 지으면 돈이 쏟아져 들어올 것이라 했다. 부동산회사들은 하나같이 이 지역에 군침을 흘렸다.

리자청도 그런 소문에 마음이 동하기는 했지만 눈앞의 이익보다는 회사인 창장실업의 신용에 더 무게를 두었다. 주위에서 보기에 창장은 시의 외곽지역과 시골의 산지에 건물을 지은 경험이 있을 뿐인 별 볼일 없는 부동산개발회사에 불과했다. 마천루가 즐비한 금싸라기 같은 중심지에는 한 평의 땅도 소유하지 못했던 것이다. 그는 부동산개발업에 뛰어들고 20여 년 동안 적지 않은 건설경험을 쌓았으므로 이제는 이미지 변신을 꾀할 때라는 생각을 했다. 홍콩섬을 중심으로 진군해야 한다고 생각한 것이다.

1976년 하반기에 지하철공사가 입찰을 통해 역세권을 개발할 것이라는 뉴스가 나오자 홍콩 전체가 들썩였다. 1977년 1월 14일, 지하철공사는 공개입찰을 공고했다. 개발지역은 우정총국(郵政總局)이 있던 자리로, 이 지역에 지하철 역사가 세워지면 주변지역을 재개발한다는 것이었다.

늦은 밤 디프 워터 베이(深水灣)에 있는 집의 정원을 거닐던 리자청은 깊은 생각에 빠졌다. 지하철 역세권 개발과 관련해 그는 며칠 동안 침식을 전폐하고 구상에 몰두하던 참이었다. 오랜 기간 리자청을 수행했던 한 가신(家臣)의 회고에 의하면, 리자청은 원래 회사 일을 집에 가지고 와서 처리하는 경우가 거의 없었다. 그는 사무실 외의 곳에서 일을 하는 것은 능률적이지 못한 것이라 생각했기 때문에 모든 일을 사무실에서 끝낸다는 원칙을 지켰다. 귀가 후에는 영어 공부, 신문과 잡지 읽기, 가족들과 놀아주기로 시간을 보냈다. 회사 일은 잊고 충분한 휴식을 취함으로써 다음날 일할 에너지를 회복하는 것이 그의 습관이었다. 그런 그가 서류나 자료를 갖고 귀가했다면 특별한 일이 있다는 증거였다.

지하철 역세권 개발은 리자청에게 있어서 반드시 해내야 할 사업이었다. 센트럴역과 진종역 입찰에는 자본과 실력 면에서 선두권에 있는 부동산개발회사와 건설회사들이 몰려들어 결사적으로 경쟁을 할 것은 불을 보듯 뻔한 일이었다.

이런 상황에서 창장이 수주를 할 가능성은 지극히 희박했다. 차라리 입찰에 뛰어들지 않는 것이 나을지도 몰랐다. 몇 년 전 정부에서는 수차례 정부 소유의 토지를 경매에 붙인 적이 있었다. 경매대상지역은 홍콩의 중심지로서 지가가 천정부지로 솟아 1평방피트가 1만 홍콩달러를 호가하여 세계에서 가장 비싼 땅값을 기록했다. 웬만한 건물을 지으려면 대지 비용만도 수억에서 10수억 달러에 달했으므로 창장은 경매에조차 참여하지 못했다.

입찰에 참여할 실력이 없다고 해서 희망까지도 버릴 수는 없는 법, 리자청은 중심가로 진출해야 한다는 꿈을 도저히 버릴 수가 없었다. 디프 워터 베이의 산비탈을 산보하며 그는 눈앞에 펼쳐진 해안선을 바라보았다. 파도소리는 그의 열정을 부채질했고, 자신이 장차 세울 빌딩들을 미리 보는 듯한 환시에 몸이 떨려왔다. 그는 항상 도전을 갈망했고 도전에 기꺼이 응하는 인물이었다. 더 이상 망설일 필요가 없을 것 같았다. 결사적인 경쟁이라면 두뇌와 용기를 겸비해야 한다. 이런 순간에 용기조차 없다면 앞으로 어떻게 비즈니스세계에서 발을 딛고 일어설 수 있단 말인가?

집에 돌아온 리자청은 서재로 들어가 지하철과 관련된 자료들을 펼쳐들었다. 지피지기면 백전백승이라는 말을 떠올리며 그는 자료들을 분석하고 연구했다.

당시 홍콩의 재계에는 '산을 뒤흔들기는 쉬워도, 자딘 매디슨 그룹 (Jardine Matheson Limited, 1832년에 설립된 영국계 중국기업. 무역뿐 아니라 운수·보험·조선·창고·부두·제사공장·부동산 등 여러 산업에 진출하여 막강한 영향력을 발휘해왔다. 현재 세계 각국에 자딘 퍼시픽, 자딘 모터, 홍콩랜드, 만다린 오리엔탈, 데어리 팜, 사이클 & 캐리지, 자딘 로이드톰슨 등의 자회사와 관계회사가 있으며, 종업원은 13만 명이다. 2001년 매출액은 94억 1,300만 달러이다. 본사는 홍콩에 있다.) 계열기업인 홍콩랜드(Hong Kong Land, 置地)를 동요시킬 수는 없다'는 말이 유행하고 있었다. 리자청이 보기에 입찰에는 홍콩랜드, 스와이어(Swire, 太古)와 같은 영국 자본의 부동산회사와 건설회사가 참여할 것이 확실했다. 중국계 회사들은 여러 모로 영국계 회사에 비해 규모나 실력이 뒤졌다. 이미 세간에는 홍콩랜드가 수주를 맡을 것이라는 예상이 우세했다.

홍콩섬의 센트럴은 자딘 매디슨의 본거지나 마찬가지였다. 과거 자딘 매디슨의 창업자는 바다를 메워서 센트럴지역을 개발하는 홍콩정부의 프로젝트에 참여한 대가로 싸게 땅을 얻어냈다. 이 지역에 자딘 매디슨은 10개가 넘는 고층빌딩을 소유하고 있었고, 자딘 매디슨 광장과 캉러(康樂)광장은 앞으로 건설될 센트럴역의 두 날개처럼 마주보고 위치해 있었다. 센트럴역은 차터 로드에 위치하게 되는데, 차터는 자딘 매디슨의 창업자 이름을 딴 것이었다. 이런 사실만으로도 자딘 매디슨 그룹과 이 그룹의 핵심기업인 홍콩랜드의 위상을 충분히 짐작할 수 있겠다.

자딘 매디슨 그룹이 입찰에 참여하겠다는 의사를 밝히기도 전에 언론에서는 '자딘 매디슨의 승리'를 당연시하는 기사를 썼고, 이에 도전하는 것은 '계란으로 바위치기'라고 떠들어댔다. 그러나 리자청은 뜻이 있는 곳에 길이 있다는 각오로 홍콩랜드와 경쟁을 하기로 결심했다. 통상적으로 자딘 매디슨 그룹의 회장이 홍콩랜드의 회장직을 겸했는데, 당시 회장은 데이비드 뉴비깅(David Newbigging)이었다. 그는 20세에 자딘 매디슨에 입사하여 회장까지 오른 입지전적인 인물이었다.

홍콩랜드의 창업자 가운데 한 사람으로 짐 케스윅(Jim Keswick)이 있었는데, 케스윅 일가는 자딘 매디슨 그룹의 최대 주주로 뉴비깅과 별로 사이가 좋지 않았다. 케스윅 일가는 그룹의 핵심을 홍콩에서 해외로 이전하여 뉴비깅의 세력을 약화시키려 했다. 케스윅과 뉴비깅의 알력은 홍콩랜드의 약점으로 부각되었다. 한편 자딘 매디슨 그룹은 오랜 기간 재계 1위로 군림해왔으므로 자부심이 너무 강해서 합작의 가능성에 대해 냉정하게 검토를 하지 않았다. 더구나 자세를 낮춰 합작대상과 타협을 할 생각은 전혀 없었다.

그렇다면 지하철공사가 공개입찰방식을 채택한 의도는 무엇인가? 지하철공사는 홍콩정부의 공영기업이다. 홍콩의 공영기업은 중국의 국영기업이 철저히 정부의 영향권 아래에 있는 것과 달리 정부로부터 약간의 특허권과 특혜를 받는 것 외에는 독립적으로 경영된다. 그래서 지하철공사는 자금의 조달에서부터 설계와 시공, 경영 면에서 민간기업과 다른 점이 거의 없었다.

리자청은 여러 채널을 통해 홍콩정부 공무국(工務局)에서 우정총국 대지의 시세를 약 2억 4,430만 홍콩달러로 계산했고, 이 자리에 센트럴역과 진종역이 들어설 것이라는 사실을 알아냈다. 아울러 지하철공사는 정부에 대해 우정총국 대지와 주룽의 자동차 공장부지의 지가를 합쳐 책정한 약 6억 홍콩달러를 지불한 뒤, 모자라는 돈은 상권개발로 발생하는 수익으로 보전할 계획이라는 정보도 얻어냈다.

지하철공사는 우정총국을 매입하기 위해 정부와 여러 차례 교섭을 벌이면서 현금과 지하철 채권으로 대금을 지불하겠다고 제의했다. 그러나 정부 측에서는 현금만을 고집했다. 양측이 갈등을 빚은 원인은 지하철공사의 현금지불능력이 부족했기 때문이었다. 더욱이 고금리로 대출을 받아 토지 대금을 지불했던 지하철공사는 원금을 상환하기 위해 더 큰 수익을 얻어야 했다.

리자청은 입찰에 참여하면서 상업빌딩 건설계획안을 제출했다. 그러나 이것으로 경쟁자들을 물리칠 수는 없었다. 입찰에 응한 기업들은 모두 빌딩을 건설할 만한 능력이 있었기 때문이다. 그래서 강적들을 물리치기 위해 구상한 리자청의 방법은 두 가지였다. 첫째, 지하철공사의 현금부족을 해결해주기 위해 창장실업이 건설비용을 현금으로 제공하는 것이다. 둘째, 빌딩을 모두 분양한 후에 발생하는 수익은 지하철공사와 창장실업이 나눠 가지되, 파격적으로 지하철공사 51%, 창장실업 49%의 비율로 배분하는 것이다. 리자청의 입장에서는 현금부담이 막중했지만 배수진을 치는 심정으로 모험을 감행하기로 결심했다.

1976년 겨울, 창장실업은 주식공모를 통해 1.1억 홍콩달러를 조달함과 동시에 다퉁(大通)은행으로부터 언제든지 2억 홍콩달러를 대출받을 수 있도록 하는 교섭에 성공했다. 여기에다 전년도 이익을 더해 리자청은 현금 4억 달러를 여유자금으로 확보했다.

입찰이 시작되자 기업들은 지하철공사로부터 정보를 얻기 위해 동분서주하는 한편 서류들을 제출했다. 경매에 응한 기업은 30개 사로 주룽 구간 입찰의 2배에 달했고, 언론에서는 관성적으로 홍콩랜드가 수주할 가능성이 가장 높다는 추측 보도를 했다.

1977년 4월 5일, 홍콩의 언론매체는 '창장, 홍콩랜드 격파'라는 제목으로 입찰결과를 보도했다. 〈공상일보(工商日報)〉는 다음과 같은 기사를 실었다.

"30개 대기업이 참여한 2억 4천만 홍콩달러의 우정총국 부지 입찰에서 창장실업이 수주에 성공했다. 1평방피트의 지가가 1만 홍콩달러에 달하는 '금싸라기' 부지를 두고 대기업들이 각축을 벌였지만 결국 창장이 승자가 되었다. 지하철공사 측에 따르면 창장이 입찰에 성공한 이유는 제출한 개발프로젝트안이 가장 뛰어났기 때문이다.

지하철공사 이사회는 어제 이미 협의조항을 비준했으며, 창장실업은 센트럴역사 부근의 2,270평방피트에 37층의 상가와 업무용 복합빌딩을 건설하기로 했다. 창장은 지하철공사 측에 현금분할로 부지대금을 지불함과 동시에 지하철공사에 대한 수익을 보장하기로 합의했다."

4월 4일, 지하철공사 이사장 탕신(唐信)은 리자청과 센트럴역 개발권에 대한 계약을 체결했으며, 진종역 개발권에 대한 계약은 추후에 조인하기로 했다. 그날 밤 탕신은 기자회견에서 이렇게 밝혔다.

"창장이 지은 빌딩은 일반에게 분양할 것이며, 이익은 지하철공사와 창장이 분배하되 지하철공사가 더 큰 지분을 확보할 것이다. 많은 기업들이 공사와의 합작에 많은 관심을 보여 경쟁이 치열했으나, 상세한 검토 후에 우리는 창장의 프로젝트가 가장 매력적이라는 사실을 알았다."

언론에서는 창장의 수주에 대해 '창장실업의 역사에 이정표를 세웠다'고 표현함과 동시에, 리자청을 '업계를 경악시킨 놀라운 인물'로 묘사했다. 리자청은 투자를 결정할 때마다 안정성을 최우선시했기 때문에 때로는 지나치게 보수적이라는 말을 들었지만, 결코 패기와 박력이 부족한 인물이 아니라는 평을 받았다.

투자자는 크게 '안정성을 우선하는 타입'과 '과감한 타입'으로 대별

된다. 전자가 보수적이고 신중하다면, 후자는 비교적 투자결과에 얽매이지 않는다. 두 가지 성격을 겸비하기는 힘들고, 더욱이 신중함과 과감함 사이에서 균형을 유지하기는 힘든 법이다. 이런 면에서 안정성과 과단성을 모두 갖춘 투자가로서 리자청은 충분한 연구가치가 있는 인물이라 하겠다.

> • 리자청 어록 •
>
> 기업은 설립 시점부터 신용과 명예를 쌓아야 한다. 신용과 명예를 얻게 되면 자연히 이윤을 창출할 수 있게 된다. 이는 기업이 반드시 지켜야 할 상도덕이기도 하다. 기업도 사람과 마찬가지로 충성과 의리를 중시해야 하지 않겠는가?

창장그룹(長江集團)의 역사

리자청이 이끄는 창장그룹의 구조를 먼저 살펴보자. 창장그룹은 창장실업(長江實業, Cheung Kong (Holdings) Limited)을 모기업으로 하고 있으며, 460여 개의 기업체가 모인 거대 그룹이다. 대표 기업은 창장실업, 허치슨 왐포아(Hutchison Whampoa Limited), 홍콩전력(香港電力)이다.

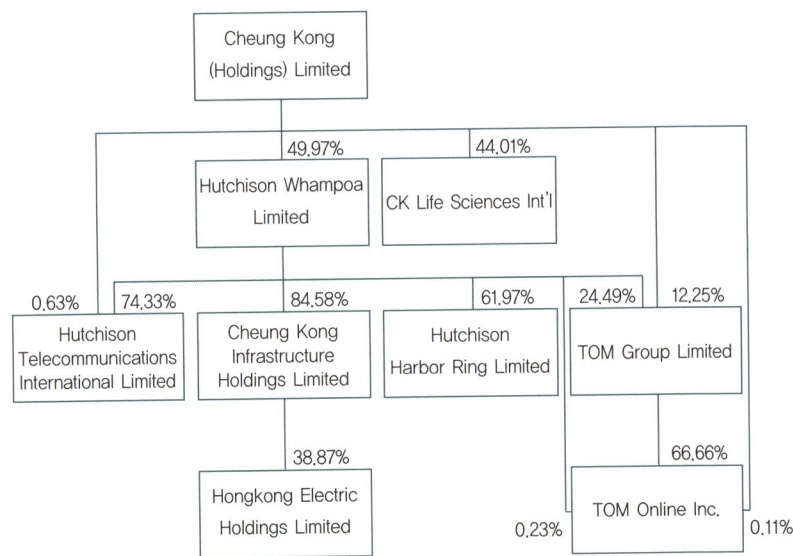

리자청이 열네 살이던 해에 아버지가 세상을 떠났기에, 그는 어린 나이에 가족을 부양하기 위해 생업전선에 뛰어들어야 했다. 밑바닥 일부터 시작한 그는 17세에 플라스틱 제품 세일즈맨이 되었고, 22세 되던 1950년에 오늘날의 창장실업의 모태가 된 창장플라스틱공장을 설립했다.

창장그룹의 모기업인 창장실업을 기반으로 리자청은 30세부터 부동산투자를 시작했다. 그리고 부동산투자에 관한 한 불패신화를 만들며 홍콩의 아파트 명당자리를 찾는 데 천재로 알려지게 되었다. 이후 그가 44세 되던 해에 창장실업은 홍콩 주식시장에 1번으로 상장되는 영예를 얻는다.

이렇듯 창장실업의 CEO로 승승장구하던 그가 세계적인 기업군단의 총수로 발돋움하게 된 계기는 1979년에 영국계 기업인 허치슨 왐포아를 인수하면서이다. 1974년, 허치슨 왐포아의 전신인 허치슨 인터내셔널은 1억 5천만 홍콩달러의 대규모 적자를 보면서 휘청거리게 되었다. 이에, 대주주 중의 하나였던 홍콩은행이 34%의 주식을 추가로 매입하여 최대주주가 되었다. 그 후 1978년에 왐포아 도크와 합병하며 지금의 허치슨 왐포아를 탄생시키고 기업회생작업을 추진했다. 리자청은 구조조정이 진행되던 1979년에 홍콩은행으로부터 22.4%의 주식을 매입하여 최대주주가 되며 허치슨 왐포아를 인수했다. 이후 회사의 부실을 제거하며 초일류 세계기업으로 재탄생시켰다.

이후 창장실업과 허치슨 왐포아를 통해 여러 자회사를 둠으로써 현재의 창장그룹을 만들었다. 창장그룹은 2005년 7월 현재 주식가치가 7천억 홍콩달러(한화 100조 원)에 달하며, 홍콩 주식시장을 좌우하고 있다. 홍콩에서 1달러를 쓰면 5센트는 리자청의 주머니로 들어간다고 하는 말이 있다. 허무맹랑한 얘기만은 아닌 것 같다.

사업가는 용기와 함께 '신중함'을 갖춰야 한다. 모험을 무릅쓰고 돌진하다 보면 망할 수도 있지만, 지나치게 방어적이다 보면 아무런 성과도 거둘 수 없다. 리자청은 사업을 하면서 저돌적으로 모험을 하지도, 현상에 만족하며 안주하지도 않았다. 그는 항상 큰 흐름을 파악한 후 세밀한 계획을 세웠고, 안정 속에서도 전진하는 스타일로 일단 기회를 맞이하면 전력투구했다.

비결 3

謹

**욕심을 삼가고
신중한 태도로
발전을 꾀하다**

1 이익에 급급하면 큰 오류를 범할 수 있다

창업 초기에 사업가들은 의욕에 넘쳐 욕심을 부리다 실수를 저지르곤 한다. 일단 잘못을 저지르면 상대에게 진심으로 용서를 구해야 한다. 진정으로 잘못을 뉘우치고 사과하면 상대는 웬만하면 관용을 베푼다.

사업을 시작한 지 얼마 안 되었을 때 리자청은 생산량에만 신경을 쓰다 보니 신용의 관건이 되는 품질 관리에 소홀했다. 그러자 거래처에서는 제품의 질이 조악하다며 반품을 요구했다. 판매상들이 줄줄이 창장과의 거래를 중단하자 창고는 불량제품과 반품된 완구들로 가득 찼다. 손해배상을 요구하는 거래처 사람들이 몰려왔고, 공장에 견학을 왔던 판매상들은 이런 모습을 보고 그냥 돌아갔다.

'거래가 없는 것은 무섭지 않지만, 거래가 끊기는 것은 두려운 일이다'라는 말처럼 리자청은 신용이 추락하자 뜨거운 가마솥 위의 개미처럼 어찌할 바를 몰랐다. 이런 상황에서 공장이 위기에 처했다는 소문을 들은 은행은 대출 상환을 재촉했다. 은행과 거래처 양쪽으로부터 압력을 받게 된 창장플라스틱은 존망의 기로에 서게 됐고, 직원들의 사기는 땅에 떨어졌다.

제품의 질은 신용과 직결되고, 신용은 기업의 생명이다. 리자청은 창장의 엄청난 실수가 맹목적으로 돌진한 자신의 탓이라 여기며 괴로워했다. 그러나 모친의 충고를 듣고 마음을 진정시킨 그는 현실을 직시하며 문제를 해결하기로 결심했다.

첫 번째 방법은 '과오를 인정한 뒤 대가를 치르겠다는 자세를 보이는 것'이었다. 그는 우선 회사의 기둥인 직원들에게 솔직하게 잘못을 시인하고, 절대로 불이익이 돌아가지 않게 보장하겠다며 함께 어려움을 극복하자고 호소했다. 리자청이 언행이 일치하는 인물임을 아는 직원들은 안정을 되찾았다. 그 다음으로는 은행, 자재 공급상, 거래처 등을 일일이 방문하여 사과를 하며 용서를 구했다. 아울러 기한 내에 빚을 갚고 손해배상도 틀림없이 하겠다고 약속했다. 그는 솔직하게 회사가 도산할 수도 있다며 위기를 극복할 대책을 자문해달라고 청했다. 창장이 문을 닫으면 손해를 볼 수밖에 없는 은행과 거래처들은 어음 기한을 연장해주었고, 리자청은 한숨을 놓을 수 있게 되었다.

두 번째 구제책은 창고에 쌓인 제품들을 처분하는 것이었다. 불량제품을 제외한 재고를 팔아 채무의 일부를 갚음으로써 급한 불을 껐다.

세 번째 방법은 공원들에게 기술을 훈련시키고 새 기계를 들여놓아 품질 개선에 힘쓴 것이다.

리자청이 최선을 다하는 모습에 은행과 거래처들은 신뢰를 보냈고, 점차 어려움을 극복할 수 있었다.

• 리자청 어록 •

노력하여 완벽한 생산환경을 갖추면 중국대륙과 외국인들이 지속적으로 투자하게 될 것이다. 경제적 잠재력과 방대한 시장을 갖춘 중국은 우리가 기대야 할 든든한 후원자이다.

2 큰일을 하려면 신중함을 잃지 않아야 한다

리자청이 부동산업계에 진출할 당시는 본격적인 부동산붐이 일기 전이었으나 시장은 이미 형성된 상황이어서, 새로운 경영방법이 등장하고 있었다. 예를 들어 광둥성 출신의 훠잉둥(霍英東)은 1954년에 최초로 분양권을 판매하여 선풍을 일으켰다. 기존의 부동산회사들이 건물을 팔거나 임대했던 것과 달리 그는 아파트 건축 전에 미리 분양을 하여 건설비용을 조달했다. 건축주인 부동산개발회사는 부지와 건물을 담보로 대출을 받을 수 있어 일석이조의 효과를 얻을 수 있었다.

은행의 모기지론도 점차 정착되어서, 주택을 담보로 하는 고객은 집값의 10~20%만 지불하면 구입할 수 있게 되었다. 은행은 담보 대출한 주택의 원리금을 부동산개발회사에 지불한 뒤 매입자로부터 매달 원금과 이자를 받았다. 이 시스템은 은행이 큰 리스크를 감수해야 하는 문제점이 있었다. 훠잉둥의 모기지론을 이용한 분양방법은 부동산개발회사의 자금회전율을 높여주었기 때문에 부동산업계에서는 모두 이 방식을 따라갔다.

리자청은 부동산업계에 뛰어든 지 얼마 안 되는 후발주자로서 무조건 이 새로운 트렌드를 따르기보다는 모기지론 분양방식의 장단점에 대해 상세하게 분석했다. 그가 얻은 결론은, 부동산회사와 은행은 이해관계가 일치하기 때문에 부동산회사의 성쇠는 은행에 직접적인 영향을 미치게 된다는 것이다. 역으로 생각하면, 부동산회사의 입장에서 보면 은행에 과도하게 의지하는 것도 별로 바람직하지는 않았다.

그래서 높은 수익성은 높은 리스크를 전제로 한다는 간단한 원칙에 따라 리자청은 다음과 같은 전략을 세웠다.

(1) 자금 사정이 안 좋으면 건설을 줄이거나 중단하고 분양을 하지 않는다.
(2) 담보 대출을 최대한 줄이거나 고객의 자산을 담보로 하지 않는다.
(3) 폭리를 취하지 않고, 건물을 임대만 하고 매각은 하지 않는다.

이러한 원칙에 충실하며 신중하게 시장에 뛰어들자 회사는 안정적으로 발전했다.

1961년 6월 랴오챵싱(廖創興)은행사건은 리자청의 안정 위주의 성장 정책이 옳았음을 증명해주었다. 이 은행은 차오저우 출신의 은행가 랴오바오산(廖寶珊)이 설립했는데, 그는 시환(西環)지역의 부동산재벌로도 유명했다. 그는 고객의 저축을 모두 부동산에 투자하는 바람에 인출금 부족사태를 빚었다. 사태가 심각해지자 랴오는 뇌출혈로 급사했다.

평소 존경하던 선배의 죽음을 보고 리자청은 다시 한 번 부동산과 은행업의 리스크가 얼마나 심각한가를 실감했다. 그는 부동산투기가 주식투기와 마찬가지로 하룻밤에 벼락부자가 될 수도 있고 하루아침에 파산할 수도 있다는 인식을 뇌리에 새겼다. 그래서 부동산 분야의 새로운 주자로 부상했던 그는 안정적인 성장을 도모하기로 결심했다.

1965년 1월에는 밍더(明德)은행이 과도한 부동산투기로 파산하자 홍콩 전역이 인출사태를 빚었다. 이로 인해 은행가는 연쇄적으로 참담한 손실을 입었다. 광둥신탁상업은행이 도산했고, 대은행인 헝성(恒生)은행도 어쩔 수 없이 주식을 후이펑(匯豊)은행(홍콩상하이후이펑은행, 香港上海匯豊銀行, HSBC)에 매각하여 가까스로 도산을 면했다. 은행 대출로 운영되던 부동산업계는 일순간에 깊은 불황에 빠지게 되었고, 부동산가격은 폭락했다. 뒤늦게 부동산에 뛰어들었던 투자자, 부동산회사, 건설업자들도 줄줄이 파산했다.

다행히도 리자청의 손실은 미미했다. 안정을 추구하는 전략이 그를 위기에서 구해준 것이다. 부동산시장 붕괴사태에서 안전하게 피신한 그는 불황 속에서도 꾸준히 투자를 계속했다.

리자청의 경영방식만이 옳다고는 할 수 없다. 그가 분양권 판매를 거부했다고 해서 분양권 판매가 잘못된 관행이라 할 수는 없다. 사실상 분양권 판매는 지금도 성행하고 있다. 분양권을 처음 도입한 훠잉둥은 오늘날에도 건재하다. 경영에는 일정한 법칙이 없듯이, 성공한 경영자의 방식은 어떤 식으로든 긍정적인 평가를 받기 마련이다.

중요한 것은, 리자청의 경영방식에서 장점을 발견하고 배우는 것이다. 부동산업계에 진출한 그는 부족한 자금회전능력을 감안하여 분양권 판매와 비교하여 안전하지만 이익은 크지 않은 임대만을 고집했다. 안정성을 최우선으로 하는 경영방침은 그의 성격에서 기인한 것이다.

사업가는 경영전략을 세울 때 자신의 성격적 특성과 실제 행동을 면밀히 관찰해야 함은 불변의 진리라 하겠다.

> **• 리자청 어록 •**
>
> 사업을 확장할 때는 신중함을 잃지 말아야 하고, 신중함 가운데에서도 확장을 잊어서는 안 된다. 전진하면서도 안정을 잊지 말고, 안정 속에서도 전진을 잊지 않는 자세, 이것이 바로 나의 투자원칙이다.

3 전체적인 국면을 고려하며 치밀한 전략을 세워라

안전하게 투자를 하기 위해서는 시대의 흐름을 냉정하게 판단한 뒤 큰 방향을 정하고, 그 다음으로 세밀한 전략을 세워야 한다. 리자청은 사업을 하면서 당연히 이 원칙을 깨달았고, 크고 작은 문제에 부딪칠 때마다 상황을 면밀히 관찰하는 습관을 잃지 않았다.

1966년 말, 침체에 빠졌던 홍콩의 부동산시장이 회생의 조짐을 보이자 땅값이 다시 오르기 시작했다. 은행들도 1년 이상의 휴면상태에서 벗어나 부동산업계를 지원하기 시작했다. 그러자 부동산업계는 참담했던 손실을 만회하기 위해 호시탐탐 기회를 노리게 되었다.

그러나 이 무렵 중국대륙에서는 '문화혁명'이 시작되어 그 불길이 홍콩에까지 미쳤다. 1967년 말 베이징(北京)에서는 영국대표사무소(1972년 정식 외교관계 수립 전까지 대사관의 기능을 대신했음) 방화사건이 터졌고, 그 영향으로 홍콩에서는 '반영(反英) 5월 폭동'이 일어났다. '중국 공산당이 무력으로 홍콩을 수복하려 한다'는 유언비어가 돌면서 홍콩사회는 공황상태가 되었고, 2차 세계대전 이후 첫 번째로 대규모 이민 붐이 일었다. 그러자 회복의 기미를 보이던 부동산경기에는 다시 먹구름이 끼었다. 이민을 가는 사람들은 주로 부유층으로서, 가격에 상관없이 급히 매물을 내놓았다. 새로 건축된 아파트는 수요가 없었고, 부동산시장도 매물만 나오고 구매자가 없어 거래가 이뤄지지 않았다. 부동산과 건설업자들은 초조한 가운데서도 대책을 세울 수가 없었다.

몇 곳에 부지와 빌딩을 소유하고 있던 리자청도 속수무책으로 불안함을 떨칠 수 없었다. 그는 수시로 언론 보도를 체크하면서 사태의 진전을 주목했다. '불길한' 뉴스 일색인 와중에서도 '5월 폭동'과 '문화혁명'이 직접적인 관계가 있다고 생각한 그는 비밀 루트를 통해 중국의 민중조직들이 발간하는 소식지를 구해보았다. 8월 들어 무력 충돌이 점차 진정되고 있다는 정보를 얻은 그는 홍콩의 폭동도 오래 가지 않으리라 판단했다. 거시적으로 볼 때 혼란이 극에 달하면 평화가 찾아온다는 이치를 굳게 믿었기 때문이다. 또한 중국이 무력으로 홍콩을 접수하려 한다는 소문은 가능성이 없다고 생각했다.

그의 판단의 근거는 간단했다. 중국정부가 만약 홍콩을 접수하려 했다면 1949년 광저우지역을 점령할 때 홍콩을 그대로 놔두지 않았을 것이기 때문이다. 그 당시에 중국정부는 홍콩을 대외무역창구로 삼는 것이 유리하다고 판단했고, 현재 시점에서 국제 정세와 홍콩의 특수한 지위에는 변화가 없으므로 중국이 무리한 행동으로 국제적인 물의를 빚을 가능성은 희박했다.

이런 분석을 한 리자청은 '사람들이 버릴 때, 가격이 낮을 때는 무조건 매입한다'는 전략을 강행하기로 결정했다. 지금이야말로 천재일우의 날개를 펼칠 기회라고 믿었던 것이다.

리자청은 대세에 역행하면서 부동산시장이 거의 붕괴된 상황에서 조용히 매물들을 대량으로 사들이기 시작했다. 급히 이민을 떠나는 업주들이 주택, 상가, 호텔, 공장 등을 싼 값에 내놓자 리자청은 플라스틱공장의 수익과 부동산으로 모은 돈을 망설임 없이 투자한 것이다. 매입한 건물 중 오래된 건물들을 수리하여 임대했고, 부동산 불황으로 건설비용이 폭락한 이점을 살려 건물들을 신축했다.

비상식적으로 보이는 그의 '모험'에 친구들은 식은땀을 흘릴 정도였다. 부동산업계에서는 한껏 비웃으며 그의 행보를 주시했다. 그러나 리자청은 조금도 동요하지 않고 시장의 흐름을 역행해갔다. 종전 후 최대의 부동산 위기는 1969년까지 지속되었지만, 역사는 리자청의 판단이 옳았음을 증명해주었다. 1970년, 홍콩의 경제가 소생하면서 부동산시장도 활황을 맞이했다. 이때에 이르러 리자청은 대규모의 부동산을 소유하고 있었다. 맨 처음 12만 평방피트였던 부동산은 35만 평방피트로 늘어 있었고, 연간 임대수입은 390만 홍콩달러에 달했다.

부동산시장의 붕괴 속에서 최대 승자가 된 리자청은 부동산재벌로서의 기반을 확고하게 다졌다. 일부에서는 그가 도박가로서 올인을 하여 승리를 거둔 것이라 평했다. 이에 대한 정확한 대답은 리자청 자신만이 알고 있을 것이다. 세인을 놀라게 한 자신의 행동 중 도박의 요소가 어느 정도의 비중을 차지하고 있는지를.

정치적 배경과 인위적 요소가 복합적으로 작용했던 부동산시장 재앙의 와중에서 정확한 전망을 하기는 힘들었다. 그러므로 리자청의 결정은 비현실적인 면이 많았고, 도박적 요소가 강했다고 말하는 것도 무리는 아니다. 하지만 그의 도박은 상황에 대한 면밀한 검토와 분석을 거친 것이지 맹목적인 모험은 아니었다.

그렇다면 그의 판단의 근거는 무엇인가? 모든 업종은 자체적인 호황과 불황의 사이클을 갖기 마련이다. 불황의 시기에 대기업과, 장기적 안목을 결여했거나 자금난을 겪는 기업 등은 투자를 중단한다. 그러나 이럴 때일수록 불황이 과연 회복 불능인지, 아니면 호황으로 돌아설 수 있는 불황인지를 냉정하게 분석해야 한다. 업종 자체가 발전가능성을 갖고 있다면 모종의 이유로 잠시 불황에 빠진 것이므로 '모두가 포기했을 때 장악하는' 선택을 해야 한다. 그러면 비교적 적은 비용으로 높은 수익을 기대할 수 있다.

'위험가능성이 없으면 장사가 되지 않는다'는 말이 있듯이, 수익을 100% 보장하는 사업은 없다. 정도의 차이는 있지만 모든 사업은 리스크가 있기 마련이다. 수익과 리스크가 각각 어느 정도 되는지는 모든 정황을 면밀히 분석해봐야 알 수 있다. 배짱이 큰 사업가는 50%의 승산만 있다고 판단되면 모험을 감행하지만, 소심한 경우에는 80% 이상의 승률이 아니면 사업의 기회를 포기한다고 한다. 일반적으로 리스크와 이익은 정비례하기 때문에 모험적인 투자가는 기복이 큰 반면, 신중한 투자가는 안정적인 수익은 얻지만 쾌속 성장을 하기는 어렵다.

그러나 투자의 일반적인 원칙과 상반되는 예외가 있다. 즉 대다수가 투자의 승산을 50% 이하로 볼 때 혼자서 60~70% 이상으로 확신한다면 큰 돈을 벌 수 있는 기회가 왔음을 의미한다. 리자청은 바로 이런 기회를 잡았기 때문에 빠르게 항진할 수 있었다. 물론 이런 기회는 고도의 분석력과 판단력을 갖춘 사람에게만 찾아온다.

> **· 리자청 어록 ·**
> 경제 전환기에 고통을 피할 수는 없지만 우리는 홍콩정부의 정책을 지지하면서 잠재력과 기반을 잘 갖추고 있는 분야를 더욱 발전시켜야 한다.

4 투자를 해야 할 때는 조금도 망설이지 마라

사업가들에게는 여러 가지 이유로 어떤 일을 해야 한다는 충동이 생기곤 한다. 이런 충동은 '골동품 구입'심리로 표현되곤 하는데, 일단 이런 마음이 들면 초조하고 안정이 되지 않으며 기분에 따라 행동하게 된다. 심지어는 맹목적인 투자를 하여 손실을 초래하기도 한다.

일반적으로 상당한 경제력을 갖춘 사람은 심리적으로 안정되어 있어서 투자를 할 때 낙관적인 태도를 유지할 수 있다고 한다. 이와는 반대로 자금이 부족한 사람은 초조함 때문에 과욕을 부리게 된다. 그러나 마음을 다스리는 훈련을 잘해온 사람은 성급하게 욕심을 부리는 심리를 자제할 수 있기 때문에 냉정한 결정을 하게 되고, 이는 성공으로 연결되곤 한다.

리자청은 사업규모를 확장하는 과정에서 매번 입찰에 성공하여 '마이더스의 손'이라는 별명을 얻었다. 가장 극적인 것은 역시 지하철 역세권 개발권 입찰을 둘러싸고 홍콩랜드와 경쟁을 벌일 때 보였던 패기와 근성이었다. 그러나 대기업인 홍콩랜드를 격파할 수 있던 비결은 철저한 연구로 적을 잘 파악했기 때문이었다. 이 시기에 이르러 리자청은 처음 부동산 분야에 뛰어들 때의 무모함을 극복한 상태였다. 맹목적으로 조급하게 행동하지 않기로 단단히 결심했던 것이다.

사실 '마이더스의 손'이 뜻하는 것은 리자청의 재력이었다. 경매회장에서 그는 적군을 섬멸하는 필승의 기세로 덤벼들지 않았다. 그는 최대한의 자제력을 발휘하면서 두뇌싸움을 하곤 했다. 이에 비해 영국인과 중국인 사업가들 가운데는 결사적으로 도박을 하듯 덤벼드는 경우도 많았다.

1987년 11월 27일, 정부 소유 부지의 경매회장에 오랫동안 얼굴을 드러내지 않던 리자청이 나타나자 사람들의 이목이 집중되었다. 사진기자들은 그의 일거일동에 카메라 플래시를 터뜨렸다. 경매에 나온 부지는 24.3만 평방피트에 최저입찰가는 2억 홍콩달러, 호가 단위는 500만 달러였다. 리자청과 경쟁자가 연이어 입찰가를 높여가는 가운데 "2억 1,500만 달러"라는 낯익은 소리가 들렸다. 목소리의 주인공은 호프웰(Hopewell, 중국어로 '合和'라 함)부동산개발회사의 회장 후잉상(胡應湘)으로서, 리자청과 여러 차례 합작을 한 적이 있는 인물이었다.

미국의 명문 프린스턴대학 토목과를 졸업한 후잉상은 리자청이 처음 부동산 부문에 진출했을 때 여러모로 도움을 주었기 때문에 두 사람은 우의가 돈독했다. 서로 쳐다보고 웃음을 교환한 뒤 값을 올려가는 사이에 입찰가는 2억 6천만 달러로 올랐다.

리자청이 3억을 부르자, 후잉상은 3억 5,500만을 외쳤다. 분위기가 과열되면서 좌중에서는 탄성이 흘러나왔다. '거래 앞에서는 부자간도 소용없다'는 속언처럼, 평소 좋은 친구였던 두 사람은 우정을 잠시 옆으로 제쳐두었다. 이 경매에는 정위퉁(鄭裕彤)과 같은 부동산재벌들도 참여하고 있었다. 리자청의 비서 저우녠마오(周年茂)가 슬그머니 후잉상의 비서인 허빙장(何炳章)에게 다가가 귓속말을 했고, 말을 전해들은 후잉상은 경매를 포기하고 퇴장했다.

다시 가격이 최저입찰가의 2배인 4억으로 오르자 분위기가 잔뜩 고조되면서 침묵이 흘렀다. "4억 9,500만!"을 부르며 리자청이 '마이더스의 손'을 들자 모든 시선이 그에게로 향했다. 결국 이 가격에 입찰이 되었고, 매물은 리자청의 손에 넘겨졌다. 그는 경매 후 "이 땅은 후잉상 선생과 손을 잡고 얻은 것으로, 국제적인 비즈니스센터로 개발할 것입니다"라고 밝혔다.

한 부동산 전문가는 리자청이 입찰에 성공한 이유를 이렇게 설명했다. "리자청은 낙찰가격을 5억 달러로 예상했다. 이 가격은 경매 참여자들이 상정한 최고가이기도 하다. 리자청은 부동산투자에서 다른 업자들보다 많은 수익을 얻었으므로 그가 4억 9,500만 달러를 부른 것은 이 가격으로 낙찰해도 여전히 이익을 볼 수 있다고 판단했기 때문이다. 사람들은 경매에서 호가가 높아지면 감정이 격해져서 결사적으로 낙찰을 하려 한다. 그러나 리자청은 그럴 때는 경쟁을 포기하여 상대가 입찰에 성공하게 했다."

한 기자가 리자청에게 "당신을 경매의 '마이더스의 손'이라고 하는데, 반드시 입찰에 성공한다는 뜻인 것으로 알고 있습니다. 그런데 중도에 포기하는 경우는 무슨 이유 때문입니까?"라고 물었다.

리자청의 대답은 매우 유머러스했다. "내가 마음속으로 정한 가격을 초과했을 때입니다. 내가 오른손을 들고 싶을 때 왼손으로 오른손을 꽉 누르고, 왼손을 들려고 할 때 오른손으로 눌러서 못 들게 하는 모습을 보지 못했습니까?"

적절한 시점에 대화를 통해 경쟁상대인 후잉상을 협력 파트너로 만든 것은 충분히 참고할 만한 수완이라 하겠다. 비즈니스의 목적은 이익을 추구하는 것이므로 도박을 하듯 밀어붙여서는 안 되며, 양보와 타협을 할 줄 알아야 한다. 막무가내로 상대를 압박하여 궁지로 몰 필요는 없다.

　인내심을 가지고 기다렸다 기회를 포착하고, 장기적인 계획을 세울 줄 알았던 리자청은 정부 소유의 토지와 사유지를 계속 사들여 부동산 재벌로 부상하게 되었다.

· 리자청 어록 ·

상황이 좋을 때 너무 낙관적이 되어서도 안 되고, 상황이 안 좋다고 해서 너무 비관적이 되어서도 안 된다.

5 영원히 이익을 내는 장사는 없음을 기억하라

　사업가들이 믿는 한 가지 격언이 있다. '이익이 남는 장사만 해야 하지만, 영원히 계속할 수 있는 장사는 없다'는 것이다. 누가 한 말인지는 알 수 없지만 거래의 의미심장한 이치를 설파한 것이라 하겠다. 진정한 투자가는 한 종목에 과도하게 집착하지 않는다. 전망이 아무리 좋다 해도 한 업종에 매달리는 것은 어리석은 짓이기 때문이다.
　리자청은 어떤 때는 '10년 동안 무쇠를 갈아 바늘을 만드는' 식으로 포기하지 않고 한 가지 사업에 집중하지만, 때로는 불리하다는 판단이 들면 미련 없이 포기했다. 진퇴를 결정함에 있어 그는 반드시 일의 전망에 대해 세밀하게 고려한 후 유리하면 밀고 나가고, 불리하면 발을 뺄 줄 알았던 것이다. 실제로 그는 특정 사업에 목을 매는 경우는 없었다. 그의 표현을 빌면 "한 가지 분야와 '연애'를 하면 안 된다. 한 가지 일에 너무 빠지면 낭패를 볼 수밖에 없다."
　이러한 원칙은 오랜 경험을 통해 깨달은 것이다. 어떤 분야이든 간에 성장한계점에 달하면 쇠락하므로 이때 포기하지 않으면 실패할 수밖에 없는 것이다. 그러므로 리자청은 과감하게 진입과 퇴장을 감행했다.
　리자청은 매사에 심사숙고하고, 심리적으로 충분한 준비를 한 다음에야 행동에 들어간다. 채권은 보수적인 투자로 정기예금에 비해 높은 이익을 볼 수 있지만, 주식의 배당금과 같은 고수익은 기대하기 힘들다. 리자청이 사는 채권은 대부분이 매입 후 1년에서 3년이 지나면 주식으로 전환할 수 있는 것이었다. 회사가 성장하면 큰 수익을 올릴 수 있지만, 그렇지 못해도 보유기한이 지나면 원금과 이자를 회수할 수 있다. 따라서 전환사채는 일반 채권과 마찬가지로 리스크가 작은 장점이 있는 안정적인 투자방식이다.

1990년에 리자청은 호프웰그룹 채권에 5억 홍콩달러를 투자했다. 이 밖에도 아이메이가오(愛美高), 송구주(熊谷組), 자이(加怡) 등 13개 사의 전환채권에 25억 홍콩달러를 투자했다. 그 후 후잉상의 호프웰그룹은 광동 후먼(虎門)의 사지아오(沙角)전자회사, 선전(深圳)-주장(珍江) 고속도로 건설, 광저우시 순환고속도로, 태국의 모노레일 등 대형 건설 프로젝트를 연이어 수주했다. 호프웰그룹의 눈부신 성장을 본 부호들은 후잉상과 합작을 하기 위해 몸이 달았다. 그러자 리자청은 소유하고 있던 호프웰 채권을 주식으로 전환하였고, 3년 후 지분은 9억 홍콩달러로 올랐다. 이뿐만 아니라 다른 전환사채들도 높은 수익을 올렸다.

> **· 리자청 어록 ·**
>
> 중국의 상인들은 예로부터 '사기 전에 미리 팔 생각을 한다'는 격언을 철칙으로 여겼다. 나의 생각도 마찬가지다. 투자를 결정하기 전에 내가 하는 생각의 99%는 최악의 경우를 상정하는 것이고, 1%만이 수익률을 계산하는 것이다.

6 안정 속에서 발전을, 발전 속에서 안정을 도모하라

리자청은 채권에 투자할 때 '안정 속에서 성장을 추구하고, 성장 중에도 안정을 잊지 않는다'는 원칙을 고수했다. 이는 위험을 분산하는 투자원리에도 부합하는 것이다. 그러나 그의 투자스타일이 가장 돋보인 사례는 중국의 재벌들과 손을 잡고 자딘 매디슨 산하의 홍콩랜드를 인수합병한 사건이었다.

자딘 매디슨이 홍콩랜드의 주식을 매각하려 한다는 소문이 돌자 중국계 자본가들이 적극적으로 나섰다. 창장실업의 리자청, 선박왕 바오위강(包玉剛), 신스제(新世界)의 정위퉁, 신홍지(新鴻基)의 귀더성(郭得勝), 헝지(恒基)의 리자오지(李兆基), 신허(信和)의 황팅팡(黃廷芳), 샹그리라(香格里拉)의 궈허녠(郭鶴年) 등이 거론되었고, 증권가의 저격수로 불리던 류만슝(劉巒雄)도 이 대열에 뛰어들었다.

소식통에 의하면 류만슝이 자디 매디슨의 총수 사이먼 케스윅(Simon Keswick)을 만나 1주당 16홍콩달러로 홍콩랜드의 지분 25%를 인수하겠다는 의향을 밝혔다고 한다. 그러나 사이먼 케스윅은 이 제의를 거절했는데, 그 이유는 두 가지였다. 첫째, 류씨가 너무 낮은 가격을 불렀고, 둘째, 증권가에서 평판이 안 좋은 류씨에게 오랫동안 심혈을 기울여 키운 홍콩랜드를 넘기기 싫었기 때문이다.

두뇌회전이 빠른 류만슝은 거절을 당하자 즉시 물러났다. 그 후 홍콩랜드 인수에 관심을 가진 재계의 거물들이 사이먼 케스윅과 회동을 했다. 그러나 그는 몸이 단 사냥꾼들에게 확실한 언질을 주지 않으면서 포기하지 못하게 만들었다. 자딘 매디슨의 태도가 애매하자 유언비어가 난무했지만 진위를 확인할 수 없었다. 그런 와중에서도 리자청을 중심으로 한 중국계 재벌들이 인수할 것이라는 소문이 가장 설득력을 갖고 있었다.

소문에 의하면 리자청도 사이먼 케스윅을 만나 주당 17홍콩달러로 홍콩랜드의 지분 25%를 인수하겠다는 제의를 했다는 것이다. 이 가격은 시가 10달러보다 훨씬 높은 가격이었지만 케스윅은 만족하지 않았다. 하지만 그는 완전히 거절하지 않고 "성의를 보이는 사람에게 협상의 문은 항상 열려 있다. 관건은 양측이 모두 받아들일 수 있는 가격이어야 한다는 것이다"라고 여지를 남겨두었다.

자딘 매디슨 측과 인수 의향이 있는 재벌들 간에 협상이 지연되는 가운데 리자청은 적극적인 태도를 보이지 않았다. 그는 과거 홍콩전력(香港電力)을 인수할 때와 마찬가지로 인내심을 갖고 유리한 시기를 기다리고 있었던 것이다. 무엇보다도 당시에 홍콩증시는 활황이어서 종합지수가 연일 상종가를 치고 있었으므로 낮은 가격으로 협상을 진행시킬 수 없었다.

그러나 예상치 못한 미국증시의 붕괴에 영향을 받은 홍콩 주식시장은 1987년 10월 19일 종합주가지수인 헝성(恒生)지수가 420포인트로 폭락했다. 1주일 동안 주식거래가 중지되었다가 26일에 증시가 개장되자 주가는 1,120포인트를 기록했다. 비록 주가는 올랐지만 투자자들의 불안감은 해소되지 않았다. 재계는 공황상태에 빠져 자구책을 마련하느라 급급하여 인수합병은 꿈도 꾸지 못하게 되었다. 이런 가운데 홍콩랜드의 주가가 40% 급락하자 사이먼 케스윅은 위기의식을 느끼게 되었다. 이런 와중에 리자청이 1백억을 투자하여 증시를 구할 것이라는 소문이 돌면서, 증시에서는 그가 우선적으로 홍콩랜드 주식을 매입할 것이라고 추측했다.

다행히 주식시장의 위기는 갑작스럽게 찾아온 것처럼, 회복도 빨랐다. 1988년 3월말에 이르러 바닥을 쳤던 형성지수가 상승세로 돌아섰던 것이다. 은행은 금리를 인하했고, 부동산시장과 증시도 점차 호전되었다. 중국의 음력설인 춘제(春節) 직후 홍콩랜드의 인수합병설이 다시 시중에 나돌았다. 언론에서는 2~3월 사이에 리자청 등 중국계 재벌들이 사이먼 케스윅과 비밀리에 회동을 했다는 기사를 내보냈다.

그렇다면 기회를 포착하는 데 천부적인 자질을 지니고 있는 리자청이 왜 홍콩랜드가 위기에 빠졌을 때 인수합병을 강행하지 않았는가? 증시 위기 당시 홍콩랜드의 주식은 6.65달러까지 떨어졌으므로 2배 가격으로 인수해도 13.3달러에 불과하므로 리자청이 처음 제시했던 17달러보다 훨씬 낮았다. 인수합병법에 의하면 2차로 인수가격을 제시할 때는 대상 기업의 최근 6개월간의 주가보다 낮아서는 안 된다고 규정하고 있다. 10월 위기 전 홍콩랜드의 주가가 10달러 전후였으므로 다시 협상을 재개하면서 10달러보다 낮은 가격을 제시할 수는 없는 것이다. 물론 6개월 후에는 이 제한을 받지 않게 된다.

4월 중순, 증시 위기 후 6개월이 흐르자 홍콩랜드의 주가는 바닥에서 회생했으나 8달러 선에서 맴돌며 예전 수준으로 회복되지 못했다. 인수 당사자에게는 상당히 유리한 상황이었다. 그러나 홍콩랜드가 강력히 반발하자 리자청은 심사숙고 끝에 그동안 심혈을 기울였던 인수작업을 미련 없이 포기했다. 인수합병은 결국 수포로 돌아갔지만 리자청의 행동은 칭찬받을 만한 것이었다. 감정적으로 투자를 결정해서 무리수를 두었다가 가까스로 손해를 면하는 것은 유능한 투자가가 취할 행동이 아니기 때문이다. 이런 면에서 볼 때 리자청이 인수합병에서 과감하게 발을 뺀 것은 일종의 승리라 할 수 있다.

살다 보면 순수하게만 행동하기는 힘들다. 사업가, 특히 리자청과 같은 대기업가는 초심을 유지하며 행동하기가 더욱 힘들다. 한 번의 투자가 천문학적 규모이므로 실패하면 막대한 손실이 초래되기 때문이다. 그러나 리자청은 순수한 투자자로서 남았기 때문에 수많은 투자에서 승리를 거둘 수 있었고, '초인(超人)'이라는 명예스런 별칭을 얻게 되었다.

'순수한 투자가'가 되기 위해서는 무엇보다도 내적인 수양을 통해 어떤 유혹에도 흔들리지 않는 평온하고 순수한 심성을 유지해야 한다. 쉽지 않은 일이기는 하지만, 이러한 경지에 이르기 위해 반드시 피나는 노력을 해야 한다.

> **· 리자청 어록 ·**
>
> 아무리 바쁘더라도 최대한 시간을 내서 양질의 휴식을 취하라. 충분한 휴식만이 돌발적으로 발생하는 갖가지 상황에 대처할 수 있는 에너지를 제공하기 때문이다.

7 치밀한 준비 없이는 싸움을 하지 마라

 흔히 양동작전(본래 목적과는 다른 행동을 일부러 보임으로써 적의 주의를 그쪽으로 쏠리게 한 후 정세 판단을 그르치게 하려는 작전)으로 불리는 '암도진창(暗渡陳倉)'은 36계 병법 중 하나로서 서한(西漢)의 대장군 한신(韓信)이 고안했다. 그는 한중(漢中)을 벗어나 동쪽으로 정벌을 나서면서 불타버린 다리를 수리하라고 명령하여 적을 속인 뒤 진창(陳倉)을 기습하여 일시에 삼진(三秦)을 평정했다. 이 작전은 지금까지도 뛰어난 전술로 높이 평가받고 있으며, 치열한 경쟁을 벌이는 비즈니스세계에서도 효과적으로 사용될 수 있다. 의도적인지 우연인지 모르지만 주룽창(九龍倉) 유한공사의 인수합병에서 리자청은 완벽한 양동작전을 구사했다.
 주룽창은 홍콩랜드와 더불어 자딘 매디슨 그룹의 '양대 날개'로 불리는 해운화물회사로, 홍콩 전역에서 부두와 창고, 호텔, 빌딩, 전차, 스타페리 등을 운영했다. 오랜 역사와 막대한 자본력을 갖고 있었으므로 주룽창을 소유하게 되면 홍콩의 화물 하역과 보관, 여객선 영업의 많은 부분을 장악할 수 있었다. 주룽창의 4대 주주는 자딘 매디슨, 허치슨 왐포아(Hutchison Whampoa Limited), 스와이어, 휠록(Wheelock)으로 모두 영국계 회사였다. 그 중에서도 자딘 매디슨은 최대 주주로서 이 그룹의 총수가 주룽창의 회장을 겸했다. 이 사실만으로도 주룽창의 자딘 매디슨 그룹 내에서의 위상을 짐작할 수 있다.

홍콩섬의 중심부와 바다를 바라보고 있는 침사추이는 홍콩의 관광과 상업의 중심지로 부상하고 있었다. 이곳의 기차역이 동부로 옮겨지자 주룽창은 화물하역장을 쿠이충(葵涌)으로 이전한 뒤 그 자리에 상가빌딩을 건설했다. 리자청은 땅값이 폭등하자 주룽창의 창립자가 풍수지리상 명당 중의 명당인 이곳을 헐값으로 샀던 사실에 감탄을 금치 못했다.

주룽창은 하이강청(海港城), 하이양(海洋)센터 등 유명한 건축물을 건설했지만 경영방식에는 문제가 있었다. 자산을 건설 분야에 집중적으로 투자한 뒤 임대만 하고 매각을 하지 않았기 때문에 자금회전이 원활하지 않아 그룹의 재정적 위기를 초래했던 것이다. 위기를 해결하기 위해 채권을 팔아 현금화했지만 채무가 늘어나는 바람에 신용도가 떨어지면서 주가도 폭락했다.

1977년 12월 중순, 한 경제전문가가 주룽창의 재정상태를 분석하고 '주룽창 변신의 시작'이라는 보고서를 발표했다. 이 보고서는 주룽창이 보유하고 있는 토지를 잘 이용하면 향후 10년 동안 매년 20%씩 성장할 수 있다고 전망하고, 주당 13.5홍콩달러의 주식도 1978년에는 블루칩이 될 것이라고 평했다.

이 전문가의 시각과 리자청의 생각은 일치했다. 그러나 리자청은 공개적으로 자신의 생각을 밝히지 않은 채 조용히 주룽창의 주식을 매입하고 있었다. 리자청은 주룽창이 보유하고 있는 토지를 자신이 개발하면 지금과 같은 곤경에 처하지는 않았을 것이라는 생각을 많이 했다. 그는 창장을 주식시장에 상장한 뒤 건물의 '임대'와 '매각'에 있어 신중하고도 기민한 원칙을 지키고 있었다. 즉, 자금의 여유가 있거나 부동산 가격이 형편없이 낮을 때는 임대를 하지만, 자금회전이 필요하면 빨리 건물을 짓고, 가격이 오르면 매각하는 것이 적당하다는 것이다.

리자청은 주룽창의 주가가 낮은 이유가 경영부실로 인한 것이라 진단하고 주룽창의 주가변동에 대해 분석해보았다. 1977년 말에서 1978년 초에 주가는 13~14달러 사이였는데, 총 1억 주를 발행했으므로 주식 총가는 14억 달러 미만이었다. 주룽창 본사는 주룽반도의 가장 비싸고 번화한 지역에 위치하고 있었으므로 공지가로 평방피트당 6천~7천 홍콩달러씩 계산하면 주룽창의 주가는 실제로 1주당 50달러가 되어야 했다. 주룽창의 예전 부지를 적절하게 개발하면 가치가 높아질 것이므로 시가의 5배로 주식을 사들여도 손해를 보지 않을 것은 확실했다.

분석을 끝낸 리자청은 소액주주들로부터 200만 주를 사들였다. 그 정도 수량이면 충분한 발언권을 확보할 수 있었다. 그가 얻은 정보에 의하면 자딘 매디슨은 홍콩랜드의 지분을, 홍콩랜드는 주룽창의 지분을 소유하고 있는데, 홍콩랜드가 보유하고 있는 주룽창의 주식은 20%가 채 되지 않았다.

그런데 리자청이 사들인 주룽창의 주식이 총 주식의 20%를 점하게 되어 자딘 매디슨의 케스윅 일가를 제치고 최대 주주가 되었다. 이로써 리자청은 공개적으로 힘을 겨룰 수 있는 길을 닦았다. 창장실업으로서는 오랜 경쟁상대인 홍콩랜드의 팔과 날개를 꺾어놓은 셈이 된 것이다.

리자청이 소액주주들로부터 주룽창의 주식을 사들이는 과정은 비밀리에 진행되었기 때문에 주식전문가들의 주의를 끌지 못했다. 그러나 거래량이 점차 증가하자 증권분석가들의 주목을 끌기 시작했고, 전문적인 주식투자자들이 작전에 들어감에 따라 주가가 상승했다. 이러한 변화를 포착한 투자자들이 대거 몰려들자 1978년 3월에 주룽창의 주식은 46홍콩달러로 뛰어 사상 최고수준을 기록하게 되었다. 이 가격은 실제

가치와 상당히 근접한 수준이었다.

이 무렵 리자청의 지분은 200만 주 미만이었으나 주가가 약간 떨어진 틈을 이용하여 매입량을 늘려 주룽창 총주식의 20%를 확보했다. 한편 리자청이 주룽창의 이사회에 진입하는 과정은 몹시 힘들었다. 주식회사법에 의하면 주주가 회사에 대한 절대적 권리를 확보하기 위해서는 지분이 50%를 초과해야 했다. 그러나 주가가 이미 상종가를 쳤기 때문에 51% 지분을 확보하기에는 리자청의 재력이 달렸다.

1970년대 초, 홍콩랜드는 저우시녠(周錫年)의 우유회사를 강탈하다시피 사들였다. 100년 이상 재계의 거목으로 버텨오던 자딘 매디슨은 당시 홍콩증시를 좌지우지했는데, '자딘 매디슨과 저우시녠의 전쟁'은 인수합병의 대표작으로 꼽힐 정도였다. 그런데 재계에 변화의 바람이 불기 시작한 것도 바로 70년대였다. 중국계 자본의 회사들이 대거 증시에 상장되면서 소액주주들이 거대한 주주를 넘어뜨리고, 증시의 작은 회사들이 점차 대기업으로 성장한 것이다. 작은 거인들이 위협적인 세력으로 부상하자 거대 재벌인 자딘 매디슨은 공세를 취하기 시작했다.

자딘 매디슨은 홍콩에서 번 돈을 홍콩에 재투자하기보다는 해외투자에 주력하는 정책을 고수했다. 그런데 해외투자의 규모가 너무 방대하고 투자회수율이 낮아 자딘 매디슨은 과중한 재정적 부담을 이기지 못해 허덕이게 되었다. 이런 와중에 홍콩에서의 지위가 흔들리자 자금을 긴급 투여하여 주룽창 주식을 고가로 사들였지만 현금이 부족하여 안전한 수준의 지분을 확보하기 힘들었다. 그러자 위기감에 휩싸인 자딘 매디슨은 홍콩 최대 은행인 후이펑은행에 구제를 요청했다.

후이펑은행장 선비(沈弼)는 직접 조정에 나서서 리자청에게 주룽창 주식 매입을 중단하라고 권고했다. 앞으로 창장이 발전하기 위해서는 후이펑은행의 도움이 필요하다는 계산을 한 리자청은 자딘 매디슨과 후이펑이라는 두 강적을 상대할 때가 아니라는 판단을 내렸다. 눈앞의 이익을 위해 장기적인 발전을 포기하면서 후이펑의 요구를 거절한다면 후이펑이 자딘 매디슨에게 대출을 해줄 것은 불을 보듯 훤했다.

리자청은 선비의 요구에 동의하여 주룽창의 주식 매입을 중단했다. 이때 리자청이 보유했던 주식은 200만 주에 가까웠지만 주룽창의 최대 주주인지는 확인할 수 없었다. 자딘 매디슨이 늘어난 주식 수를 밝히지 않았기 때문이다. 실제로 리자청과 후이펑, 자딘 매디슨 간의 교섭은 비밀리에 진행되어서 그 내용을 파악하기 힘들었다. 하지만 그 후의 사태 진전을 살펴보면 후이펑은행이 배후에서 주룽창을 지원한 것은 부인할 수 없는 사실이다.

주룽창의 지분을 매입하는 과정에서 리자청이 보인 행동 중 돋보이는 점은 네 가지다. 첫째, 재정적 위기를 맞이한 상대가 채권을 현금화하여 신용도가 떨어진 시점을 잘 포착한 점. 둘째, 주식을 사들이기 전에 투입 자금과 예상 수익을 치밀하게 계상한 점. 셋째, 비밀리에 주식을 수매하는 방식으로 적의 허를 찌르는 작전을 잘 구사한 점. 넷째, 주룽창의 저항에 부딪쳐 주식을 매입할 수 없을 때 후이펑은행장 선비의 체면을 살려주면서 확실한 승산이 없는 모험을 피한 점 등이다. 이 일을 계기로 리자청은 금융계의 대부인 선비와 좋은 관계를 맺을 수 있었다.

> **· 리자청 어록 ·**
> 사업을 하면서 나는 교만한 마음을 가지면 언젠가 큰 장벽에 부딪치리라는 경고를 스스로에게 계속해서 했다.

8 계란을 한 바구니에 담지 마라

 현명한 사업가는 자금을 한 부문에만 투자하지 않는다. 이를 '계란을 한 바구니에 담지 않는' 원칙이라 한다.
 리자청의 해외투자 중심지는 캐나다이다. 1986년 12월, 캐나다제국은행(CIBC)의 소개로 리자청 가족과 허치슨 왐포아 그룹은 유니온 페이스(Union Faith)에 32억 홍콩달러를 투자해 허스키 오일사(Huskey Oil Limited)의 지분 52%를 매입했다. 세계 유가가 하락하여 석유회사의 주식은 인기가 없었지만 리자청은 석유화학공업의 전망을 낙관하여 큰 투자를 한 것이다. 홍콩 자본의 대캐나다투자 중 최대 규모를 기록하자 캐나다뿐만 아니라 홍콩에서도 리자청의 행보는 큰 주목을 받게 되었다. 이를 계기로 리자청은 허스키 오일에 대한 지분을 계속 늘려갔다. 1991년에 이르러 지분은 95%에 달했는데, 리자청 개인과 허치슨 왐포아의 지분이 각기 46%와 49%를 차지했다. 총 투자액은 80억 홍콩달러였다.
 전세계 중국인 가운데 가장 부유한 리자청이 홍콩에만 투자를 하기에는 그 무대가 너무 좁았다. 그래서 그는 80년대 중반부터 허치슨 왐포아, 홍콩전력 등을 합병하면서 다국적투자의 숙원을 행동에 옮기기 시작했다. 다국적투자는 기업의 규모를 빠른 시간 내에 확장하는 수단이며, 세계경제라는 큰 무대에 편입하여 더 많은 기회를 갖게 되는 것을 의

미한다. 또한 다국적투자를 하게 되면 그룹 내의 기업들이 상호보완적인 관계로 이익을 쟁취할 수 있고, 어려운 상황에서는 리스크를 분산할 수도 있다.

1988년, 리자청, 리자오지, 정위퉁과 캐나다제국은행이 공동으로 설립한 타이핑셰허(太平協和) 세계박람회회사는(이 회사에 대한 리자청의 지분은 10%였다) 32억 홍콩달러를 투자하여 1986년 밴쿠버 세계박람회가 열렸던 시 외곽의 노른자 땅 204에이커를 사들였다. 이 부지에는 캐나다 최대의 주상복합빌딩타운이 건설될 것으로 알려졌다. 리자청이 지분 50%를 소유하고 나머지는 대주주들이 공동으로 소유하게 되는 이 건설은 완공까지 10~15년이 걸릴 것으로 예상되었고, 건설비용은 100억 홍콩달러 이상으로 책정되었다.

잇따른 대캐나다투자로 리자청은 캐나다에서 화제의 인물이 되었다. 경제침체로 고전하던 캐나다에 한 개인이 100억 홍콩달러라는 거액을 투자한다는 사실은 경이적인 사건이 아닐 수 없었다. 일부 발 빠른 캐나다 경제부처의 공무원과 기업가들은 리자청과 관계를 맺기 위해 사무실을 차이나타운으로 옮기기도 했다.

캐나다의 한 언론에 실린 리자청의 기사를 보면 그의 인기가 얼마나 대단한가를 알 수 있다. "한 관리는 리자청에게 완전히 매료되었다. 그는 잡지 표지로 등장한 리자청의 사진을 사무실에 붙여놓고 사람들에게 '나의 영웅'이라고 소개하며 찬사를 보냈다. 그는 리자청이 퀘벡주에 투자하기를 열망하고 있는데, 주택 건설, 펄프공장, 혹은 프랜차이즈 레스토랑 등에만 투자해도 열렬히 환영할 것이라고 말했다. 리자청이 투자를 하기만 한다면 퀘벡주의 상업판도가 바뀔 것이며, 홍콩 부호들에 대한 투자유인효과가 상당하리라 예상하기 때문이다."

리자청의 두 아들은 캐나다 국적을 획득했고, 그 자신은 1987년 재캐나다 홍콩회소(會所, 동향 사람들의 모임을 위한 회관)에 가입하여 회원이 되었다. 그가 회소에 나오면 홍콩 주재 캐나다 관리와 사업가들이 열렬히 환영했다. 특히 앨버타주 상공회의소 회원과 정치인들은 성대한 파티를 열어 리자청의 투자에 대해 치하하고 지속적인 합작에 대한 기대를 표시했다.

80~90년대 들어 세계경제의 글로벌화는 초대형기업들을 이 흐름에 합류하게 만들었다. 리자청도 해외투자를 캐나다에만 국한시키지 않고 다른 나라로 넓히기 시작했다.

1986년에 리자청은 영국 피어슨(Pearson)그룹의 지분 5%를 6억 홍콩달러에 사들였다. 이 그룹은 세계적인 일간지 〈파이낸셜 타임즈(Financial Times)〉와 런던, 파리, 뉴욕 등의 스탠다드차타드은행(Standard Chartered Bank)의 지분을 보유하고 있었다. 피어슨 측에서는 리자청이 영국계 회사의 주식을 대량 매입하고 있다며 경계심을 품고 조직적인 저항에 들어갔다. 그러자 리자청은 6개월 후에 주식을 매각하여 1억 2천만 홍콩달러의 차익을 남겼다.

1987년에는 사이먼 먼레이(Simon Murnray)와 협상에 성공하여 함께 미화 3억 7,200만 달러를 투자, 브리티시텔레콤(British Telecom, BT) 지분 5%를 확보하여 최대 주주가 되었지만 이사회에는 들어가지 못했다. 그 이유는 리자청이 자딘 매디슨에게 타격을 가했으므로 똑같은 사태를 방지해야 한다는 의견 때문이었다. 그러자 리자청은 1990년 보유 지분을 매각하여 1억 달러의 수익을 올렸다.

1989년, 리자청과 사이먼 먼레이는 영국 쿼드란트(Quadrant)그룹의 휴대폰사업권을 사들여 구미시장을 개척할 거점을 마련했다.

이후 리자청은 미국으로 진출, 1990년에는 100억 홍콩달러를 투자하여 컬럼비아 세이빙스 앤 론 뱅크가 보유한 유가증권의 50%를 매입하려 했다. 그러나 이 은행이 캘리포니아의 한 부실 은행과 거래를 했다가 법적 분쟁에 휘말리는 바람에 리자청의 투자계획은 무산되었다.

리자청이 미국에서 거둔 성과들 가운데 가장 성공적인 것은 미국과 캐나다의 부동산재벌 리차밍(李察明)과 돈독한 우의를 쌓은 일이라 하겠다. 당시 재정적 위기에 처해 있던 리차밍은 자신에게 경제적 도움을 주고 더 나아가 장기적인 파트너가 될 인물을 찾고 있었다. 그래서 리자청을 찾아가 사정을 이야기한 뒤 성의를 표시하기 위해 뉴욕 맨해튼의 한 빌딩의 지분 49%(약 4억 홍콩달러)를 건넸다. 리자청의 좋은 이미지와 신용이 얻은 소득이었던 것이다.

1992년 3월, 리자청과 귀허녠은 홍콩의 유명한 슈퍼마켓 체인인 빠바이반(八佰伴)의 회장 톈이푸(田一夫)의 소개로 일본 삿포로의 부동산에 60억 홍콩달러를 투자했다. 일본 재계는 거액의 투자를 한 리자청의 행보에 놀라움을 금치 못했다. 기자들과 인터뷰를 하던 리자청은 투자동기에 대해 이렇게 대답했다.

"일본 기업인들이 본국이 너무 작아 새로운 투자처를 찾으려 하듯이, 홍콩의 기업가들도 같은 생각을 하고 있습니다. '계란을 한 바구니에 넣지 말라'는 투자의 법칙에 충실한 것이라고도 할 수 있습니다."

그는 해외투자에서 성공과 실패를 모두 맛보았다. 인수합병에 성공한 경우들도 있지만, 힘들다는 판단이 서면 즉시 투자를 회수했다. 세계는 넓고 투자할 곳은 많은데 특정 투자대상에 연연할 필요가 없기 때문이다. 이러한 투자행태는 그의 기민하고 유연한 경영마인드를 그대로 반영하는 것이라 하겠다.

1992년, 리자청은 많은 투자계획을 세웠다. 그런데 1993년에 중국은 투자과잉과 인플레이션 등으로 과열된 경기를 진정시키기 위해 긴축정책을 폈다. 그 영향으로 리자청의 계획이 차질을 빚게 되자 주위에서는 진퇴양난의 위기에 빠졌다고 진단했고, 혹자는 투자의 시기가 너무 늦었다고 비판했다. 이 시기에 중국의 투자여건은 확실히 좋지 않았다. 리자청이 안정지향적인 기업가이기는 하지만 투자시기를 놓쳤다는 판단에도 일리가 있었다.

그러나 그는 이상적인 환경은 없으므로, 대략 환경이 조성되면 투자를 해야 한다는 생각을 갖고 있었다. 중국에 대한 투자가 시기적으로 좋지는 않지만 '병사가 공격해 오면 장군이 막고, 홍수가 나면 흙으로 막으면 되듯' 아무리 힘들어도 방법은 있는 것이다. 그래서 그는 계획대로 베이징의 왕푸징(王府井)에 둥팡(東方)광장을 건설하기로 결정했다. 70미터 높이의 둥팡빌딩은 옛 왕궁의 기와까지도 내려다볼 수 있으며, 왕푸징에서 조금 떨어진 중난하이(中南海)의 전경이 한눈에 들어오는 조망을 갖추도록 설계되었다.

홍콩에는 고층건물이 워낙 많아 100미터 이상이 아니면 눈에 띄지도 않을 정도이므로 70미터의 빌딩을 짓는 것은 리자청에게는 대수롭지 않은 일이었다. 하지만 베이징은 중국의 심장부이므로 고층빌딩 건설은 큰 화젯거리가 되었다.

이에 앞서 왕푸징을 재건설하려는 계획이 나왔을 때 베이징에서는 좋지 않은 여론이 비등했다. 시민들은 거대한 건물들이 들어서게 되면 유구한 역사를 자랑하는 베이징의 경관이 훼손될지 모른다고 우려했던 것이다. 실제로 베이징의 환경을 보호하기 위해 국가계획위원회에서는 시의 건축물들은 자금성을 기준으로 설계되어야 한다는 규제를 하고 있다. 규정에 따르면 자금성에서 365도 시야 내에는 어떤 건축물도 눈에 띄면 안 된다. 자금성의 성벽은 약 10미터 높이인데, 그 내부에서 밖을 쳐다봤을 때 성벽과 하늘만 눈에 들어와야 한다는 것이다. 따라서 자금성에서 멀리 떨어질수록 높은 건물의 건축이 가능해진다.

국무원에서 비준한 '베이징시 건설계획총람'은 다음과 같은 세부규정을 명시하고 있다. "창안가(長安街), 첸먼대가(前門大街) 서쪽과 얼환로(二環路) 안쪽과 일부 간선도로의 주변지역에는 고층건물의 건축을 부분적으로 허용하지만 높이는 130미터 이하여야 한다. 지역별로 예외를 인정할 수는 있지만 최대 45미터를 초과할 수 없다." 그런데 둥팡광장 빌딩은 30미터 고도제한지역에 있으므로 규정상 도저히 70미터 높이로 지을 수가 없었고, 용적률도 규정보다 7배나 높았다. 문제점을 발견한 전문가들은 서명운동을 벌여 정부에 둥팡광장의 건설계획을 조정해줄 것을 요구했다.

1994년 말, 중앙에서는 전국경제회의를 소집하여 거시경제 조정방안과 인플레이션 억제정책의 강력한 시행을 결의했다. 사회간접자본 건설 문제와 관련하여 영리를 목적으로 하는 대형건설에 대해서는 국가규정에 위반되면 일괄 정지시키기로 결정했다.

둥팡광장의 건설비용은 12억 홍콩달러(지가를 포함하지 않은 가격)가 넘었는데, 규정에 따르면 1억 달러가 넘는 합자사업은 시공 전에 시(市)정부의 명의로 국가계획위원회에 건설계획안을 제출해야 한다. 그런데 베이징시가 계획안을 제출하기도 전에 이미 공사에 들어갔던 둥팡광장은 1995년 정초에 건설중단 명령을 받았다.

리자청은 중국정부가 큰 원칙에 관한 한 조금도 양보하지 않는다는 것을 잘 알고 있었다. 하지만 원칙을 위반하지 않는다는 전제하에서는 문제를 해결할 방안이 없지 않다는 생각으로 베이징시의 유관부처와 수정안을 놓고 협상을 벌였다. 그 결과 둥팡광장은 공사를 계속할 수 있게 되었다. 계획에 차질이 빚어지기는 했지만 둥팡광장은 리자청에게 조금도 타격을 주지 않았고, 단지 이익이 조금 줄어들었을 정도였다.

그런데 얼마 후 창장그룹은 중앙정부의 정책을 충실히 따르겠다는 성명을 발표했다. "둥팡광장은 베이징시의 재건설지역에 건설될 예정이므로 도시계획법을 준수해야 한다. 창장 측은 베이징시의 도시계획법이 지극히 합리적이며, 서구와 홍콩 등에서 광범위하게 시행되는 법규와 별반 차이가 없다는 인식을 갖고 있다. 따라서 중국에 투자하는 외국의 기업과 기업인들은 반드시 중국의 법을 준수해야 하며, 국제적인 여론을 이용하여 중국 법률에서 예외를 인정받으려 하는 행동은 부당하다."

이 성명을 통해 리자청은 원숙한 정치감각과 복잡한 상황을 잘 파악하여 과감하게 대처하는 능력을 십분 드러냈다.

3월 11일, 리자청은 언론에 대해 창장과 베이징시 간의 협력이 순항하고 있으며, 계획안을 약간 수정했을 뿐이라고 발표했다. 그는 모든 건설공사는 수정을 거듭한 뒤 확정되는 법이며, 둥팡광장이 현재 겪고 있는 문제는 대수롭지 않은 것이라고 강조했다.

3월 12일, 〈연합보(聯合報)〉는 다음과 같은 기사를 실었다. "일부 보도에 의하면 창장의 건설기간 연장과 용적률 감소로 인해 손실이 발생했는데, 이에 대해 리자청은 '손실은 어림없는 소리'라고 일축했다. 건축면적이 좀 줄었다고 해서 손해를 보지는 않는다는 것이다. 그의 설명에 의하면 홍콩은 지가가 비싸서 지가 대비 건설비용이 10대 1 정도이지만, 중국은 이와는 정반대이므로 전혀 손해를 보지 않는다고 한다. 리자청은 현재 아무런 우려도 하지 않고 있으며, 평상시처럼 골프를 치고,

최상의 컨디션으로 업무를 수행하고 있다고 했다."

아무런 문제가 없다는 소식에 창장의 주주들은 안심했고, 주가도 변동이 없었다.

1996년 6월에 이르러 둥팡광장 건설사업은 국무원의 비준을 받았다. 비록 몇 차례 파문이 일긴 했지만 결과적으로 둥팡광장 사업은 성공을 거둔 것이다. 1999년 중국 건국 50주년(국경일은 10월 1일)을 며칠 앞두고 둥팡광장이 준공되었다.

둥팡광장 건설을 둘러싼 우여곡절에서 알 수 있듯이 중국의 투자환경에는 문제가 있었으므로 리자청은 대규모 투자를 망설일 수밖에 없었다. 그럼에도 불구하고 베이징시와 합작하여 둥팡광장을 건설한 것은 대중국투자의 전망에 대해 낙관적이었기 때문이다. 그의 입장에서 보면 대중국투자가 순조로운 스타트를 보이지는 않았지만 결국 성공을 일궈냈다. 이 당시 리자청의 사례를 보며 관찰자들은 중국의 투자환경이 이미 궤도에 올랐다는 평을 하기도 했고, 일각에서는 다소 비관적인 견해를 보이기도 했다.

결론적으로 말해 리자청의 투자는 그 시기가 적절했고, 이를 계기로 후일 중국 투자가들의 선두주자로 부상하게 되었다는 것이다. 그래서 사람들은 다시 한 번 그의 안목과 능력에 감탄하게 되었다.

> **• 리자청 어록 •**
> 나는 성공을 위해서는 수단과 방법을 가리지 말아야 한다는 말에 절대로 동의하지 않는다.

부동산개발의 대표기업, 창장실업

창장그룹의 모기업인 창장실업(長江實業, Cheung Kong (Holdings) Limited)은 부동산개발을 주력사업으로 하고 있다. 리자청은 홍콩 최고의 부동산개발업자이며, 홍콩 아파트 개발의 8.3% 이상을 차지하고 있는 부동산 분야의 전설이다. 리자청이 창장을 지금의 위치에 올려놓기까지의 창장의 역사를 먼저 살펴보자.

리자청은 1958년, 그때까지 해오던 플라스틱제조업에서 부동산개발로 업종을 변경했다. 그는 홍콩이 향후 세계 금융과 무역의 중심지로 떠오르면서 대대적인 개발붐이 일어날 것을 예측했고, 그와 더불어 홍콩의 땅값이 천정부지로 솟을 것을 간파했다.

부동산경영이 거대한 재화를 거두리라는 그의 예측은 맞아떨어졌다. 60년대에 들어서자 홍콩의 경제는 급속도로 도약했고, 전세계 금융과 무역의 중심지로 성장하기 시작했다. 그러자 각국의 투자자와 기업가들이 소위 '동양의 진주'인 홍콩으로 밀려들어왔고, 부동산업계에 진출한 창장도 급속도로 성장하게 되었다.

창장실업이 추진한 대표적인 부동산개발 사례는 다음과 같다.
그랜드 파노라마(The Grand Panorama)와 로빈슨 하이츠(Robinson Heights), 하버 플라자 리조트 시티(Harbor Plaza Resort City) 등 홍콩이 자랑하는 아파트단지들과 두 개의 하버 플라자 호텔, 센트럴의 명물인 더 센터(The Center) 등이 창장의 작품이다. 또한 2만 평이 넘는 규모로 아시아에서 가장 큰 상가 겸 호텔이자 아파트인 베이징의 둥팡광장(東方廣場, Oriental Plaza) 역시 창장이 건설한 것이다. 홍콩 센트럴에 있는 창장실업 본사는 강철과 반사유리로 만든 초현대식 62층짜리 건물이다. 부동산개발이라는 시대의 흐름에 따라 새로운 사업기회를 포착한 것이 현재의 리자청을 만들었다고 할 수 있다.

홍콩 센트럴의 창장실업 본사 (오른쪽)

시장은 단순히 물건을 사고파는 곳이 아니며 싸움터와 마찬가지로 전략과 전술을 필요로 한다. 장사를 잘하는 사람은 전술적 사고를 갖고 있기 때문에 작은 것으로 큰 것을 취할 수 있다. 그러므로 유능한 사업가에게 있어 경영마인드와 경쟁수단은 매우 중요하며, 보수적인 사고로 일관하다 보면 큰일을 해낼 수 없다. 리자청은 비즈니스전략을 세우는 데 있어 기존의 방법을 답습하지 않으면서 교묘한 방법으로 승리를 쟁취했다. 그 결과 상전(商戰)의 최강자가 되었다.

비결 4

略

치밀한 전략과
전술을 통해
작은 것으로
큰 것을 얻다

1 다른 사람이 버릴 때 취하고, 싸게 사서 비싸게 판다

'다른 사람이 버릴 때 나는 취하고, 싸게 사서 비싸게 판다'는 것은 장사의 기본상식으로, 이 말을 처음 한 사람은 춘추전국시대의 도주공(陶朱公)이다. 도주공은 월(越)왕 구천(勾踐)을 도와 오(吳)나라를 멸망시킨 범여(范蠡)이다. 그는 공을 세워 명성을 얻은 후 초연하게 관직에서 물러나 오호(五湖)에 정착하여 상업에 종사, 유명한 상인이 되었다. 이것이 2천 년 전의 일이다. 그의 말처럼 남들이 사지 않을 때 매입하여 돈을 버는 것이 거래의 중요한 원칙이기는 하지만, 관건은 사고팔기에 적당한 시기를 파악하는 능력이다. 다시 말해 시장의 흐름을 적시에 읽어내는 통찰력이 있어야 한다는 것이다.

1972년, 주식시장이 활기를 띠자 투자자들의 주식 매입이 최고조에 달했다. 이 기회를 이용하기 위해 리자청은 창장실업을 증시에 상장시켰다. 창장의 주식을 1주당 1홍콩달러에 발행했는데, 하루가 채 안 되어 주가는 2배 이상 올랐다. 증시에 성공적으로 첫 걸음을 내디딘 것이다.

그런데 1973년이 되자 증시가 냉각되었고, 1974년 12월 10일에 형성지수는 바닥을 쳤다. 1975년 3월, 증시가 호전되면서 주가가 오르기 시작했지만 투자자들의 심리는 공황상태에서 완전히 벗어나지 못했다.

리자청은 증시가 회복될 잠재력이 있다는 판단 하에 새롭게 창장실업의 주식을 2천만 주나 발행한 뒤 액면가 3.4홍콩달러의 주식을 모두 사들였다. 아울러 그는 2년 동안 배당을 포기하겠다고 선언하여 주주들의 환심을 샀다. 또한 자신도 1982년 홍콩증시가 다시 위기를 맞이하기까지 증시의 성장으로 인한 실리를 얻어냈다. 창장의 상승폭은 경이적이어서 리자청이 얻은 차익은 배당금을 훨씬 능가했다.

'남들이 팔 때 나는 사고, 싸게 사서 비싸게 판다'는 리자청의 주식운용원칙은 실제로 수많은 성공을 낳았다.

1985년 1월, 리자청이 홍콩전력을 인수합병한 것은 홍콩랜드가 채무를 갚기 위해 조급한 심리를 이용한 것이었다. 홍콩랜드가 전일 종가보다 1달러 낮은 6.4달러에 주식을 내놓자 리자청은 34%의 지분을 사들여 4억 5천만 홍콩달러를 절감했다. 6개월 후에는 홍콩전력의 주식이 8.2달러로 오르자 주식의 10%를 매각하여 2억 8천만 홍콩달러의 시세차익을 얻었다.

텐수이웨이(天水圍) 지분 매입 역시 '남들이 버릴 때 싼 값으로 사들여 비싸게 팔아넘기는' 전술을 응용한 사례였다. 당시 텐수이웨이의 개발계획이 물의를 빚자 홍콩정부는 '경고'를 발했고, 주주들은 발을 빼려 했다. 그러나 텐수이웨이가 비전 있는 회사라고 생각했던 리자청은 주주들에게서 싼 값으로 지분을 양도받은 후 자후(嘉湖)빌라단지 등 대형 프로젝트를 추진하여 큰 이윤을 얻었다.

1989년 톈안먼(天安門)사건의 영향으로 홍콩증시는 불황의 늪에 빠지게 되었다. 그러나 1991년 9월, 리자청은 한 중국계 자본의 회사에 약 13억 홍콩달러를 투자하여 19% 지분을 확보했다. 그 후 이 회사는 홍콩에서 오랜 역사를 자랑하는 헝창(恒昌)그룹을 인수했다. 4개월 후 중국계 자본의 대표적 그룹인 중신타이푸(中信泰富)가 주주들에게서 주식을 사들이려 하자 리자청은 지분을 팔아 2억 홍콩달러 이상의 차익을 얻었다.

'저가 매입, 고가 매각'에 있어 가장 중요한 기술은 시장의 흐름을 예민하게 읽어내 적기에 팔아넘기는 것인데, 리자청의 증시의 미래를 읽는 눈은 거의 어긋나지 않았다.

일반인들이 보기에 리자청의 주식운용기술이 신기에 가깝다고 하지만 실제로는 과장된 면이 없지 않다. 증시의 변동은 대부분 정치·경제 환경과 직접 관계가 있으며, 일정한 규칙을 갖고 반복되기 마련이다. 이 규칙을 이해하려면 시시각각 국내외 환경의 변화를 잘 읽어야 한다. 객장에서 가격현황판이나 읽고 있을 뿐 큰 흐름이나 변화에 대해서는 연구하지 않는 투자자들이 있다. 겉으로 드러나는 변화에만 신경 쓰다 보면 가상에 현혹되어 투자의 손실을 초래할 수 있다. 비록 때로 이익을 보더라도 그것은 요행에 불과한 것이다.

> **· 리자청 어록 ·**
>
> 성공적인 지도자가 되려면 노력을 하는 것도 중요하지만 무엇보다도 인내심을 갖고 다른 사람들의 의견에 귀를 기울여야 한다. 자신의 의견을 개진하기 전에 다른 사람들의 견해를 깊이 이해해야 하지만, 가장 중요한 것은 독창적인 아이디어를 개발해내는 것이다. 그리고 어떤 결정을 한 후에는 오로지 목표를 향해 걸어가야 한다. 그리고 명예야말로 자신의 최대 자산이라는 사실을 항상 명심하면서 명예를 얻기 위해 노력해야 한다.

2 결사적으로 싸우지 않고도 적의 힘을 역이용해 승리하다

무림의 고수는 때로는 결사적으로 싸우지 않고도 적의 힘을 역이용해 승리한다. 사업도 마찬가지다. 치열한 경쟁만으로는 상대를 이길 수 없고, 진정으로 승리하려면 힘을 빌리는 방법을 깨달아야 한다. 자신의 실력이 부족할 때는 더욱 그러하다.

리자청은 주룽창 인수전에서 물러나면서 다른 목표를 겨냥했다. 그 목표는 바로 영국계 그룹인 허치슨 왐포아였다.

허치슨 왐포아 그룹은 허치슨 왐포아 상사와 컨테이너 터미널 회사를 양대 축으로 하는데, 전자는 홍콩에서 두 번째로 큰 상사였다. 상장기업 중 최대 규모를 자랑하는 허치슨 왐포아는 홍콩의 10대 재벌들이 지주로 참여하고 있었다.

1860년에 설립된 허치슨 상사는 인도의 면화, 영국산 방직, 중국의 차(茶) 등을 수출입하는 무역과 홍콩에서의 소매업을 주로 했다. 초기에는 규모가 그리 크지 않아 자딘 매디슨, 홍콩랜드, 스와이어 등 영국기업에 뒤졌지만, 2차 세계대전을 전후해 20여 개 기업을 거느리는 그룹으로 성장했다.

왐포아 컨테이너 터미널 회사는 1843년 린멍(林夢)이란 선장이 통뤄만(銅鑼灣)의 자딘 매디슨 부두에 건설한 것이다. 몇 번의 이전과 소유

변경 후, 20세기 초에 스와이어, 하이쥔(海軍) 터미널과 함께 홍콩의 3대 터미널이 되었다.

2차 대전 후 우여곡절 끝에 왐포아는 허치슨사의 더글라스 클래그 일가의 손에 넘어갔다. 허치슨 왐포아는 원래 자딘 매디슨, 스와이어, 휠록그룹과 함께 홍콩의 영국계 4대 그룹으로 꼽혔다. 60년대 후반 들어 더글라스 클래그는 자딘 매디슨을 능가하는 그룹이 되려는 야심을 품고 1969년부터 1973년 사이에 대량의 인수합병을 단행했다. 그리하여 왐포아 컨테이너 터미널, 쥔이창(均益倉), 왓슨스(Watson's) 등 대기업과 상장되지 않은 수많은 소기업들이 허치슨 왐포아 그룹에 편입되었다.

클래그는 홍콩의 살인적인 인구밀도로 인해 부동산에 대한 수요가 높을 수밖에 없다는 판단 하에 주룽반도 동쪽에 위치한 부두터미널과 선박수리업 부문을 스와이어터미널과 합병한 뒤 칭이도(青衣島)로 이전했다. 항만의 창고시설은 쿠이충으로 이전한 뒤 이 부지에 황푸(黃埔), 다퉁(大同), 쥔이(均益) 등의 아파트단지를 건설했다. 그리하여 클래그는 건설과 부동산업계의 거물이 되었다.

그는 기업의 합병에도 전력하여 전성기에는 360여 개 기업의 주식을 보유했는데, 그 중 84곳은 외국기업이었다. 그러나 인수합병의 귀재인 그도 경영능력에는 문제가 있어 다수의 회사들이 수익을 올리지 못해 채무악화를 초래했다. 다행히도 증시가 활황이어서 주식으로 얻은 차익은 재정위기를 극복하는 데 투입되었다.

1973년에는 세계적인 오일쇼크와 홍콩 부동산시장의 불황으로 인해 홍콩증시가 붕괴되었다. 이런 상황에서 방만한 투자로 인한 과중한 채무에 시달리던 허치슨 왐포아는 2억 홍콩달러에 가까운 적자를 냈다. 1975년 8월, 후이펑은행은 허치슨 왐포아에 1억 5천만 홍콩달러를 구제금융으로 제공하면서 33.65%의 지분을 확보했다. 이로써 후이펑은행은 허치슨 왐포아의 최대 주주가 되었고, 왐포아사는 허치슨 왐포아 그룹에서 분리되었다.

후이펑의 허치슨사에 대한 지배권은 더글라스 클래그 시대의 종말과 함께 가족경영체제가 붕괴되었음을 의미한다. 그 후 허치슨은 왐포아사와 다시 합병하여 '허치슨 왐포아 주식회사'로 개명했다. 허치슨 왐포아의 구조조정을 담당한 인물은 웨이리(韋理)로 재계에서는 탁월한 경영수완을 지녔다는 평을 듣는 사람이었다. 그러나 그는 거대한 기업을 경영하기보다는 참모형의 인물인 데다, 경영부실이 너무 심했기 때문에 허치슨 왐포아를 회생시키지는 못했다.

한편 주룽창과 허치슨 왐포아를 합병하기 위해 고심하던 리자청은 주룽창을 포기하고 허치슨 왐포아에 전력을 기울이기로 결심했다.

가족경영의 틀을 벗어난 허치슨 왐포아의 인수는 가족경영체제인 주룽창보다 상대적으로 용이했다. 홍콩의 영국계 그룹 중 2위를 자랑하는 허치슨 왐포아 산하의 기업들은 지분구조가 공고하지 않은 데다 주주들의 이해관계가 상충되는 허점이 있었다. 주주들은 '현명한 총수'를 맞이하여 그룹의 위기를 극복하려는 바람이 있었고, 자신들의 이익을 챙기기 위해서는 중국인이 그룹을 인수한다 해도 크게 문제가 될 게 없다는 분위기가 강했다.

허치슨 왐포아는 부동산을 대량 보유하고 있는 데다 안정적인 수익을 보장하는 뷰티 헬스 전문매장인 왓슨스 체인점을 경영하고 있었으므로 성장가능성이 큰 그룹이었다. 따라서 홍콩의 외국계 기업과 중국계 기업들은 허치슨 왐포아 인수에 잔뜩 눈독을 들이고 있었지만, 홍콩의 최대 금융기관인 후이펑은행의 통제를 받는 관계로 섣불리 나서지를 못했다.

그러나 리자청은 후이펑은행의 허치슨 왐포아에 대한 지배권이 오래 가지 못하리라는 사실을 간파했다. 주식회사법과 은행법에 의하면 은행은 비금융 부문의 업무를 할 수 없는 데다, 채권은행은 상환능력을 상실한 기업만을 인수할 수 있었다. 은행은 금융구제를 받는 기업의 경영이 정상화되면 지분을 되팔거나 다른 기업에 매각해야지, 장기간 해당 기업을 지배할 수는 없었다.

리자청은 후이펑은행의 총수인 선비가 허치슨 왐포아의 재정상태가 호전되면 적당한 기업을 물색하여 지분을 매각하려 한다는 의향을 은근히 흘리고 있다는 정보를 입수했다. 그에게 이 소식은 복음과 같았다.

재무구조를 비교해보면 창장의 자산은 6억 9,300만 홍콩달러에 불과했지만, 허치슨 왐포아의 시가는 62억에 달했다. 창장의 능력으로는 뱀이 코끼리를 삼키는 격이지만, 후이펑은행의 도움을 받는다면 인수합병의 절반은 성공할 수 있었다.

꿈에도 그리던 허치슨 왐포아의 합병을 위해 리자청은 주룽창의 인수작업을 중단했다. 주룽창 인수를 포기하면 후이펑은행이 호의를 갖고 허치슨 왐포아의 지분을 넘겨주리라는 것이 리자청의 계산이었다. 그러나 지분이 얼마나 될지는 리자청도 예측할 수 없었다.

계획을 성공시키기 위해 리자청은 바오위강과 거래를 했다. 즉 주룽창의 1천만 주를 바오위강에게 넘기는 조건으로 바오가 중간에 나서서 후이펑은행이 보유하고 있는 허치슨 왐포아 주식 9천만 주를 리자청에게 매각하도록 알선한다는 것이다. 리자청으로서는 5,900만 홍콩달러의 차익을 얻음과 동시에, 주룽창을 인수한 바오위강이 자신에게 감사하는 마음을 갖게 만드는 유리한 거래였다.

리자청이 바오위강을 중개자로 내세운 이유는 그가 후이펑은행과 돈독한 관계를 맺고 있었기 때문이다. 선박왕으로 불리는 바오는 자신의 노력과 함께 후이펑은행의 큰 도움으로 선박왕국을 건설했다. 그는 후이펑은행과 20년 이상 거래하면서 이사가 되었고(1980년에는 후이펑은행의 부총재가 되었다), 당연히 역대 총수들과 깊은 교류가 있었다.

리자청은 후이펑은행의 총수 선비와 자주 접촉하면서 의향을 타진했다. 후이펑은행은 허치슨 왐포아의 주식으로 수익을 올리기보다는 경영이 정상궤도에 오르기를 바라고 있다는 사실을 안 리자청은 바오위강에게 인수를 성사시키도록 재촉했다.

1979년 9월 25일 밤, 리자청은 창장그룹의 회의실에서 상장 이래 가장 흥분된 기자회견을 열었다. 평소 침착한 성격의 리자청도 이날만은 격앙된 목소리로 선언했다.

"창장실업의 원래 업무에 영향을 미치지 않는다는 전제 하에, 본사는 후이펑은행이 소유하고 있는 영국계 그룹 허치슨 왐포아의 지분 22.4%인 보통주 9천만 주를 1주당 7.1홍콩달러에 매입하기로 했습니다."

회견장에 참석한 기자의 대부분이 박수갈채를 보냈다. 창장실업이 왜 후이펑은행으로부터 보통주만을 매입하고 우선주는 사지 않았느냐는 기자의 질문에 리자청은 이렇게 대답했다.

"자산구조를 보면 허치슨 왐포와는 성장잠재력이 있는 데다, 우리와 사업 부문이 일치합니다. 우리는 허치슨 왐포아의 전망에 대해 매우 낙관하고 있고, 우선주는 수익성은 보장받을 수 있지만 의결권이 없으므로 고려하지 않았습니다."

합병 후 리자청은 허치슨 왐포아의 집행이사가 되었고, 대표이사 겸 회장직은 여전히 웨이리(韋理)가 맡았다.

기자회견 다음날 허치슨 왐포아의 주식은 상종가를 기록했고, 종합지수인 헝성지수도 25.69포인트가 올랐다. 주식거래량이 4억 홍콩달러를 돌파하자, 전문가들은 투자자들의 리자청에 대한 신임과 기대가 불러온 결과라 분석했다. 창장실업과 리자청 개인 보유의 허치슨 왐포아 지분은 계속 증가하여 1980년 11월에는 총 주식의 39.6%에 달했다. 리자청의 위치는 공고해졌고, 허치슨 왐포아의 회장인 웨이리의 주식 매입에 대한 저항도 없었다.

1981년 1월 1일, 리자청은 허치슨 왐포아의 대표이사로 선임되었다. 홍콩에서 최초로 영국 자본 그룹의 총수가 된 것이다. 또한 허치슨 왐포아도 정식으로 창장그룹 산하의 자회사가 되었다.

실제 자산이 6억 9,300만 홍콩달러에 불과한 창장실업이 62억 자산의 거대 그룹인 허치슨 왐포아를 합병한, 상식적으로는 불가능한 사건에 대해 웨이리는 기자들에게 무력한 어조로 억울함을 호소했다. "리자청의 이번 행동은 미화 2,400만 달러의 계약금으로 10억 달러가 넘는 물건을 얻은 것이나 마찬가지다."

허치슨 왐포아의 합병은 주룽창 지분 확보 때와 판이하게 진행되었다. 리자청은 화기애애한 분위기에서 양보를 함으로써 이득을 챙기는 전략을 구사하여 홍콩 개항 이래 최대의 승리를 얻어낸 것이다.

리자청은 이번 합병으로 '초인'의 칭호를 얻었지만, 스스로가 초인적인 능력을 지녔다고 생각하지는 않았다. 그는 자신이 구사한 전략에 대해서 구구하게 설명하지 않았지만, 후이펑은행에 대한 감사의 뜻을 표하는 데는 인색하지 않았다. "후이펑은행의 도움이 없었다면 허치슨 왐포아의 합병은 성공하지 못했을 것이다."

선비는 후이펑은행 역사상 가장 걸출한 총수였다. 그의 장점은 영국인이나 중국인을 차별하지 않고 은행의 이익을 가장 우선시했다는 점이다. "은행은 자선단체도 정치조직도 아니다. 또한 영국인의 구락부도 아니다. 은행은 그저 은행이므로 이익을 남기는 것을 목적으로 한다"는 말에서 은행에 대한 헌신성을 엿볼 수 있다.

리자청이 허치슨 왐포아를 합병한 다음날인 9월 26일, 〈공상만보(工商晚報)〉는 합병사실을 '폭탄을 투하한 것과 같다', '증시가 미친 듯 뛰기 시작했다'는 제목의 기사로 실었다.

〈신보(信報)〉의 사설은 리자청에 대한 찬사를 아끼지 않았다. "창장실업이 이렇게 싼 가격(일차적으로 지분의 20%인 1억 2,800만 홍콩달러만 지급했다)으로 거대한 허치슨 왐포아를 합병한 것은 리자청의 중대한 승리다. 이번의 쾌거는 창장실업의 상장 이후 가장 성공적인 합병으로, 과거 주룽창을 인수하려던 계획보다 훨씬 뛰어난 것이다. 이로써 리자청은 부동산업계의 강자로서뿐만 아니라 증시에서도 거물로 부상하게 되었다."

한편 리자청과 바오위강이 영국계 대기업의 오너가 되었다는 사실은 해외언론의 주목을 받았다. 미국의 〈뉴스위크(Newsweek)〉는 "지난주, 억만장자인 부동산개발업자 리자청이 허치슨 왐포아를 인수합병했다. 이로써 중국인이 홍콩 최대의 종합상사를 소유하게 되었다. 홍콩의 한 투자가는 앞으로 리자청과 같은 인물이 계속 나올 것이라고 전망했다."라는 기사를 실었다.

또한 영국의 〈더 타임즈(The Times)〉는 합병을 심층적으로 분석한 기사를 내보냈다. "최근 1년 동안 해운업계의 거물 바오위강과 부동산재벌 리자청을 중심으로 한 중국계 기업가들이 홍콩재계의 개편과정에서 연속적인 승리를 거두어 영국계 기업들을 긴장시키고 있다. 홍콩은 영국의 식민지이지만 인구의 절대다수는 중국인이고, 정치와 경제를 장악하고 있는 영국인은 극소수에 불과하다. 그러나 2차 대전 이후, 특히 60~70년대 들어 중국인들의 경제력이 급속히 신장하고 있다.

이런 상황에서 거대한 중국을 후견자로 삼은 친중국적인 신흥재벌들은 호랑이가 날개를 단 것처럼 공공연하게 영국기업들과 경쟁을 벌이고 있다. 날로 강해지는 중국계 기업들에 대해 영국기업들의 불안감이 커지고 있는 가운데 세계적인 자딘 매디슨의 총수조차 지뢰밭을 거닐고 있는 기분이라고 한다. 최근의 변화에 홍콩의 영국인 기업가들은 경악을 금치 못하면서, 바오위강, 리자청 등의 중국 기업인들이 영국의 기업가들과 대등한 능력을 갖추고 있다는 사실을 부인하지 않고 있다."

시대적 변화를 중국 기업인들의 득세 원인으로 분석한 이 기사는 '대영제국' 적인 기자의 시각을 드러내고 있지만, 리자청과 바오위강에 대해서는 비교적 중립적이고도 긍정적인 평가를 하고 있다.

비즈니스전략의 측면에서 리자청이 허치슨 왐포아를 합병하는 과정에서 주목을 끈 점은 세 가지다.

첫째, 리자청은 합병 전에 이미 인사배치를 완료했다. 실제로 주룽창 합병작업은 허치슨 왐포아 합병을 위한 서곡이었으며, 이를 바탕으로 합병이 순조롭게 진행되었다.

둘째, 후이펑은행으로부터 허치슨 왐포아 지분을 양보받기 위해 리자청은 주룽창 합병을 중단했으며, 바오위강에게 주룽창 주식 1천만 주를 매각하는 조건으로 알선을 하게 하여 후이펑은행으로부터 허치슨 왐포아의 주식 9천만 주를 얻을 수 있었다. 리자청은 합병하기 힘든 주룽창 주식을 바오위강이 매입하게 함으로써 도움을 주었고, 결과적으로 합병에 도움을 받았다.

셋째, 사전에 인사조정을 했기 때문에 합병과정에서 잡음이나 저항에 부딪치지 않았다. 그래서 사람들은 '리자청의 합병전략이야말로 재계 1위'라는 찬사를 아끼지 않았다.

· 리자청 어록 ·	재계는 반드시 시대적 변화와 발전에 발맞춰 나가야 한다. 그런 면에서 볼 때 오늘날 지식과 경제발전은 불가분의 관계를 맺고 있다.

3 상대의 허점을 파고듦으로써 골리앗을 쓰러뜨리다

　제갈량(諸葛亮)은 초야에 은거하면서도 천하가 셋으로 나눠지리라는 사실을 예견했다. 삼고초려 끝에 현명한 군주인 유비(劉備)를 보좌하게 된 그는 물 만난 고기처럼 유감없이 능력을 발휘했다. 특히 적벽대전을 승리로 이끌어 삼국이 정립(鼎立)하는 판도를 이뤘다. 그로부터 2천여 년이 흐른 뒤 리자청도 '적벽대전'과 같은 큰 전쟁을 치렀다. 제갈량이 시기를 기다리며 실력을 쌓아 적을 물리쳤듯이 리자청도 중국계 재벌들과 연합하여 세계 최대의 부동산회사인 홍콩랜드와 대적한 것이다. 홍콩랜드는 센트럴지역 대부분의 빌딩을 소유하고 있을 정도의 대기업이었다.

　센트럴은 홍콩섬의 최대 번화가이자 홍콩의 상업과 금융의 중심지이다. 이곳에 즐비한 마천루들은 모두 독특한 건축스타일을 자랑하기 때문에 보는 이들로 하여금 현대 문명에 대한 외경심마저 갖게 만든다는 평을 듣는다. 센트럴에서 일어나는 작은 변화도 홍콩경제에 영향을 미치고, 역으로 재계의 미세한 변화도 센트럴에 큰 영향을 주기 때문에 홍콩에서 가장 '민감한 지역'으로 불리기도 한다.

　센트럴의 수많은 빌딩 중에서도 빅토리아만을 마주보고 있는 피라미드형의 빌딩이 있다. 신비로운 분위기마저 풍기는 이 빌딩은 자딘 매디슨 그룹의 사옥으로서 각 층에는 세계적인 외국기업과 홍콩 주재 외교사절들의 사무실이 있다. 건물 맨 꼭대기 층에는 홍콩경제의 지주이자 최대 재벌인 자딘 매디슨의 총부가 자리 잡고 있다.

　자딘 매디슨 양행(洋行, 근대에 외국인 회사나 무역상을 지칭했던 단어)은 1832년에 광저우에서 설립되었고, 1841년에 본사를 홍콩으로 이전했다. 자딘 매디슨은 처음에는 아편매매로 성장한 뒤 각 분야로 사업을 확장하여 다원화된 다국적재벌이 되었다. 1961년 6월 26일 자딘 매디슨은 주식회사 명의로 증시에 상장, 홍콩의 10대 상장회사의 하나가 되었으며, '자딘 매디슨 왕국'이라는 칭호도 얻었다. 자딘 매디슨 산하에는 자딘 매디슨, 홍콩랜드, 데어리팜(Dairy Farm), 만다린 오리엔탈 호텔 등의 대기업이 있고, 센트럴의 고층빌딩들과 100여 개가 넘는 슈퍼마켓과 명품 체인점을 소유하고 있다. 지분은 자딘 매디슨이 가장 많이 보유하고 있고, 자산규모는 홍콩랜드가 가장 크기 때문에 자딘 매디슨 혹은 자딘 홍콩랜드 그룹이라고도 불린다. 따라서 그룹의 총수는 당연히 홍콩랜드의 회장을 겸임하고 있다.

　1970년대 후반 들어 중국의 개혁개방정책으로 인해 홍콩의 부동산가격이 크게 오르면서 중국인들의 자산이 수십 배까지 증가한 경우도 많았다. 이와는 대조적으로 재계의 거물인 자딘 매디슨은 퇴색이 짙어지면서 중국계 재벌들과 경쟁하기가 힘들어졌다.

　주룽창, 허치슨 왐포아, 휠록, 홍콩전력 등 영국계 대형기업들이 연이어 중국계 재벌의 손에 넘어가자 그들의 다음 목표는 홍콩랜드라는 소문이 파다하게 돌았다. 중국계 재벌들은 거의 부동산과 건설 부문에서 성장했기 때문에 센트럴에 호화빌딩을 소유한 홍콩랜드에 침을 흘릴 수밖에 없다는 것이 소문의 근거였다. 홍콩랜드를 인수하면 홍콩 부동산업계에서 '왕 중 왕'이 되는 것은 당연지사이므로 야심만만한 리자청에게 있어 그 유혹의 힘은 막강했다.

이에 앞서 바오위강이 주룽창을 합병할 때 자딘 매디슨은 중국인 재벌들에 대해 경계심을 갖게 되었다. 그래서 만일의 사태에 대비하여 그룹의 지분구조를 조정했는데, 핵심내용은 자딘 매디슨과 홍콩랜드가 각기 상대 지분의 40%씩을 소유하는 것이었다. 증권분석가들은 이러한 지분구조를 '쌍끌이식 구조'라고 표현했다. 이로써 양사는 내적인 단결력을 공고히 하여 외적인 동요에 대항할 수 있게 되었다. 하지만 '쌍끌이식 구조'는 큰 문제점을 안고 있었다. 경쟁자가 한 '배'를 흔들어대면 다른 '배'도 위험에 빠져 같이 손실을 입을 수밖에 없는 것이다.

1984년, 자딘 매디슨과 홍콩랜드는 채무가 불어나 투자자들로부터 불신을 당하게 되고, 주가도 급락했다. 특히 자딘 매디슨의 손실은 참담해서 시가가 30억 홍콩달러로 평가되었고, 홍콩랜드는 정도가 덜하기는 했지만 100억 홍콩달러로 감소했다. 이와 동시에 증시에서는 중국계 재벌들이 우선 자딘 매디슨을, 뒤이어 홍콩랜드를 합병할 것이라는 소문이 돌았다.

주식전문가들은 양사의 쌍끌이식 지분구조가 붕괴될 것이라 예측했다. 두 회사가 한 그룹 소속이기는 하지만 주주들의 이익이 일치하지 않으므로 협력하여 위기를 극복할 수 없다는 문제점을 간파했던 것이다. 혹자는 자딘 매디슨 그룹의 상호지분 공유방식이 문제가 있으므로 자딘 매디슨의 시대는 이미 지나갔다고 평했다. 만약 10여 년 전이라면 이 잠자는 사자를 아무도 건드리지 못했을 것이나, 이제 상황은 달라졌다.

새로 총수의 자리에 오른 사이먼 케스윅은 쌍끌이식 지분구조의 약점을 파악하고 미국의 투자전문 은행가인 폴 베스퍼를 영입하여 구조조정을 단행하게 했다. 폴 베스퍼는 우선 자딘 매디슨과 홍콩랜드를 분리하는 계획을 세웠다. 1986년 10월, 홍콩랜드는 계열사인 데어리팜을 분리하여 상장했으며, 이어서 만다린 오리엔탈 호텔도 계열에서 독립하여 상장한다고 발표했다. 1987년 2월, 자딘 매디슨 홀딩스는 자딘 스트래티직 홀딩스사(Jardine Strategic Holdings)의 설립을 선포했다. 그룹의 구조조정으로 지분은 다음과 같이 변동했다.

자딘 매디슨 홀딩스는 자딘 스트래티직 홀딩스의 지분 중 19%를, 후자는 전자의 주식을 26% 소유한다. 자딘 매디슨 홀딩스와 스트래티직 홀딩스는 각기 홍콩랜드의 주식을 11%와 15%, 데어리팜에 대해서는 각기 9%와 27%, 만다린 오리엔탈 호텔에 대해서는 각기 35%씩 지분을 소유한다. 케스윅 일가의 자딘 매디슨 홀딩스에 대한 지분율은 정확하지는 않지만 10%에서 15%인 것으로 알려졌다. 이로써 케스윅 일가는 자딘 매디슨을 합병하여 홍콩랜드를 차지하려는 세력들로부터 굳건한 수비를 하게 되었다.

그러나 일부에서는 자딘 매디슨의 지배구조가 '장수만 지키고 무기는 버리는' 행동이라 평가했다. 구조조정의 결과 홍콩랜드에 대한 지배권이 약화되었고, 외부의 경쟁상대가 홍콩랜드의 지분을 더 쉽게 확보할 수 있게 된 것이다. 분석가들은 케스윅 일가가 자딘 매디슨을 해외로 이전하면서 홍콩랜드라는 고깃덩이를 중국계 기업에 넘겨 수익을 챙기려 한다고 해석하기도 했다.

리자청으로서는 센트럴의 호화빌딩들을 소유한 홍콩랜드를 오랫동안 선망했기 때문에 이 기회를 놓칠 수 없었다. 그래서 그는 광성항(廣生行)의 이사 신분으로 홍콩랜드 주주총회에 참석한 뒤 창장이 홍콩랜드의 지분을 확보하고 있다는 사실을 최초로 언론에 털어놓았다. 그러나

이는 장기적인 투자일 뿐 홍콩랜드의 이사로서 경영에 참여하려는 의사는 없다고 밝혔다. 리자청이 홍콩랜드의 주식을 보유하고 있다는 '천기누설'의 여파는 홍콩을 발칵 뒤집어놓았다.

4월 초, 홍콩랜드의 주식을 보유하고 있던 중국계 재벌들은 자딘 매디슨을 압박하기 위해 리자청 명의로 서한을 보냈다. 서한의 내용은 6월 6일 열리는 홍콩랜드의 정기 주주총회에서 신스졔그룹의 회장 정위퉁과 헝지조업(恒基兆業) 회장 리자오지를 이사로 선임해달라는 것이었다.

이 소식이 외부에 알려지자 홍콩랜드의 주가는 한여름 땡볕에 노출된 수은주처럼 급상승하여 1주당 8.9홍콩달러를 기록했다. 증시 침체 이후 최고가를 기록한 것이다.

홍콩랜드와의 접전에서 리자청은 상대의 치명적인 약점을 노림으로써 극히 유리한 고지를 점령했다. 수많은 전투를 치르며 재계의 정상에 선 그로서도 매우 인상적인 일전이었다.

· 리자청 어록 ·
의견을 발표할 기회가 왔을 때는 진실을 말해야 한다. 홍콩의 상황에 대해 진실을 말하지 않는 사람을 보면 나는 두렵기까지 하다. 진실을 호도하는 발언이 홍콩을 위태롭게 만들기 때문이다.

4 결정적 순간에는 모든 것을 걸고 전력투구하다

비범한 사람의 손에는 비장의 무기가 있기 마련이다. 리자청에게도 결정적인 순간에 발휘할 수 있는 필살기가 있었다.

1987년 1월 1일, 리자청은 호프웰그룹의 후잉샹과 함께 '서부 해안과 다위산(大嶼山)의 전략적 발전계획'을 발표하여 큰 반향을 불러일으켰다. 홍콩정부는 개항 이래 지하철 공사와 맞먹는 방대한 프로젝트를 발표한 리자청과 후잉샹의 의도에 대해 각별한 관심을 표시했다.

이 프로젝트는 창장과 호프웰그룹을 중심으로 컨소시움을 만들어 총 250억 홍콩달러를 투자, 홍콩 서부 해안에 있는 다위산지역에 국제공항과 항만, 공업단지, 아파트단지, 해저터널, 교량 등을 건설하여 공항과 홍콩섬, 주룽반도를 연결한다는 것이었다. 프로젝트에는 추후에 홍콩, 광저우, 마카오를 연결하는 광저우-선전-주하이(珠海)고속도로(일명 '廣深珠' 고속도로)를 건설한다는 내용도 포함되었다.

1989년 10월 11일, 홍콩 총독 윌슨은 다위산 북단의 작은 섬에 새로운 국제공항을 건설한다는 계획을 발표했다. 이 계획에 따르면 공사비는 1,270억 홍콩달러로 홍콩 역사상 최대 공사가 될 것이며, 정부와 민간그룹이 공동으로 비용을 부담할 것이라 했다. 그런데 토목건설은 창장의 주력 분야가 아니었다. 창장은 아파트 건설에 강점을 갖고 있었다.

1995년 11월에 이르러 리자청은 창장, 허치슨 왐포아, 중타이(中泰)그룹이 공동으로 공항철도 역사의 개발권을 획득했다고 발표했다. 이에 앞서 10월 11자 〈신보〉는 창장이 총면적 5.4헥타르, 연건평 29.2만 평방미터의 칭이(靑衣) 공항철도역과 3,500가구의 아파트단지, 그리고 쇼핑센터를 건설할 것이라고 보도했다. 건설비는 100억 홍콩달러가 넘는 것으로 추산되었다.

신공항 건설계획은 '로즈 가든 프로젝트'로 명명되었다. 이 프로젝트는 일찍이 70년대 말, 당시 홍콩 총독 맥리호스(Maclehose)가 연례적으로 중국을 방문한 자리에서 중국정부에 제출했던 것이다. 후에 중국과 영국정부가 홍콩반환협상을 진행하면서 이 계획은 보류되었다.

리자청은 신공항 건설을 유망한 사업으로 판단하여 호프웰의 후잉상과 컨소시엄을 결성하여 개발하자는 의사를 타진했다. 이 공사는 규모가 너무 방대했기 때문에 홍콩정부는 이를 민간에게 맡길 수 없었다. 그러나 '로즈 가든 프로젝트'는 중국과 영국정부의 9개월간의 지루한 논의와 협상을 거쳐 〈중·영 양국 정부의 홍콩 신공항 건설에 관한 양해각서〉로 빛을 보게 되었다. 그의 사업적 안목이 얼마나 예리한가를 보여주는 사례였다.

새로운 사업을 할 때 리자청은 비장의 전략을 짜는 데에 신경을 집중했다. 실제로 그는 정치적 변화에 따라 투자방향을 조정하는 스타일이 아니라, 경제적 활동이 정치로 인해 장애에 부딪힐 때만 정치적인 문제를 고려했다. 8호 항만 건설권을 둘러싸고 경쟁을 할 때 정치적 카드를 활용했지만 상황이 변하자 효과를 거두지 못했다.

80년대 후반부터 지금까지 창장그룹이 홍콩에서 투자한 주요 분야는 대형아파트 건설, 한국의 컨테이너항만 건설, 스타 TV, 아시아 세틀라이트 텔레콤사(Asia Satellite Telecom), 주식, 채권 등이었다.

창장의 자산대비 부채비율은 놀라울 정도로 낮다. 거액의 현금을 보유한 재벌이지만 일반 투자가들의 생각만큼 많은 투자를 하지 않은 것이다. 또한 매년 투자액이 낮아져 폭발적인 해외투자 증가세와 선명한 대비를 이뤘다. 홍콩경제에 공헌하겠다는 리자청의 약속은 물거품이 된 것일까? 해답은 그가 약속을 어긴 것이 아니라, 홍콩에서의 투자가 난항에 부딪힌 것이다.

창장 산하의 국제컨테이너항만주식회사(HIT)는 80년대에 쿠이충의 6개 부두 가운데 2, 4, 6호 부두를 소유했다. 1984년 4월, 리자청은 정부 입찰에서 44억 홍콩달러로 7호 부두 경영권을 획득했다. 2년 후 국제컨테이너항만주식회사는 현대컨테이너, 중국항운공사와 합작하여 8호 부두 사용권을 얻어냈다.

리자청은 홍콩에서 아파트 건설뿐만 아니라 컨테이너시장의 70%를 점유하여 동종업계의 최강자로 군림했다. 그러나 인생사전에서 '만족'이란 단어를 삭제한 리자청은 현재의 점유율에 만족하지 못했다. 홍콩경제의 급속한 발전에 힘입어 컨테이너 수요가 폭발적으로 늘어나 쿠이충의 기존시설은 수요에 부응하지 못했다. 그래서 9호 부두의 입지 선정과 입찰 경쟁에 뛰어든 리자청은 반드시 수주를 따내겠다는 각오로 임했다.

HIT의 저력과 풍부한 경험과 더불어 리자청의 인맥은 수주 경쟁에 유리하게 작용했다. 홍콩정부의 정책결정기구인 입법국(立法局)의 9명 의원 가운데 6명이 그의 개인적인 '막료'이자 창장그룹이 '특별 영입' 한 이사로서 적지 않은 보수를 받고 있었던 것이다. 게다가 행정국 의장을 겸임하는 홍콩 총독은 웬만해서는 행정국이 의결한 내용에 거부권을 행사하지 않았다.

　모든 조건이 리자청에게 유리한 상황에서 변화가 생겼다. 1992년 7월, 영국의 정치가인 크리스 패튼이 새로운 홍콩 총독으로 부임했던 것이다. 그는 홍콩에 도착한 지 얼마 안 되어 쿠이충항만을 시찰했는데, 때마침 HIT는 컨테이너 2천만 개 하역 기념 파티를 열고 있었다. 호사가들은 리자청이 자신의 성과를 축하하기보다는 파티를 명분으로 총독의 환심을 사려 했다고 평했다.

　9호 항만 건설을 둘러싸고 각축을 벌이던 재계 인사들은 크리스 패튼과 리자청 부자가 환담을 나누는 모습을 보며 창장에게 유리한 국면이 전개될 것이라 예상했다. 그런데 뜻밖에도 패튼 총독이 행정국 의원들을 경질하는 바람에 리자청이 다 년간 들인 공이 수포로 돌아가게 되었다. 총독의 조치는 리자청을 겨냥한 것은 아니었다. '군주가 바뀌면 신하를 바꾸는' 법칙처럼 새로 부임한 수장은 새로운 인물들을 발탁하는 속성 때문이었다. 그로서는 정치개혁의 일환으로써 의원들을 물갈이한 것이다.

　실제로 총독의 조처는 리자청의 9호 항만 건설 입찰에 어두운 그림자를 드리웠다. 이에 앞서 리자청과 긴밀한 관계를 유지하고 있는 행정국 의원들은 공개적으로 항만 건설을 투명한 입찰로 결정해야 한다고 주장했었다. 공개입찰을 할 경우 현금동원력이 가장 뛰어난 리자청에 대적할 만한 경쟁자는 없었다.

　새로 선임된 행정국 의원들은 더 이상 리자청의 '어용 의원단'이 아니었다. 그 결과 9호 항만은 공개입찰이 아니라 협의에 따라 시공자를 선정하기로 결정되었다. 입찰가격이 아닌 입찰자의 제반 조건을 고려하여 수주를 주게 된 것이다.

입찰자의 조건을 종합적으로 고려한다면 수주자 선정에 유동성이 클 수밖에 없었지만, HIT는 조건 면에서 결코 경쟁자에 뒤지지 않으므로 리자청은 과거 센트럴역과, 진종역 역사 개발권처럼 수주를 따낼 수 있다고 자신했다.

협의로 낙찰을 결정한다는 소식이 전해지자 업계에서는 경쟁에 뛰어들 태세를 갖추었다. 리자청도 수수방관하지는 않았다.

그러나 결과가 발표되자 리자청은 아연실색할 수밖에 없었다. 정부가 9호 항만의 건설권을 자던 매디슨과 중국계 그룹인 신흥지에게 준 것이다. 의외의 결과이기는 하지만 크리스 패튼 총독의 리자청에 대한 감정이 좋지 않았기 때문은 아니다. 1991년 패튼이 영국 보수당 당수였을 때 리자청은 상당한 액수의 경선자금을 준 적이 있다. 그 후 총독에 부임한 패튼은 HIT를 방문하기도 했고, 리자청을 '총독 상무(商務)위원회'의 위원으로 위촉하기도 했다. 그러나 리자청은 정중하게 거절했고, 그 대신 장남 리쩌쥐(李澤鉅, 흔히 영어 이름 '빅터 리(Victor Li)'로 불린다)가 최연소 위원으로 선임되었다. 리쩌쥐가 위원이 된 것은 홍콩 전역이 떠들썩 할 만한 화제가 되었고, 리자청과 패튼이 보통 사이가 아니라는 소문이 나돌았다.

그러나 정부가 리자청이 컨테이너항만 업계에서 독점적 지위를 차지하고 있는 것을 못마땅하게 여기고 있다는 여론이 지배적이었다. 일반적으로 한 기업의 시장점유율이 50%이상이면 독점, 70%이상이면 중대한 독점행위로 간주된다. 경제학자와 법률전문가들은 독점행위가 산업발전에 저해가 되며, 정부도 관리할 수 없으므로 독점기업이 가격을 농단한다고 보고 있다. 무엇보다도 독점기업은 강력한 경쟁상대가 없기 때문에 경영혁신이나 기술향상에 힘쓰지 않는 폐단이 있다.

수도, 전기, 가스 등의 분야를 국가가 독점적으로 관리하는 경우를 제외하고 자본주의 국가들은 거의 모든 업종에 있어 기업 간의 자유경쟁을 허용한다. 하지만 홍콩에는 독점금지법이 존재하지 않는다. 정부가 기업의 경영과 발전에 완전히 불간섭정책을 취하는 것이다.

홍콩정부가 독점행위를 법률적으로 금지하고 있지는 않지만 '균형'은 결책(決策)에 있어 중요한 요소로 작용한다. 따라서 HIT의 시장독점을 방관하지 않았고, 9호 항만 건설은 창장에게 돌아가지 않은 것이다. 정부의 결정은 광범위한 지지를 받았다. 한 의원은 "경험과 자본력은 우선 조건이 아니다. 만약 그렇다면 과거에 진종 지하철역 역세권 개발권을 창장실업과 같은 소규모 회사에 주지 않았을 것이다"라는 말로 정부의 공정성을 대변했다.

> **· 리자청 어록 ·**
>
> 중국인은 우수한 민족이다. 비록 과거에는 발전으로 가는 길을 우회했지만 앞으로는 지도자의 영도 하에 안정적으로 발전하여 번영을 구가하게 될 것이다.

5 치열한 경쟁을 직시하며
과감히 승패를 겨루다

　군자의 풍모를 지닌 리자청은 평소 겸손한 성품으로 유명하지만, '세(勢)'로써 사람을 다스려야 한다는 이치는 잘 알고 있다. 또한 옳다고 생각하는 일에는 양보 없이 주관을 갖고 밀고 나가는 뚝심을 지니고 있다. 그는 무조건 양보하고 물러나면 실패할 수밖에 없으므로 원칙을 지키는 데 있어서는 절대로 동요하지 말아야 한다는 생각을 갖고 있다. 또한 '도량이 작으면 군자가 아니고, 독하지 않으면 대장부가 아니다'라는 말과 같이 상대의 약점을 이용하여 다스릴 수 있다면 언제나 승리할 수 있다고 믿는다.

　삶은 냉혹하고 사회적 경쟁은 치열하므로 과거에 휘황찬란한 성과를 거두었다고 해서 미래가 보장되는 것은 아니다. 그러므로 리자청은 항상 치열한 경쟁을 직시하면서 과감히 승패를 겨루곤 한다. 외면적으로 보면 리자청의 사업은 승승장구했지만, 그에게 라이벌이 없는 것일까?

　9호 항만 건설권을 둘러싼 경쟁에서 리자청이 라이벌인 헝지(恒基)부동산그룹 회장 리자오지에게 패하면서 두 사람 사이의 '신경전'은 언제라도 폭발할 가능성이 잠재되어 있었다. 사실 리자청이 재계로부터 가장 높은 평가를 받은 사업은 80년대 후반에 추진했던 대형 아파트 건설로, 90년대 들어 아파트시장의 호황은 막대한 수익을 가져다주었다. 일례로 차귀링(茶果嶺)에 건설한 리강청(麗港城) 아파트단지는 1989년 3월에 시공하여 다음 해 5월에 완공되었는데, 1평방피트당 가격이 1,700홍콩달러를 호가했다. 1991년 5월에는 단위 면적당 가격이 2,100홍콩달러 이상으로 급등했다. 창장과 허치슨 왐포아가 함께 건설한 이 아파트단지는 부동산전문가의 추계에 의하면 56억 홍콩달러의 수익을 올렸다.

재정결산보고에 의하면 1991년에 창장의 수익은 약 48억 홍콩달러였고, 92년에는 62억 이상의 수익을 창출했다. 1993년 8월 19일, 창장그룹은 상반기 수익이 45억 3천만, 허치슨 왐포아의 순수익은 25억 2천만 홍콩달러라고 발표했다. 두 그룹의 회장인 리자청은 하반기 수익이 상반기보다 높을 것이라고 장담했다.

〈캐피탈(Capital)〉지는 1993년 11월호에서 창장의 아파트 부문 수익이 94년에는 70억, 95년에는 87억에 달할 것으로 전망했다. 이 잡지의 1990년 2월호 기사에 따르면 79년에서 89년까지 10년간 창장과 허치슨 왐포아가 거둔 수익은 각기 112억 4천만, 139억 2천만 홍콩달러였다.

홍콩의 아파트가격 상승폭은 물가의 평균상승률을 크게 상회했고, 타 업종들은 아파트시세의 폭등에 힘입어 활황을 누렸다. 그래서 재력을 갖춘 기업들이 건설 분야에 대거 진출했고, 아파트시장에서의 경쟁은 한층 치열해졌다. 따라서 신문, 잡지 등의 지면광고, TV광고, 건설회사와 판매대리상들의 판촉전은 홍콩주민들의 눈과 귀를 점령했다. 현재는 광고전쟁을 홍콩 외 지역에까지 확대하는 전략을 구사하고 있다.

고객들에 대한 접대도 경쟁적으로 호화로워져서 할 일 없는 사람들에게는 모델하우스 구경이 '1일 관광'이 되었을 정도이다. 모델하우스로 유치하는 비용이 적지 않지만 기업들은 '단체견학' 프로그램을 중단하지 않고 있다. 그 이유는 "한 명의 구입자만 잡으면 단체손님에 들이는 비용을 건지고도 남는다"라는 한 부동산회사 매니저의 말로 충분한 설명이 된다.

창장이 지은 아파트 가운데 일부는 회사에서 직접 판매하고 일부는 대리상들이 분양을 한다. 아파트단지를 건설하고 난 뒤 몇 군데의 판매대리회사를 지정하여 리자청이 지휘함으로써 아파트가격은 상승세를 유지했다.

순풍에 돛 단 격으로 아파트사업으로 성공을 거듭하던 리자청은 '백랍벌레사건'으로 타격을 받았다. 풍수지리상 매우 길하다는 하이이(海怡)반도에 지은 아파트가 인기를 끌고 있던 차에 아파트에서 백랍벌레가 발견된 것이다. 고객들은 혼비백산할 정도로 놀랐다. 사람이 죽으면 장례 때 백랍벌레가 출몰한다는 미신이 있기 때문에 아파트에 흉한 기운이 있다고 생각한 것이다.

백랍벌레는 창장이 지은 아파트에서 몇 차례나 발견되었다. 소문이 퍼지고 언론에서도 보도를 하자 아파트의 인기는 하루아침에 떨어졌다. 누군가가 작정하고 벌레를 풀어놓았다는 의혹이 있었지만 범인은 잡지 못했다. 경쟁회사나 건설업자의 부탁을 받은 몇몇 대리상들이 저지른 소행일 것이라는 심증만 있었다. 이 사건은 아파트건설업계의 치열한 경쟁상을 노출시킨 것이었다.

1994년 10월, 한 건설업자가 란처우(藍籌)건설회사의 경쟁사에서 고객에게 대출을 해주는 방식으로 아파트를 팔고 있다고 폭로했다. 그 회사는 아파트 구입자에게 은행보다 높은 주택담보대출을 해주기 때문에, 구입자는 가격의 10%만 지불하고도 아파트를 구입할 수 있다는 것이었다. 폭로를 한 사람은 회사의 이름을 밝히지는 않았지만, 파격적으로 고객에게 대출을 해주면서 판매를 할 수 있는 기업은 자금력이 풍부한 창장뿐이었다.

한편 컨테이너항만 건설에서 리자오지에게 패한 리자청은 부동산 부문에서 설욕을 하기 위해 절치부심했다. 리자청의 창장과 리자오지의 헝지는 신제 마안산(馬鞍山)에 각기 하이보(海柏)와 신강청(新港城)이라는 주상복합아파트를 건설하려 했다. 대로를 사이에 두고 마주보고 있는 아파트단지들은 두 사람의 실력을 겨루는 대결장이 되었다.

1회전은 1994년 연말에 시작되었다. 창장이 하이보아파트의 가격을 인하하여 단기간 내에 800여 가구를 팔자 리자오지의 신강청은 인기가 급락했다. 그러자 리자오지는 초조해하며 아파트가격을 인하했다. 1995년 여름, 헝지는 제4차 아파트를 출시하면서 치밀한 계획을 세웠다. 7월 13일, 헝지는 선착순으로 구입을 원하는 248가구에게 파격적 가격인 평방피트당 1,100달러로 매각한다고 선언했다. 또한 담보대출률을 90%로 책정하여 가격의 10%만 받고 구입자들을 입주시키고, 1/10의 당첨률로 추첨하여 입주자들에게 황금을 증정한다고 발표했다.

헝지는 과거에 줄곧 창장의 인테리어를 모방했지만, 이번에는 참신한 디자인을 선보였다. 유명 인테리어 디자이너에게 8가지 스타일을 설계하게 한 뒤 입주자의 기호에 따라 선택하게 했다. 인테리어 스타일은 각기 특색이 있었는데, 호화의 극치를 자랑하는 가장 비싼 모델은 소비자들의 마음을 사로잡았다.

14일에 헝지는 신강청아파트를 공개했다. 참관자들을 무료 버스로 아파트까지 실어 나르고, 자가용으로 가는 고객들에게는 3시간 무료주차권을 주었다. 게다가 아침과 저녁식사까지 제공하자 신강청은 구경을 온 고객들로 인산인해를 이뤘다.

두뇌회전이 빠른 리자청이 이런 기회를 놓칠 리가 없었다. 그는 헝지의 아파트가격을 알아낸 뒤 13일 저녁 신강청 맞은편에 위치한 하이보아파트의 가격을 언론기관에 보도자료로 보냈다. 가격은 평방피트당 4,040달러로 신강청의 평균가격보다 훨씬 낮았다.

원래 창장은 새 아파트를 이렇게 빨리 판매할 예정이 아니었지만 헝지에게 고객을 빼앗기지 않기 위해 신속히 분양을 하기로 결정했다. 그래서 14일, 유명 디자이너 가오원안(高文安)에게 모델하우스를 급히 꾸미게 한 뒤 15일 일반에게 공개했다.

14일 밤, 창장의 이사인 홍샤오롄(洪小蓮)은 한 칵테일파티에서 기자에게 "우리 하이보아파트는 신강청을 훨씬 능가한다"고 홍보를 했다. 공개적인 장소에서 경쟁상대를 폄하하는 발언을 삼가야 하는 금기를 깨고 홍씨는 창장을 노골적으로 선전한 것이다. 그러자 한 잡지에서는 "(그녀의) 파격적인 코멘트는 리자청과 리자오지가 벌일 전쟁의 서막이었다"고 보도했다.

두 강자의 힘겨루기로 인해 아파트 구입신청을 받는 현장은 일촉즉발의 긴장감이 떠돌았다. 헝지의 공세는 일요일인 16일 최고조에 달했다. 헝지의 아파트는 신청자들로 발 디딜 틈조차 없었고, 화요일에는 정식으로 판매에 들어갔다.

분위기가 심상치 않다고 판단한 창장은 전격적인 대책을 내놓았다. 월요일 밤 11시경에 신강청아파트를 구입하기 위해 줄을 선―180여 명이 이미 밤을 새우며 줄을 서고 있었다―구입신청자들을 경악시키는 플래카드를 내건 것이다. '하이보아파트의 1평방피트 가격 3,275달러로 인하'가 바로 그것이었다.

이 장면은 처참한 경쟁이자 시장의 질서를 무너뜨리는 행위였다. 일시에 신강청을 사려던 줄이 사라졌다. 날이 밝자 매입자는 있었지만, 형지의 예상은 여지없이 무너졌다. 보도에 따르면 신강청은 첫날 70~80%가 팔리는 데 그쳤고, 매출액도 2억에 그쳤다.

홍콩의 아파트는 브로커들이 선점한 뒤 프리미엄을 붙여 파는 것이 다반사여서 실제 입주자들은 몇 번의 전매 뒤에 구입할 수밖에 없었다. 그러나 신강청이 인기가 없자 브로커들과 판매대리상들의 불만이 커졌고, 리자오지도 곤궁에 처하게 되었다. 그는 기자들의 질문공세에 대수롭지 않은 표정을 연출했지만 창장에 대한 못마땅한 감정을 숨기지는 않았다. 그는 감정을 추스른 후 다시는 리자청과 가격인하전쟁을 벌이지 않기로 작정했다. 며칠 후 신강청의 249가구가 다 팔려나갔다.

이번 전투에서 창장이 형지에게 완승을 거두지는 못했지만 리자청과 첨예하게 대립했던 리자오지의 기를 꺾는 데는 성공했다고 할 수 있었다. 부동산업계에서는 하이보와 신강청의 대결에서 리자청이 보여준 능력을 바탕으로 앞으로 창장이 승승장구할 것으로 예견했다.

한편, 사람들은 1991년에 리자청이 공개적으로 홍콩의 미래에 대해 믿음을 표시한 사실을 기억하고 있다. 1997년까지 6년 동안 증권과 채권 등에 대한 간접투자를 제외하고 400억 홍콩달러를 홍콩에 투자하겠다고 한 것이다. 신중한 성격의 리자청이 수익성을 충분히 검토하고 내린 투자결정이라고 믿은 홍콩인들은 그의 말을 깊이 신뢰했다. 혹자는 리자청이 약속을 이행하지 못할 수도 있다고 우려했다. 우려의 근거는 치열한 아파트가격 경쟁, 컨테이너항만 건설의 실패 등이 아니라 부동산업계의 문란한 질서였다.

하이보와 신강청의 대결에서 보인 비방과 시장질서를 붕괴시킨 행동은 실로 재계의 거물들답지 않았다. 그런데 리자청이 평소의 점잖은 이미지가 손상될 것을 알면서도 끈질기게 경쟁을 포기하지 않은 데에는 충분한 이유가 있었다. 9호 항만 건설에서 수주에 실패한 리자청은 미라마(Miramar)그룹의 합병에서 또다시 리자오지와 맞부딪쳤다. 리자오지가 협상과정에서 합병가격을 턱없이 올리는 바람에 리자청은 중도에 포기하고 손을 들었다. 초인이라는 별명을 얻으면서 승승장구하던 리자청으로서는 이미지와 신용도에 영향을 받지 않을 수 없었다. 만약 '마안산 전투'에서 또다시 패한다면 투자가들은 리자청의 능력을 의심하지 않을 수 없었고, 이는 주가하락으로 이어질 것이 분명했다. 그렇기 때문에 리자청으로서는 개인적 이미지의 손상을 감수하고 결사적으로 리자오지와 경쟁을 벌였던 것이다.

주식시장의 활성화 여부는 주주와 투자자들의 믿음에 달려 있다. 소액주주와 투자자들은 대주주의 이미지와 신용 및 실적을 보고 믿음을 키워나가는 법이다. 따라서 리자청이 리자오지를 무릎 꿇게 하기 위해 결사적이었던 것은 경영전략상 상당한 설득력을 가진 행동이었다고 하겠다.

> **· 리자청 어록 ·**
> 나는 일시적인 경기침체는 걱정하지 않지만 사회적 분열과 구조 변화에 대해서는 크게 우려하고 있다.

6 다원화전략으로 지속적인 성장을 추구하다

　국제적인 도시 홍콩에서 기업을 하려면 다양한 분야에 진출해야 한다. 한 부문에만 집중하면 안정적인 발전을 꾀하기 힘들다. 그렇기 때문에 리자청은 글로벌화와 다원화전략을 세워 해외와 중국대륙으로 투자를 확장해나갔다. 기업가의 입장에서 보면 경영의 다원화는 사업에서 실패하지 않는 황금률이자 철칙이다.

　실제로 리자청은 일찍이 다원화전략을 추구해왔다. 예를 들어 플라스틱조화 생산에서 시작하여 부동산업계에 진출해 선두주자가 된 후에도 플라스틱조화사업을 중단하지 않았다. 기업의 인수합병과 다국적투자를 통해 주식, 부동산, 호텔, 컨테이너, 전력, 통신, 방송사 등으로 사업범위를 확장한 데에는 현실에 안주하지 않는 성격도 작용했지만, 하이테크산업의 미래에 대한 확신이 있었기 때문이다.

　위성 TV가 등장하기 전에 홍콩에는 TVB와 ATV, 두 개의 공중파 방송국이 있었다. 두 방송국은 역사가 길고 경쟁이 치열했다. 또 다른 방송국이 등장했었으나 방송 3년 만에 경쟁에서 도태되어 사라졌다. 홍콩과 같이 좁은 지역에서는 두 개 정도의 방송국만이 필요했던 것이다.

　서구 국가에서의 케이블 TV의 신속한 성장세와 홍콩텔레콤의 독점성에 주목한 홍콩정부는 1988년에 정식으로 제2통신 사업자 선정계획을 발표했다. 제2통신 사업자는 케이블 TV와 이동전화, 무선호출 등의 비특허 통신사업을 할 수 있게 허용되었다.

이미 비특허 통신사업을 하고 있던 허치슨 왐포아 그룹은 제2통신 사업자로 선정되기 위한 유리한 고지를 점하기 위해 영국의 통신회사 케이블 앤 와이어리스(Cable and Wireless), 홍콩 중신타이푸(中信泰富, CITIC)그룹과 컨소시엄을 구성했다. 리자청은 케이블 TV의 전망을 확신한 데다, 유료로 하더라도 무료인 공중파방송과 이해관계가 얽히지 않으리라 확신했다.

1988년 2월 24일, 허치슨 왐포아, CITIC, 케이블 앤 와이어리스는 아시아 세틀라이트 텔레콤사를 출범시키면서 아시아 최초로 통신서비스를 제공할 인공위성을 발사, 경영한다는 계획을 발표했다. 인공위성은 동남아 상공에 중국의 창정(長征)3호로 쏘아 올리는 정지궤도위성으로 결정되었다.

리자청은 제2통신 사업자로 선정되기 위한 작업과 아시아 전역에 대한 위성방송권을 따내기 위한 프로젝트를 병행했다. 그 결과, 1989년 초에 홍콩정부는 잠정적으로 허치슨 왐포아를 제2통신 사업자로 선정했다. 그러나 바오위강의 주룽창과 궈더성(郭得勝)의 신홍지부동산그룹이 결성한 컨소시엄이 강력한 라이벌로 버티고 있었다.

정부는 투자의 하한선인 55억 홍콩달러를 부담할 수 있어야 케이블 TV 사업자 등록을 내주기로 했다. 그런데 허치슨 왐포아가 홍콩에서의 투자에 대한 확신이 부족해 망설이자 정부는 케이블 TV 사업권을 주룽창유선방송국에 내주었다.

바오위강의 사위이자 주룽창 케이블 TV의 대표이사인 우광정(吳光正)은 언론에 대해 1991년 1월부터 20개 채널을 보유한 유선방송을 내

보내겠다고 공표했다. 아울러 95년에는 채널을 32개로 늘리고, 최고 59개까지 채널을 확보하겠다는 계획도 밝혔다. 그러나 주룽창의 기선 제압에도 불구하고 리자청은 포기하지 않았다.

아시아 세틀라이트 텔레콤은 중국 항천부(航天部)와의 협의에 따라 '아시아 세틀라이트 1호'를 1990년 4월 7일에 발사하기로 했다. 케이블 앤 와이어리스의 홍콩 대표인 치아오(祁敖)는 컨소시엄 3개 사가 분담하여 위성, 궤도사용료, 보험료로 9억 3천만 홍콩달러(미화로 약 1.2억 달러)를 지불하기로 했다고 밝혔다.

아시아 세틀라이트 1호는 원래 전화서비스를 위해 개발된 위성으로 허치슨 왐포아 텔레콤이 운영하고 있었다. 위성의 연간사용료는 미화 2,500만 달러였지만 사용량이 적었으므로 리자청은 TV방송에 활용하기로 한 것이다. 그리하여 아시아 최초의 위성방송인 스타 TV를 개국했다. 스타 TV는 리자청과 차남 리쩌카이(李澤楷, 영어 이름은 리처드 리(Richard Li)) 부자에게 막대한 수익을 가져다주었다. 무엇보다도 리쩌카이는 스타 TV의 성공으로 사업적 수완을 인정받았다.

리자청은 뛰어난 사업적 안목뿐 아니라 과학기술의 발전에도 높은 관심을 가지고 있다. 일찍이 과학기술의 힘을 인식했던 그는 세계적인 '정보통신왕국'을 건설하려는 야망을 갖고 이에 착수했다.

1989년, 리자청은 84억 홍콩달러를 들여 영국의 한 통신회사를 합병하여 시장 개척에 나섰다. 그러나 예상과 달리 매출이 부진하여 합병한 회사는 계속해서 적자상태를 벗어나지 못했다.

그리고 1992년, 허치슨 왐포아는 영국에서 래빗(Rabbit)이라는 브랜드로 GT2 이동전화 서비스를 시작했다. 그러나 이 이동전화는 착신만 가능하고 수신은 할 수 없었기 때문에 소비자들의 외면을 받았다. 1년 후 영업을 중단했고, 이로 인해 막대한 부채를 떠안게 되었다.

1994년, 리자청은 다시 GSM 이동전화사업에 착수했다. 오렌지(Orange)라는 이름으로 출시된 휴대폰은 처음에는 반응이 좋지 않아 GT2의 악몽이 재연되는 듯싶었지만, 점차 시장에서 호응을 얻게 되었다. 허치슨 왐포아는 GSM으로 1,100억 홍콩달러의 수익을 올렸다. 그리고 1999년에는 독일 최대 이동전화회사인 만네스만(Mannesmann)에 '오렌지'를 매각하면서 큰 이익을 기록했다. 이어서 만네스만을 합병한 허치슨 왐포아는 유럽 최대의 통신회사로 부상, 2위인 텔레콤 이탈리아(Telecom Italia)를 현격한 차이로 따돌렸다.

허치슨 왐포아의 최고재무책임자(CFO)는 만네스만과의 합병이 역사상 22번째로 큰 규모였다고 밝혔으며, 홍콩 언론에서도 홍콩기업으로서는 전무후무한 국제적 합병이었다고 평가했다. 만네스만의 합병을 위해 리자청은 1주일간 진두에 나서 긴장된 협상을 진행했다. 1주일이라는 시간이 긴 것은 아니지만 '초인'이라는 별명을 가진 리자청도 이 협상에서는 한시도 긴장을 늦추지 못했다. 시각을 다투는 새로운 정보를 얻기 위해 휴대폰을 켜두고 잠자리에 들었다는 사실만으로도 그가 얼마나 긴장했던가를 짐작할 수 있다.

해외에서는 리자청이 '오렌지'를 만네스만에 매각하면서 아무런 비용도 들이지 않고 약 1,100억 홍콩달러의 현금과 대량의 지분을 획득했다고 평했다. 무엇보다도 그는 만네스만을 합병하는 과정에서 세계적인 화제를 불러 모았고, '부동산 대왕'이라는 이미지에서도 탈피하게 되었다.

만네스만 합병으로 리자청의 자산은 2배로 증가했다. 미국의 〈포브스(Forbes)〉지가 발표한 1999년 말 현재 세계 부호 랭킹에서 리자청은 종전의 12위에서 10위로 뛰어올랐다. 10위권 안의 부호 중 중국인은 리자청 한 명뿐이었다.

그러나 시장의 변화는 리자청을 또다시 화제의 인물로 부각시켰다. 만네스만을 합병한 지 채 한 달이 되지 않아 유럽의 통신시장에 일대 합병전쟁이 일어난 것이다.

1999년 11월 13일, 영국의 통신회사 보다폰(Vodafone)은 1조 홍콩달러(미화로 약 1,290억 달러)로 만네스만의 지분 52.8%를 매입하겠다고 발표했다. 그러자 만네스만은 보다폰의 적대적 인수에 적극적으로 대항하겠다는 반박성명을 냈다. 만네스만의 최대 단일주주인 리자청이 보유한 10.2%의 지분은 세계 최대의 인수합병전에서 양방이 결사적으로 쟁취하려는 목표가 되었다.

신경전이 절정에 달한 11월 23일 밤, 영국의 한 단체에서 리자청에게 '올해의 인물' 상을 수여한다는 발표를 했다. 업계에서는 보다폰이 리자청의 환심을 사려는 행동으로 해석했다. 그런데 만일 리자청이 보다폰이 제시한 가격에 지분을 넘긴다면 1개월도 되지 않는 시간에 318억 홍콩달러의 수익을 얻는다는 계산이 나왔다. 합병이 이뤄진다면 가장 큰 승자는 보다폰이나 만네스만이 아닌 리자청이 되는 것이다.

하지만 리자청은 명예에 흔들리지 않는 면모를 보여주었다. '올해의 인물' 시상식이 열리는 날 밤, 허치슨 왐포아 이사회는 적대적 합병에 반대하는 만네스만을 지지한다는 성명을 내놓았다. 리자청은 이 성명에 대해 "허치슨 왐포아와 만네스만이 함께 발전하는 것이 허치슨 왐포아의 주주들에게 이익이 되며, 보다폰이 제시한 합병가격은 적당하지도 않다"는 설명을 더했다.

수백억의 이익을 거부한 리자청의 행동에 대해 업계에서는 의견이 분분했다. 일각에서는 이사회의 결정이 리자청이 유럽시장에서 물러나지 않겠다는 태도를 지지하는 신호라고 해석했다. 일부에서는 리자청과 만네스만 간에 18개월 내에는 지분을 매각하지 않는다는 밀약이 있었다는 설을 흘렸다. 밀약설을 부인하는 측에서는 리자청이 318억 홍콩달러를 포기함으로써 앞으로 만네스만에 대한 영향력과 경영권을 더욱 강화하려는 생각을 갖고 있다고 해석했다.

리자청의 행동에 대한 외부의 구구한 억측을 차치하더라도, 한 가지 분명한 사실이 있다. 그는 만네스만을 통해 유럽의 통신시장을 석권하려는 야심을 갖고 있으며, 꿈이 이뤄진다면 수백억 홍콩달러로는 비교할 수 없을 정도의 수익을 올릴 수 있다는 것이다.

한편 '오렌지'를 성공적으로 매각함으로써 국내외적으로 엄청난 화제를 불러일으키자 수많은 기업가들은 리자청의 성공비결이 도대체 무엇인지에 대해 깊은 관심을 갖게 되었다. 이에 대해 리자청은 통신사업이 그룹 발전의 핵심이 될 것이며, 자신은 허치슨 왐포아가 향후 5년간 무엇을 해야 하는지를 잘 알고 있다고 털어놓았다. 그는 한 분야의 사업을 1, 2년이 아닌 5년, 10년 단위로 계획하고 추진하는 것이다.

허치슨 왐포아가 통신사업에 진출한 지 10여 년이 지나는 동안 순항을 계속했던 건 아니다. 중간에 우여곡절과 난항을 겪으며 고전을 한 적도 많았다. 영국 통신시장에 투자를 시작한 초기에는 적자를 면치 못하여 국내외 증시에서 많은 비판을 받았다. 그러나 많은 어려움 속에서도 리자청은 미래에 대한 정확한 분석과 비전을 갖고 통신사업을 포기하지 않았다. 그는 업계와 전문가들의 비관적인 견해에 대해 직접 해명을 하면서 허치슨 왐포아가 영국에서의 통신사업을 결코 포기하지 않겠다고 밝혔다. 그의 예상대로 몇 년 내에 허치슨 왐포아는 '오렌지'로 놀랄 만한 수익을 올렸다.

리자청의 기업들이 눈부신 성장을 한 데는 여러 가지 원인이 있다. 기회를 잘 포착하는 안목, 발군의 투자전략, 자산 운용의 정확성 등이 발전의 원동력이 되었지만, 가장 기본적인 원인은 다음의 두 가지이다.

첫째, 현실에 안주하지 않는 진취적인 정신과 대담한 인수합병정책이다. 진취성은 조건이 같은 기업가들이 경쟁을 할 경우 승부를 가름하는 관건이 된다. 리자청은 "많은 어려움이 있었지만, 나는 한 번도 머뭇거리며 앞으로 나아가지 못한 적이 없었다"라는 말로 자신의 진취성을 설명했다.

둘째, 시대의 흐름을 좇는 다원화전략으로 하이테크 분야에 역점을 둔 경영마인드이다. 21세기는 더 이상 전통적인 산업경제시대가 아니고 지식경제시대이다. 고도의 과학기술력이 뒷받침되지 않으면 기업은 경쟁에서 도태될 수밖에 없고, 이 점을 리자청은 충분히 인식했던 것이다.

> **· 리자청 어록 ·**
>
> 사농공상(士農工商)은 비교할 수 없는 동등한 가치를 갖고 있다. 지식인, 교육자, 과학자, 생산자, 기업가, 정치가 등은 모두 사회를 구성하는 기본 단위인 것이다.

7 남보다 한발 앞선 투자로
이익을 창출하다

　중국이 개혁개방정책을 실시하기 시작한 초기에 홍콩에 진출한 중국기업들은 역사가 짧은 데다 회계시스템의 차이로 증시가 요구하는 조건을 만족시키지 못해 정상적인 루트로는 상장을 하지 못했다. 그래서 중국기업들은 홍콩에서 자산규모가 작거나 경영이 부실한 회사의 명의를 빌려 상장했다.
　중국기업의 홍콩증시 상장을 도와주는 과정에서 리자청은 중국인 기업가 롱즈젠(榮智健)과 의기투합하게 되었다.
　리자청과 롱즈젠은 증시에 상장된 중국계 기업을 사들이기 위해 대상을 물색하던 중 타이푸(泰富)발전을 선택했다. 타이푸발전은 원래 홍콩증권계의 큰손이었던 펑징시(馮景僖)의 소유였다. 몇 번의 구조조정을 거치면서 타이푸발전 주식의 50.7%가 1988년 8월 모방직업계의 거물 차오광비아오(曹光彪)의 손에 넘어갔다. 타이푸는 부동산과 주식투자를 주력으로 하면서 양호한 경영상태를 유지했다. 그러나 드래곤에어(Dragon Air, 港龍)항공사와 스와이어그룹의 캐세이퍼시픽항공을 인수하기 위해 무리를 하다 재정이 악화되자 차오는 '감량'을 하지 않을 수 없게 되었다.
　리자청의 참모이자 프랑스의 은행인 BNP파리바(BNP Paribas)의 회장인 필립 리 토스는 중신(中信)의 재정고문이자 인수합병 대표였는데, 1990년 1월 1주당 1.2홍콩달러로 타이푸 지분을 매입하겠다고 발표했다. 중신은 현금이 아니라 복잡한 주식 교환과 부동산 매각으로 지분을 확보했다. 리자청과 롱즈젠은 드래곤에어의 주주이자 차오광비아오와는 평소 교분이 있었으므로 인수합병은 신중하고도 치밀한 협의를 거쳐 서로에게 이익이 되도록 공평하게 진행되었다.

1991년 6월, 타이푸는 증자와 구조조정을 거친 뒤 지분구조를 결정했다. 즉, 중신 49%, 귀허녠(郭鶴年) 20%, 리자청과 차오광비아오가 각각 5%씩을 소유하게 된 것이다. 타이푸는 중신타이푸(中信泰富)로 이름을 바꾸고 롱즈젠이 회장에 취임했다. 지분구조로 볼 때 리자청은 인수합병을 성사시키는 역할에 주안점을 두었지 중신타이푸에서 이익을 올리려는 의도는 별로 없었다.

이에 앞서 1990년 초 리자청이 중신을 도와 타이푸를 인수하려 할 때부터 홍콩의 중국계 기업과 중국대륙의 기업들은 증시에 상장하기 위해 리자청에게 도움을 청했다. 그래서 리자청이 파트너로 선택한 중국의 기업은 서우강(首鋼)철강회사(서우두, 首都)였다. 중국 4대 제철기업 중의 하나로 직원 수가 27만에 달하는 서우강은 경영의 다각화를 위해 철강, 채광, 전자, 건설, 항공, 금융 등 18개 업종에 진출했다. 중국 내에 100여 개가 넘는 대규모 공장과 70여 개의 출자회사가 있고, 해외에 독자적으로, 혹은 합자로 18개 기업을 설립했다. 그런데 리자청이 서우강을 선택한 데는 우연이 크게 작용했다.

홍콩의 상장기업 중 철강을 수입하여 판매하는 둥룽(東榮)철강회사는 1990년에 철근 33만 톤을 수입했는데, 이는 홍콩의 철근 수요의 3분의 1에 해당하는 물량이었다. 회사의 오너인 리밍즈(李明治)는 롄허(聯合)

그룹의 회장이자 '증시의 마술사'로 불리는 인물로, 주식운용방식이 워낙 교묘해서 소액주주들에게 많은 피해를 끼쳤다.

증시에서 수완을 과시하던 리밍즈는 증권거래법을 위반한 혐의를 받고 증권감독위원회의 조사를 받게 되었다. 증거가 수집되면 엄중한 처벌을 받게 될 위기에 처하자 그는 소유하고 있던 기업들을 매각하려 했다. 둥룽철강과 서우강은 이해관계가 맞아떨어졌다. 둥룽이 서우강의 철강을 수입하여 홍콩에서 판매하고, 일부는 해외로 수출도 할 수 있었던 것이다.

1992년 10월 23일, 서우강, 창장실업, 이둥(怡東)재무, 둥룽철강 등 4개 사는 베이징에서 둥룽의 인수에 관한 협약을 체결했다. 인수가격은 1주당 0.928홍콩달러로 총 2억 3,400만 홍콩달러였다. 지분은 서우강 51%, 창장실업 21%, 이둥 3%, 둥룽 25%로 결정되었다. 인수 직전 둥룽의 주가는 1주당 0.9홍콩달러였다. 둥룽의 시가와 인수가격이 주식 액면가보다 낮았던 것은 증시에서 신용을 잃은 데다 경영상태가 지극히 부실했기 때문이다. 그러나 둥룽은 새로운 주인을 맞이하여 중국자본의 기업으로 급성장했다.

서우강과 창장의 두 번째 합작은 산타이(三泰)실업을 인수하는 것이었다. 1993년, 리밍즈는 렌허그룹 산하의 기업을 매각하기로 결정했다. 4월 2일에 서우강, 창장, 이둥은 다시 연합하여 렌허 산하의 전자회사인 산타이의 지분 67.8%를 인수했다. 1주당 1.69홍콩달러로 총 인수가격은 3억 1,400만 홍콩달러였다. 지분은 서우강 46%, 창장 19%, 이둥 2.7%였다. 1개월 후인 5월에 둥룽은 창장과 이둥으로부터 산타이의 주식을 다시 사들였다.

같은 달 둥룽은 서우창(首長, 영문 표기는 Shougang Concord)인터내셔널로 회사명을 변경했다. 대주주는 여전히 서우강, 창장, 이둥 3개 사이고, 산타이실업은 사실상 서우창인터내셔널의 계열기업이 되었다.

1993년 8월 12일, 서우창인터내셔널은 건축회사인 하이청(海成)을 1억 7,400만 홍콩달러에 인수한 데 이어 1993년 9월 12일에 11억 홍콩달러로 철화합물을 주력업종으로 하는 바오자(寶佳)그룹을 인수했다. 이는 인수합병 중 최대 규모를 기록한 것이었다.

서우창인터내셔널은 다섯 차례의 인수합병 뒤 홍콩에서 입지를 굳히자 중국 본토로의 진출을 꾀했다. 그 결과 중국정부 및 기업들과 협의를 거쳐 100억 홍콩달러 이상의 합작투자를 유치했다.

1992년, 중국기업들이 홍콩증시에 상장을 하면서 '레드칩(중국기업의 주식)'은 인기 종목이 되었다. 증권업계의 평가에 의하면 1995년에 중국기업 중 '4대 천왕'으로 불리는 기업은 다음과 같다.

1위는 중신타이푸로 주식 총액 474억 4천만 홍콩달러. 2위는 광둥성 정부의 홍콩 주재 투자기구인 웨하이(粤海)투자로 89억 4천만 홍콩달러. 3위는 서우창인터내셔널로 63억 6천만 홍콩달러. 4위는 광저우시 소유의 웨쇼우(越秀)투자로 50억 9천만 홍콩달러.

1994년에 중신타이푸는 홍콩 10대 재벌로 부상했고, 1995년 1월 1일자 《쾌보(快報)》에 의하면 주식 총액이 375억 홍콩달러로 재계 8위를 기록했다. 중신타이푸의 눈부신 성장에 대해 홍콩의 오래된 영국계 기업과 중국계 재벌들도 경악을 금치 못했다. 중신이 중국 자본 기업들 가운데 선두를 달리게 된 것은 고위층 인사들이 공산당 고급간부 출신이기 때문이라고 해석되었다. 무엇보다도 중신은 국무원 직속의 1급 기업이므로 CEO는 장관급에 해당했다.

중신이 홍콩에서 뿌리를 내리기 위해 가장 공을 들여 접근한 재벌은 리자청과 말레이시아 최고의 부호 궈허녠이었다. 중국정부의 권력과 홍콩재벌들과의 가까운 관계가 상승작용을 일으켜 중신의 기세는 다른 그룹의 경쟁을 불허할 정도가 되었다.

한편 중국자본이 대거 홍콩으로 진출하자 영국기업들은 기존의 지위를 빼앗길지도 모른다는 공포감에 떨었다. 또한 중국인 기업가들도 대륙의 기업들에게 이익을 잠식당할 것이라며 불안감을 감추지 못했다.

그러자 국무원의 홍콩·마카오 판공실 주임 루핑(魯平)은 성명을 발표했다. "미래의 특별행정구의 모든 자본과 외국에서 유입되는 자본은 정부의 간섭을 받지 않고 공개적이고도 공평하게 경쟁을 하게 될 것이다. 중국자본은 현재, 그리고 미래에 홍콩의 법률 및 법규를 준수해야 하며 평등하게 다른 자본들과 경쟁할 것이다. 홍콩에서 활동하는 중국기업들이 자본주의 자유경제의 원칙에 따라 경쟁하는 것은 우리의 새로운 과제이므로 현재 학습 중이다."

결론적으로 말해 중국기업들이 홍콩기업의 명의를 빌어 상장을 하는 것은 증시에 조속히 진입하기 위한 유효한 수단이었으며, 리자청은 이러한 과정에서 중국기업들에게 큰 영향을 미쳤다.

• 리자청 어록 •

치열한 경쟁에서 살아남기 위해서는 남들보다 더 희생해야 한다. 올림픽에서 1위를 차지한 선수는 2, 3위 선수보다 조금 더 빨리 뛴 것에 불과하다. 특히 단거리 경주에서는 눈 깜빡할 사이에 순위가 결정된다. 그러므로 조금이라도 더 얻기 위해서는 더 빨리 움직여야 한다.

8 이익을 같이 하는 자들과 단결하여 뜻하는 바를 이루다

포부가 큰 사람이 뜻을 이루기 위해서는 통일된 전선을 구축하는 것이 매우 중요하다. 여기서 통일된 전선이란 이익을 같이 하는 사람들끼리 단결하는 것을 의미한다. 비단 통일된 전선을 구축해야 할 뿐만 아니라, 전선을 절대적으로 통제할 수 있는 능력도 갖춰야 한다. 다시 말해 리더는 부하들이 무조건적으로 따르도록 지도력을 발휘해야 한다. 오늘날 리자청은 홍콩의 중국계 자본을 대표하며 군웅을 지도하는 인물이다.

과거에 부동산을 주력으로 했던 중국계 재벌들은 오랜 역사를 자랑하는 영국계 자본을 능가함으로써 중국인의 상술이 얼마나 대단한가를 과시했다. 실제로 부동산재벌들은 홍콩의 부동산가격을 천정부지로 올려 이익을 챙겼다. 그래서 '장군이 세운 공훈 뒤에는 수많은 병졸의 비참한 죽음이 있다'는 말처럼 부동산재벌들의 성취는 일반 서민의 피와 땀을 착취한 것이라는 비판을 면할 수 없었다. 평판이 좋은 창장도 이런 비판에서 예외는 아니었다. 물론 인간은 이익을 추구하는 동물이고, 상인의 경우는 더욱 그러하므로 리자청도 이 범주에서 벗어나지는 않는다.

90년대 들어 홍콩시민들의 부동산재벌들에 대한 분노감은 절정에 달했다. 한 유명한 부동산전문기자는 홍콩의 부동산시장에 대한 일련의 기사를 쓰면서 창장의 비리에 대해 폭로했다.

주요 내용은 창장이 자사가 건설한 아파트를 내부거래를 통해 가격을 올린다는 것이었다. 내부거래자들은 대부분 창장과 밀접한 관계를 맺고 있는 '특권계급'들로서, 이들은 프리미엄을 붙여 몇 차례 전매를 하면서 폭리를 취하고 있다는 것이다. 리자청은 전매를 금지한 적도 있다. 하지만 많은 사람들이 리자청이 전매를 행하는 '특권계급'을 비호하고 있다고 비판하는 것도 사실무근이 아니다.

비록 언론에서 '여타 건설업자나 부동산회사들과 비교하여 리자청은 비교적 양호하다'는 평을 하긴 했지만, 장기적으로 보았을 때 부동산경기 과열을 초래하는 전매현상은 경제 전체에 악영향을 미칠 수밖에 없는 것이다.

이런 상황에서 1991년 11월 6일 새로 재정사사장(財政司司長, 재정을 책임지는 최고행정장관, 우리의 경제 부총리에 해당)에 취임한 마틴 맥리오드는 아파트 전매에 대한 양도소득세 비율을 높이고 내부거래의 비율도 제한한다고 발표했다. 아파트 투기 붐에 대한 시민들의 분노를 가라앉히기 위한 조치였다.

리자청은 부동산과열 억제조치에 대해 사전에 정보를 입수했지만 자후(嘉湖)산장에 대한 분양을 예정대로 진행했다. 분양 첫날부터 투기자들과 실제 구입자들이 장사진을 이뤄, 1,752가구의 매물에 3일 동안 3만 명이 분양을 신청했다.

당시 보도에 따르면 "신임 재정사사장은 리자청이 부동산억제정책을 알면서도 분양을 개시한 것이 정부와의 '대결'을 불사하는 행동이라며 불쾌감을 감추지 않았다. 그래서 강경책으로 11월 13일 은행감독위원회에 각 은행의 주택 모기지론을 80~90%에서 70%로 낮추도록 요구하라는 서한을 보냈다."

신중한 성격의 리자청은 물의를 빚을 만한 일은 하지 않지만 이번에는 총구에 손가락을 갖다댄 셈이 되었다. 부동산업계는 리자청이 곤궁에 처할 것이라 우려했다. 재정사사장은 부동산시장을 위축시키려는 의도는 아니었을 텐데 리자청이 그의 비위를 건드려가며 상황을 악화시켰기 때문이다.

은행의 모기지론은 아파트가격에 영향을 주는데, 가격이 하락하면 부동산개발자와 판매대리상은 타격을 받을 수밖에 없다. 이런 상황에서 리자청은 오히려 11월 21일 창장 소유의 쉐라톤호텔에 홍콩을 방문한 캐나다 브리티시컬럼비아주의 주지사를 초청하여 만찬을 베풀었다. 만찬에는 리자오지, 정위퉁, 귀빙샹(郭炳湘), 귀허녠, 허훙(何鴻), 뤄자두안(羅嘉端) 등이 참석했다.

자숙의 태도를 보여야 할 리자청이 만찬을 개최한 데 대해 일부에서는 정부에 대한 '시위'의 성격이 강하다고 해석했다. 정부가 심하게 규제를 하면 재벌들이 홍콩이 아닌 캐나다, 미국, 호주, 유럽 등에 투자를 하겠다는 제스처라는 것이다.

기자가 그 파티에 참석한 인사들에게 모기지론의 비율을 낮춘 데 대한 의견을 묻자 평소 공개적 장소에서 발언을 하지 않기로 유명한 리자오지가 앞장서서 입을 열었다. 자신의 그룹 내 금융회사가 모기지론의 비율이 높은 상품을 제공하여 아파트가격이 하락하는 사태를 막겠다는 것이었다. 다른 부동산재벌들도 이구동성으로 리자오지의 의견을 지지했다. 기자의 추궁을 받은 리자청은 마지막으로 코멘트를 했다. 정부와 조율을 하기를 바라지만, 업계의 의견이 한결같다면 자신도 큰 흐름을 따르겠다는 것이다.

재정사사장을 비롯한 관리들은 부동산업계의 '저항'에 대해 분노를 감추지 못했다. 리자청의 연회가 있은 다음날 마틴 맥레오드는 후이펑 은행 총재와 헝성은행장과 긴급회의를 가진 뒤 금융계가 단합하여 반격을 가하기로 결정했다. 회의 후 홍콩은행협회 회장 푸웨이스(浦偉士)는 강경한 어조로 부동산재벌들이 정부의 결정에 역행하는 방향으로 나간다면 앞으로 은행들의 협조를 얻을 수 없을 것이라고 경고했다.

그러자 부동산업계는 즉시 협의를 한 뒤 기자회견을 열어 모기지론을 70%로 규정한 정부의 정책을 받아들일 것이며, 은행 측과도 대립할 의도가 없다는 성명을 발표했다. 그러나 후일 성명의 내용과는 달리 리자청 등 부동산재벌들이 전략적으로 양보를 했음이 드러났다.

리자청은 성격상 자해적인 모험을 하지 않는 인물이지만, 이번에는 달랐다. 리자청이 정부에 '대항'을 한 것은 중국인 자본, 특히 부동산재벌들의 현저한 실력을 바탕으로 한 것이었다. 그리고 리자청은 고의로 정부의 대책에 정면으로 맞선 것이 아니라 공교롭게도 시기가 겹친 것이다. 그러나 결과적으로 그의 자신감은 소신 있는 행동으로 표현된 것이다.

한편, 시민들은 아파트가격을 부풀리는 부동산재벌들에게 분노했다. 정부도 민심을 진정시키기 위해 강경한 정책을 폈지만 기대만큼의 효과는 거두지 못했다. 부동산재벌들이 정부의 약점을 쥐고 있었기 때문이다.

인구밀도가 과밀한 홍콩에서는 정부가 고지가정책을 시행했기 때문에 땅값이 하락하지를 않았다. 오랜 기간 동안 부동산세는 정부의 주요 수입원이었고, 80년대에는 이런 현상이 더욱 심화되었다.

1993년을 예로 들면, 정부가 매각한 국유지와 용도변경을 통해 얻은 지가수익은 422억 홍콩달러였고, 여기에 부동산 관련 각종 세금을 더하면 그 액수는 정부 총 수입의 70%에 달했다.

정부와 부동산재벌 모두 막대한 수익을 올렸음에도 불구하고 유독 부동산재벌만 여론의 지탄을 받은 이유는 무엇일까? 영국정부가 홍콩의 재정수익에 간섭을 하지 않았고, 정부는 토지 매각과 부동산 관련 세금을 재정의 바탕으로 하는 대신 다른 세율을 낮게 책정했기 때문이다.

정부의 건설사업은 학교와 같은 공공건물과 저소득층에게 공급하는 주택이나 아파트 건설 위주로 진행되었다. 그렇기 때문에 부동산 및 건설 부문에 있어 정부가 민심을 얻는 데 비해, 부동산업계는 비난을 받을 수밖에 없었다. 즉 부동산재벌들이 비싼 토지를 매입하여 건설한 주택이나 아파트는 고가이므로 소비 당사자들에게 환영을 받을 수 없는 것이다. 이에 대해 업자들은 정부가 토지를 독점하면서 고가에 판다고 비난했다.

리자청은 부동산투기를 해결하기 위해서는 법적으로 규제를 하는 것도 필요하지만, 과도한 규제는 부동산시장의 발전을 저해한다는 생각을 밝힌 바 있다. 그의 견해는 바로 정부의 아킬레스건을 건드렸다. 사실상 부동산재벌과 정부는 부동산을 수익의 원천으로 하는 공도동망(共倒同亡)의 관계일 수밖에 없으므로 리자청으로서는 과감하게 정부에 대해 자신의 목소리를 낸 것이다.

리자청을 선두로 한 부동산재벌들의 정부에 대한 반발은 행동으로 나타났다. 1997년 7월 〈자본가(資本家)〉라는 잡지에 실린 '부동산재벌들의 반발'이란 기사를 보면 다음과 같다.

"5월 말에 열렸던 정부의 제2차 토지경매에서 10개가 넘는 부동산기업들이 연합하여 토지를 매입한 보기 드문 현상이 나타났다. 그런데 낙찰가격은 정부가 예상했던 것보다 훨씬 낮았다. 경매에는 두 군데의 정부 소유 부지가 매물로 나왔는데, 첫 번째 부지는 12개 사가 담합하여

20억 4천만 홍콩달러로 매입했다. 12개 사는 창장실업, 신스제, 신훙지부동산, 헝지, 헝상(恒降), 스와이어부동산, 신허(信和), 싱가포르부동산, 자리(嘉里), 난펑(南豊), 중국해외, 바이리바오(百利保) 등이다. 다른 한 부지는 상술한 12개 사 외에 광성항(廣生行) 및 잉투(應土)인터내셔널이 공동으로 51억 홍콩달러에 낙찰을 받았다. 낙찰가격은 시가보다 15~30% 정도 낮았다. 분석가들은 정부가 반 년 동안 부동산가격 억제정책을 추진하여 가격이 15% 정도 하락하자 부동산기업들의 반발을 불러왔다고 해석했다. 이번의 공동전선은 정부로 하여금 부동산가격에 간섭하지 말라는 경고성 메시지가 강했다."

과거에 몇몇 부동산회사들이 공조를 한 적은 있지만, 이번처럼 대규모 연합은 없었다. 경매에서 치열한 경쟁을 벌이던 기업들이 연합하여 정부에 대항한 이례적인 행동의 배후에는 확실히 리자청의 영향력이 한몫을 했던 것이다.

> · 리자청 어록 ·
>
> 별 자원이 없는 홍콩에서 6백만 홍콩인들은 근면함, 의지력, 지혜로 생존하고 있다.

화교 기업 1위, 허치슨 왐포아

허치슨 왐포아(Hutchison Whampoa Limited)는 세계 500대 화교기업 중 1위를 차지한 세계적인 기업이다. 리자청이 1979년에 허치슨 왐포아를 인수하지 않았다면 오늘날의 창장그룹은 없었을 것이다.

허치슨 왐포아는 41개 국에 약 15만 명의 종업원을 거느리고 있으며, 사회간접시설과 정보통신사업을 주력사업으로 한다. 2002년 현재 총자산은 4천 9백억 홍콩달러(한화 78조 4천억 원)이며, 총자본은 2천 3백억 홍콩달러(한화 36조 8천억 원)이다.

허치슨 왐포아의 사업내용을 구체적으로 살펴보면 다음과 같다.

첫째, 항만 관련 사업. 아시아, 아프리카, 유럽, 미주 국가들에 31개의 항구와 170개 이상의 정박시설을 보유하고 있다. 우리나라의 부산과 광양에도 컨테이너터미널을 운영하고 있다. 항만 관리 및 운영 수준은 세계적으로 유명하며, 해마다 각종 타이틀(Most Intelligent Port, Best Container Terminal Operator 등)을 수상하고 있다.

둘째, 정보통신사업. 1989년에 영국의 한 통신회사를 합병한 허치슨 왐포아는 1994년에 '오렌지(Orange)'라는 브랜드로 GSM 이동전화사업을 시작하여 큰 성공을 거두었다. 1999년에는 오렌지의 주식 49%를 독일의 통신회사 만네스만(Mannesmann)에 매각하여 미화 150억 달러(한화 18조 원)의 이익을 기록하는 '대박'을 터뜨렸다. 1990년에는 아시아 최초의 위성방송 스타 TV를 시작해서 성공을 거두었고, 1993년과 1995년에 걸쳐 투자액의 몇 배를 남기면서 언론황제 루퍼트 머독에게 팔았다.

셋째, 에너지 및 인프라 관련 사업. 대표적인 홍콩의 에너지기업인 홍콩전력을 자회사로 두고 있으며, 홍콩에는 터널을, 중국에는 수력발전소를 소유·운영하고 있다. 홍콩전력은 홍콩섬과 라마섬에 전기를 공급하고 있으며, 호주 멜버른에 있는 시티파워

(CitiPower)를 자회사로 두고 있기도 하다.

넷째, 호텔 및 리조트사업. 하버 플라자 호텔 앤 리조트(Harbour Plaza Hotels & Resorts)라는 이름으로 운영하고 있다.

다섯째, 소매 및 유통사업. 파큰샵(PARKnSHOP) 슈퍼마켓 체인과 생필품점 체인 왓슨스(Watson's), 전자전기상점인 Fortress를 운영하고 있으며, Savers와 Krudivat Group 등의 자회사를 거느리고 있다.

허치슨 왐포아는 2002년 〈유로머니(Euromoney)〉에 의해 아시아 최고의 기업으로 선정되었고, 〈비즈니스위크(BusinessWeek)〉에 의해서는 홍콩 최고 기업으로 선정된 바 있다. 실로 화교를 대표하는 기업인 셈이다.

상대의 허를 찌르는 전략은 전쟁에서뿐만 아니라 비즈니스세계에서도 유용하다. 변화무쌍한 경제의 흐름은 아무도 정확히 예측할 수 없지만, 기회를 포착하는 무기는 바로 '기발한 전술'이다. 발군의 안목을 갖춘 리자청은 다른 사람들의 생각이나 의견에 좌우되지 않으면서 통찰력으로 앞서서 기회를 잡고 분위기와 세력을 만들어냄으로써 승리를 쟁취하곤 했다.

비결 5

術

교묘한 세의 이용과 기발한 방법으로 승리하다

1 적은 자본으로 10배가 넘는 이윤을 창출하다

장사에서 가장 중요한 것은 적은 자본으로 큰 이익을 얻는 것이다. 현대의 자본이론에서는 한 기업가의 능력을 평가할 때 부의 소유정도뿐 아니라 자본동원능력에도 높은 비중을 두고 있다. 그 이유는 투자대비 수익률이 동일할 때 동원할 수 있는 자본이 클수록 수익도 높아지기 때문이다. 그러므로 자금을 융통할 수 있는 능력은 대기업가나 사업을 시작한 지 얼마 안 되는 소규모 자영업자 모두에게 필요한 매우 중요한 자질이다. 적은 자본으로 출발하여 사업을 확장하는 과정에서 무엇보다 관건이 되는 것은 자금동원력이다.

리자청은 첫 번째 사업으로 플라스틱공장을 경영할 때 자금의 여유가 없어 거의 도산할 뻔했던 악몽을 잊지 못한다. 또한 대기업가로 성공한 후에 자금 면에서 많은 도움을 준 은행과 주식투자자들에게도 고마운 마음을 갖고 있다. 결론적으로 말해, 리자청이 정상의 기업가로 성공할 수 있었던 비결 중 하나는 바로 뛰어난 자금조달능력이다.

일찍이 북미시장에 진출하기 위해 플라스틱조화의 생산규모를 늘려야 했을 때 리자청은 자금 부족으로 고민을 했다. 결국 친구들에게서 돈을 빌려 공장을 확장해 급선무를 해결했고, 그때부터 자금의 확보와 운용을 경영의 최우선과제로 생각했다. 그는 "자금이야말로 기업의 혈액이며 생명의 원천이라는 사실을 절감한다"라는 말로 자금의 중요성을 강조한다.

이탈리아에서 플라스틱조화시장을 탐색했을 때, 리자청은 서구의 선진 경영노하우와 함께 기업의 조직과 관리방식에 커다란 흥미를 갖게 되었다. 주식제도는 경영주가 무한책임을 질 필요 없이 비교적 빨리 많은 자본을 조달할 수 있다는 장점과 함께 자본이 부족한 기업이 규모를 확대하는 데 유리하다는 사실에 주목했다. 그래서 리자청은 부동산시장이 호황을 누릴 때 아파트 건설에 뛰어들어 준공 전에 임대계약을 체결한 뒤, 임대수입을 다시 건설에 투자하는 방식으로 자본회전율을 높였다. 다른 한편으로는 회사를 증시에 상장함으로써 대규모 여유자금을 끌어들였다.

그는 상장기업인 홍콩랜드를 경쟁상대로 정한 뒤에는 창장도 증시에 상장해야 한다는 판단을 내렸다. 물론 창장이 더욱 발전하기 위해서는 필수적으로 증시에 상장을 해야 했다. 또한 홍콩증시의 큰 변화가 그를 유혹한 것도 사실이다.

홍콩은 일찍이 1891년에 주식시장을 출범시켰다. 그러나 증시가 기업의 자금조달에 중요한 루트가 된 것은 1969년을 전후한 시기의 일이었다. 그리고 몇 년이 지난 70년대 중반에 이르러서야 증시는 본격적인 시스템과 규모를 갖추게 되었다.

주식중개인은 증시와 투자자들을 연결하는 교량적 역할을 한다는 것이 사전적 정의이다. 그런데 홍콩 증권거래소는 영어만을 사용하기 때문에 영어에 익숙하지 못한 중국인은 중개인이 될 자격이 없었다. 그 결과 홍콩 인구의 절대다수인 중국인들은 증시에 접근하기가 힘들었다. 투자자들의 접근성이 떨어지자 증시는 제대로 발전할 수 없었고, 주식투자에 대한 기대감이 하락하여 증시를 부양하지 못하는 악순환은 풀기 힘든 난제가 되었다.

1969년 12월 17일, 리푸자오(李福兆)를 중심으로 한 중국계 기업인들은 '위엔둥(遠東, Far Eastern)증권거래소'를 개설하여 영업을 개시함으로써 홍콩 증권거래소의 독점적 지위에 도전장을 내밀었다. 위엔둥 증권거래소는 기업의 상장조건을 완화하고 광둥어를 사용함으로써 홍콩 증시에 신기원을 이룩했다.

이 무렵 중국대륙의 정치가 안정되면서 홍콩경제도 침체의 늪에서 벗어나 급속히 성장하기 시작했고, 자본조달이 절실한 회사들은 증시에의 상장을 서두르게 되었다. 1970년에 이르러 위엔둥 증권거래소의 거래량은 29억 홍콩달러에 달했는데, 이 액수는 홍콩 증권거래소 총거래액의 49%에 해당하는 것이었다.

이후 진인(金銀) 증권거래소, 지룽(九龍) 증권거래소가 설립되어 홍콩에는 기존의 홍콩, 위엔둥 증권거래소와 더불어 4개의 증권거래소가 공존하게 되었다. 증권거래소가 네 개로 늘어나 기업의 상장이 용이해지자 투자자들의 주식에 대한 관심이 급증했다. 주식거래가 활발해짐에 따라 종합주가지수가 1971년 말에 341포인트까지 상승했다. 오랜 기간 침체되었던 홍콩증시가 본격적으로 성장의 길목에 들어선 것이다.

이런 배경 하에 리자청은 창장부동산회사의 기업공개 후 증시에 상장했다. 그리고 1972년 7월 31일, 리자청은 창장부동산을 창장실업주식회사로 개명했다. 곧 이어 재정고문에게 위탁하여 회사의 정관, 주식공모 정관, 회사실적, 재무제표 등을 작성하여 증시에 등기하도록 했다. 그리고 같은 해 10월, 홍콩, 위엔둥, 진인 증권거래소에 상장을 신청했다. 11월 1일에 상장허가를 받아 법정 자본금 2억 홍콩달러와 실제 자본

8,400억 홍콩달러로 액면가 2달러의 4,200만 주를 발행했다.

창장의 상장은 투자자들의 뜨거운 관심을 모았다. 주식 발행 후 하루가 채 못 되어 주가는 2배 이상 상승했다. 구입 신청자가 발행액의 65.4배에 달하자 증권사에서는 추첨으로 주주를 선정했다. 주가가 2배 이상 올랐다는 것은 회사의 시가가 2배 이상 상승했음을 뜻한다. 이 소식이 전해지자 창장의 직원들은 크게 기뻐하며 샴페인을 터뜨렸다. 하지만 이사회 의장인 리자청은 담담한 표정으로 기쁨을 내색하지 않았다.

창장의 주가가 크게 오르기는 했지만 투자자들이 유독 창장만을 선호한 것은 아니었다. 전체적인 증시의 활황이 창장에도 영향을 준 것이라는 생각은 다른 기업들의 주가도 상승세를 유지했다는 사실로 증명되었다. 실제로 창장보다 더 큰 폭으로 주가가 상승한 기업들도 있었다. 투자자들이 진정으로 창장의 주식을 신뢰하고 선호하는지는 미래의 실적과 주주들이 얻는 실익으로 입증될 것이었다.

리자청은 주가가 급속히 상승한 만큼 하락현상도 순식간에 발생할 것이라고 생각했다. 주식시장은 눈 깜빡할 사이에 의외의 변화가 일어나며, 리스크도 매우 크다는 사실을 잊지 않았던 것이다.

1950년대에 혼자 힘으로 창업을 한 뒤 동업의 단계를 거쳐 주식을 상장하게 되면서 리자청은 자본조달에 있어 어느 정도 숨통을 트게 되었다. 그리고 창장을 상장함과 동시에 리자청은 적극적으로 해외에서도 상장할 길을 모색했다.

그리하여 1973년 초, 창장은 런던증시에 상장을 했다. 창장의 주식은 영국의 투자자들 사이에서 인기주로 부상했다. 그리고 1974년 5월, 창장은 캐나다 임페리얼상업은행과 합작하여 '캐나다 이둥(怡東)파이낸셜주식회사'를 설립했다. 자본금은 5천만 홍콩달러로서, 양측이 각기 현금 2,500만 달러를 출자하여 50%씩의 지분을 갖고 홍콩에서 적극적으로 업무를 개시하기로 협의했다. 이 회사의 설립은 창장에게 중요한 의미를 지니는 것이었다. 합작을 계기로 캐나다로부터 대규모 자본을 유치할 수 있게 되어 창장의 성장에 큰 도움이 되었기 때문이다.

같은 해 6월, 캐나다 정부는 캐나다 임페리얼상업은행의 적극적인 권유를 받아들여 창장실업의 밴쿠버 증권거래소 상장을 허가했다. 홍콩기업으로서 최초로 캐나다 증시에 상장한 것은 국제금융시장에 당당하게 진입했음을 의미했다. 창장이 캐나다의 은행과 순조롭게 파트너관계를 맺을 수 있었던 것은, 플라스틱조화로 북미에 진출했을 당시 거래하는 무역회사에게 믿을 만한 상대라는 인상을 심어줬기 때문이었다. 캐나다 임페리얼상업은행이 바로 그 무역회사의 주거래 은행이었던 것이다.

홍콩과 해외의 증시에서 자금을 조달하게 됨으로써 자금력이 강화된 창장은 탄탄대로를 걷게 되었고, 리자청은 세계적인 부호로 발돋움하게 되었다. 후일 그가 증시에서 발휘한 수완은 다른 분야에서 보인 능력보다 훨씬 탁월했다. 달리 말하자면 증시야말로 리자청에게 있어 가장 훌륭한 무대였던 것이다.

> **• 리자청 어록 •**
>
> 사업을 하면서 나는 지식이야말로 사회에서 입지를 마련하는 데 가장 중요한 수단임을 절감했다. 그래서 나는 정규교육을 제대로 받지 못했지만 능력이 되면 반드시 교육과 의학 발전에 도움이 되는 일을 하겠다고 결심했다.

2 자본을 빌려 돈을 벌다

리자청은 주식을 통해 자본을 조달하는 한편, 은행으로부터 지원을 얻어내기 위해 많은 노력을 했다. 그는 될 수 있는 한 다른 사람의 자본을 이용하여 돈을 벌어야 한다는 철학을 갖고 있었다. 그래서 후이펑은행과 좋은 관계를 맺기 위해 많은 노력을 기울였다. 홍콩에서는 "후이펑은행이나 후이펑은행장과 가까우면 돈줄을 잡은 것이나 마찬가지"라는 말이 있을 정도였다.

홍콩의 발권은행인 후이펑은행의 정식 명칭은 '홍콩상하이후이펑은행(香港上海滙豊銀行, HSBC)'으로, 1864년에 영국, 미국, 독일, 덴마크, 그리고 유태인 자본의 무역회사의 공동출자로 설립되었다. 이듬해에 정식으로 영업을 개시한 후이펑은행은 주주들이 의견 차이를 이유로 자본을 회수하는 바람에 영국계 자본의 은행이 되었다. 홍콩의 상장기업으로 등록되어 있는 후이펑은행의 1988년 현재 주주는 19만 명이다. 홍콩 인구의 약 3%를 주주로 보유하고 있는 후이펑은 상장기업들 가운데 주주의 수가 가장 많다. 소유와 경영을 분리하는 원칙을 고수해온 후이펑의 경영권은 영국인 이사회 의장이 장악해왔다.

당시 후이펑은행의 이사회 부의장이었던 선비는 화련항(華人行)빌딩 (Aon China Building)을 짓기 위해 후이펑과 합작을 원하던 리자청과 의

기투합했고, 이로써 두 사람은 돈독한 우의를 쌓게 되었다.

홍콩 최대의 은행인 후이펑은행은, 1992년 영국의 미테랑은행을 합병함으로써 세계 10대 은행의 하나가 되었다. 1992년 말 후이펑이 홍콩에서 발행한 주식의 시가는 총 1,399억 홍콩달러로, 증시에 상장된 총 주식의 10.5%를 차지했다. 그해의 수익은 129억 홍콩달러였다. 후이펑은 막강한 자본을 보유했을 뿐만 아니라 정부가 지폐발행권을 허용했기 때문에 홍콩의 중앙은행과 같은 역할을 담당했다. 은행들이 연쇄 도산의 위기에 몰렸을 때에도 후이펑은 조금도 흔들리지 않았고, 오히려 다른 은행들을 구제하는 위력을 발휘했다.

1세기가 넘는 역사 속에서 후이펑은 수많은 거부들을 탄생시켰다. 60년대에 해운업계에 진출한 바오위강은 후이펑으로부터 무제한적인 대출을 받음으로써 세계적인 선박왕이 되었다. 리자청도 후이펑의 신임을 얻어 파트너관계를 맺음으로써 부동산재벌이 될 수 있었다.

1978년, 사업이 절정에 달했을 때 리자청이 후이펑과 협력하여 화런항빌딩을 다시 짓기로 했다고 발표하자 재계에서는 그의 외교적 수완에 혀를 내둘렀다. 그러나 리자청을 이해하는 사람들은 그가 말솜씨가 뛰어난 수완가가 아니라는 사실을 잘 알고 있다. 그는 전형적으로 학자 같은 스타일로 노회한 장사꾼의 이미지와는 거리가 먼 인물이다.

리자청은 성실성과 다년간 축적한 신용을 바탕으로 지하철 역사 개발권을 따냄으로써 명성과 신용도가 급상승했다. 이는 또한 리자청이 후이펑의 협력을 얻어내는 기반이 되었다. 창장실업이 센트럴 지하철역 주변의 개발권을 획득하자 후이펑의 선비는 부동산업계의 '신인' 리자청을 주목했다. 다시 말하면 리자청은 역세권 개발로 인해 이윤뿐 아니라 후이펑으로부터의 신뢰와 합작이라는 귀한 열매를 얻은 것이다.

이에 앞서 1974년에 후이펑은행은 화련항빌딩을 매입했다. 고층빌딩이 즐비한 센트럴의 금융가에 위치한 화련항은 오랫동안 유지보수를 하지 않아 주위 경관과 어울리지 않았다. 그래서 1976년에 후이펑은 화련항을 철거하고 새로운 건물을 지어 임대하려고 했다. 마침 이 무렵 부동산붐이 일자 화련항에 눈독을 들인 부동산회사들은 재개발권을 얻으려고 혈안이 되었다. 물론 이를 계기로 후이펑은행과 끈끈한 관계를 맺으려는 의도도 상당히 강했다.

지하철 역세권 개발권 경매에서 낙찰을 받음으로써 명성을 얻게 된 리자청도 예외는 아니었다. 그러나 치열한 경쟁에서 이겨야만 화련항 재개발권을 얻을 것이라던 예상과 달리 리자청은 쉽게 뜻을 이룰 수 있었다. 리자청의 인물됨을 간파한 선비가 즉석에서 창장에게 재개발권을 준 것이다.

1924년에 완공된 9층짜리 건물 화련항의 철거작업은 1976년 2월 10일에 시작되었다. 창장과 후이펑은행은 공동으로 화하오(華豪)주식회사를 설립한 뒤 최대한 빠른 속도로 총면적 24만 평방피트에 22층 규모의 화련항빌딩을 건설했다. 외벽을 스테인리스 스틸과 날씨에 따라 색깔이 변하는 유리로 장식한 이 빌딩은 실내 온도와 습도, 채광 및 방화시설을 모두 컴퓨터로 조절한다. 호화로우면서도 우아한 내부는 중국적 색채와 모던한 분위기를 함께 갖추고 있다. 2억 5천만 홍콩달러의 건설비가 소요된 이 건물에는 사무실과 쇼핑몰이 입주했다.

1978년 4월 25일, 화하오주식회사는 화련항의 준공 축하식을 열었다. 이 자리에서 선비는 다음과 같은 연설을 했다. "화련항을 철거하고 새 화련항을 건설하는 데 2년여의 시간이 걸렸습니다. 이러한 건설속도와 효율성은 홍콩뿐 아니라 세계적으로도 유례를 찾아보기 힘든 것입니다. 본인이 후이펑은행에 몸담은 지 마침 30년이 되는 지금, 홍콩인들은 경제를 세계적인 수준으로 발전시켰습니다. 우리는 홍콩과 해외의 기업들로부터 효율적인 업무능력과 신뢰성을 높이 평가받고 있습니다. 이런 가운데 신 화런항빌딩은 홍콩을 대표하는 랜드마크가 되리라 믿어 의심치 않습니다."

화런항빌딩은 창장과 후이펑이 합작하여 건설한 것이므로 선비는 '자화자찬'을 하기가 어색했지만 홍콩인과 화런항에 대해 찬사를 보냈고, 아울러 리자청에 대해서도 아낌없는 신뢰를 표시한 것이다.

빌딩을 정식으로 공개한 3월 23일, 창장그룹은 본부를 퀸스 로드 29번지의 새로 지은 화런항빌딩으로 옮겼다. 은행과 대기업들이 밀집한 센트럴에 입성함으로써 창장의 위치는 더욱 공고해졌다. 이후 화런항빌딩은 창장그룹을 대표하는 건물로 홍콩인들에게 기억되었다.

화런항 건설로 파트너십에 새로운 계기를 마련한 창장과 후이펑은 '밀월' 관계를 유지하게 되었다. 후이펑은 리자청이 영국계 기업들을 인수하도록 도움을 주었고, 1985년에는 그를 집행이사로 선임했다.

리자청이 후일 큰 성공을 거두는 데 있어 후이펑은행이 큰 역할을 한 사실을 결코 간과할 수 없다. 리자청은 비즈니스세계라는 전쟁터에서 승리를 거두기 위해 영향력 있는 인물들과 관계를 맺는 데 많은 노력을 기울였으며, 특히 은행을 원군으로 활용하는 데에 주력했다.

> **· 리자청 어록 ·**
> 위기의식을 느낄 때 우리는 더욱 냉정함을 유지하면서 화합을 도모해야 한다.

3 사람과 돈을 함께 얻는 일석이조의 장사를 하다

병법의 36계 중에 '남의 칼을 빌려 살인을 한다'는 차도살인(借刀殺人)전략이 있다. 어떤 일을 하기 위해 타인의 힘을 빌린다는 뜻인데, 그 방법은 결코 용이하지 않다. 더욱이 힘도 빌리면서 이득도 챙기기란 보통사람들이 쉽게 할 수 있는 일이 아니다.

그런데 리자청이 주룽창의 인수합병 경쟁에서 차용한 것이 바로 '남의 칼을 빌려 살인을 하는' 전략이었다. 그가 경쟁에서 물러나면서 끌어들인 '친구'는 유명한 기업가 바오위강이었다. 1980년대 중반, 리자청은 홍콩 최고의 부호가 되었다. 그러나 당시 리자청의 실력과 명성은 영국정부로부터 기사 작위를 받은 바오위강에 미치지 못했다.

1977년 집슨선박회사의 통계에 의하면 바오위강은 해운수송량이 1,347만 톤에 달하는 세계 1위의 선박왕이었다. 홍콩 선박업계의 원로인 둥하오윈(董浩雲, 홍콩 반환 이후 정부 수장인 행정장관을 역임한 둥젠화(董建華)의 부친)은 7위로 해운수송량이 452만 톤을 기록했다. 세계적인 선박왕으로 유명한 오나시스는 의외로 8위에 머물렀다. 또한 오랫동안 선박업계를 좌지우지했던 자오충옌(趙從衍)은 순위에 들지 못했다.

바오위강이 홍콩 제일의 부호로 꼽혔던 것은 당시 홍콩의 언론에서는 따로 부호 명단을 작성하지 않고 해외언론의 보도를 그대로 인용했기 때문이다. 바오위강은 유조선 50척을 보유하고 있었는데, 유조선 한 척의 시가는 고층빌딩 한 채의 시가와 엇비슷했다.

바오위강의 집무실에는 각국의 왕, 국가원수, 정부수반, 각계각층의 명사들과 함께 찍은 사진들이 걸려 있었다. 그가 홍콩재계의 인물들 가운데 세계 각국의 정치가들과 가장 교류가 많은 것으로 유명한 데 비해, 리자청은 그때까지 일국의 원수와 단독으로 만난 적이 한 번도 없었다.

바오위강이 해운에서 육지의 사업으로 눈을 돌리려 한 것은 일시적인 충동이 아니었다. 1973년에 발생한 오일쇼크의 영향으로 영국은 북해와 본국의 유전 개발에 박차를 가하게 되었다. 또한 아시아와 중남미 국가들도 유전시추작업에 들어갔다. 그 결과 중동의 석유에 대한 의존도가 낮아지자 70년대 후반에 들어서는 유조선에 대한 수요가 감소했다. 유조선을 주력사업으로 했던 바오위강은 시장수요 감소와 각국의 선박건조붐을 지켜보면서 해운업이 침체를 면치 못하리라는 예상을 하게 되었다. 그래서 '선각자적 안목'을 지닌 바오는 선박을 매각한 자금으로 새로운 분야에 투자하기로 마음먹었다. 그가 선택한 분야는 전망이 가장 밝은 부동산이었다.

해운의 비중을 줄이고 육지에 상륙하려 해도 뾰족한 방법이 없던 차에 바오위강은 자신이 눈독을 들이고 있는 주룽창에 먼저 손을 뻗은 리자청을 발견했다. 주룽창은 바오에게 있어 무척 중요한 의미를 갖고 있었다. 주룽창의 항만과 창고시설은 그가 해운업에서 더 큰 발전을 도모하는 데 필수불가결할 뿐만 아니라 육상에서 다른 업종에 진출하는 데도 요긴하게 활용할 수 있기 때문이다.

그래서 바오위강은 리자청에게 비밀 회동을 청했다. 리자청은 사적으로 별로 친한 사이도 아닌 바오위강이 비밀리에 만나자고 한 것은 중대사항을 논의하기 위해서라고 짐작했다. 1978년 8월 말, 센트럴의 만다린 오리엔탈 호텔의 한 룸에서 두 명의 중국인 사업가가 회동을 했다. 한 명은 학자 스타일의 미래의 부동산재벌 리자청이고, 다른 한 명은 서구적 분위기를 물씬 풍기는 선박왕 바오위강이었다.

리자청은 바오위강이 주룽창을 인수하려는 것이 단순히 장기적 투자의 성격인지 아니면 선박업을 위한 포석인지 그 진의를 파악할 수 없었다. 하지만 분명한 사실은 주룽창에 대한 바오의 관심이 지대하다는 것이었다. 주룽창이 터미널을 옮기기는 했지만 새로 건설한 방대한 규모의 항만을 해운업계의 거물인 바오가 탐을 내는 것은 당연했다. 실력이나 은행과의 관계로 볼 때 중국계 기업인 중에서 자딘 매디슨과 힘을 겨룰 만한 최적의 인물은 바오위강이었다. 리자청은 다각적으로 검토한 결과 주사위를 바오위강에게 넘기기로 결심했고, 그는 예상대로 주룽창을 격파했다.

주룽창을 바오위강이 인수한 후 홍콩에는 수많은 뒷이야기가 흘러나왔다. 특급호텔인 만다린 오리엔탈은 자딘 매디슨의 주력기업으로서, 고급스러운 시설과 뛰어난 서비스로 몇 차례나 세계 10대 호텔 중 하나로 선정된 바 있다. 자딘 매디슨의 본거지인 만다린 오리엔탈 호텔에서 중국인 기업가들이 자딘 매디슨의 기둥이나 다름없는 주룽창의 앞날을 결정하려 했던 것은 일견 아이러니컬한 사건이 아닐 수 없었다.

렁샤(冷夏)와 샤오디(曉笛)의 공저인 《세계적 선박왕 바오위강의 생애》에는 이날의 회동을 묘사한 대목이 나온다. "간단한 인사를 나눈 뒤 리자청은 단도직입적으로 자신이 보유하고 있는 주룽창의 주식 1천만 주를 양도하겠다는 의사를 밝혔다. 양도라는 단어가 튀어나오자 바오위강은 저절로 굴러 떨어지는 행운은 없다는 생각이 들었다. 잠시 머릿속으로 주판을 튕겨본 그는 리자청이 뛰어난 두뇌의 소유자라는 사실을 깨달았다. 상대의 상황을 잘 알고 있는 리자청은 필요한 것을 줌으로써 자신이 필요한 것을 얻으려 한 것이 아닌가. '양도'는 서로에게 큰 도움이 되는 절묘한 전략이었던 것이다."

바오위강의 입장에서 보면 일시에 리자청으로부터 주룽창의 1천만 주를 넘겨받으면 원래 보유하고 있던 주식과 합쳐 자딘 매디슨과 겨룰 만한 충분한 지분을 확보하게 되는 것이다. 뜻대로 된다면 바오는 막강한 자본력을 지닌 주룽창을 소유하게 되고, 리자청은 시가 10~30홍콩달러 정도의 주식을 양도함으로써 일시에 수천만 달러의 수익을 올리게 된다. 무엇보다도 중요한 사실은, 바오위강이 후이펑은행으로 하여금 허치슨 왐포아의 주식 9천만 주를 리자청에게 팔도록 중재를 하게 되었다는 점이다. 일단 주식을 획득하게 되면 리자청이 허치슨 왐포아의 이사회 의장을 맡는 것은 명약관화했다.

리자청의 계획을 알고 난 바오위강은 자신보다 나이는 적지만 사업적 두뇌가 뛰어난 부동산업계의 이 새로운 강자에게 감탄을 금할 수 없었다. 구구한 설명이나 지루한 흥정을 생략한 채 리자청과 바오위강은 곧바로 의기투합하여 합의를 보았다. 즉, 리자청은 주룽창의 주식 1천만 주를 3억 홍콩달러에 팔고, 바오위강은 리자청이 후이펑은행으로부터 허치슨 왐포아의 주식 9천만 주를 매입하게 알선한다는 것이다.

이렇게 리자청과 바오위강은 유서 깊은 영국계 기업 2개 사의 운명을 결정짓는 역사적 합의를 달성했다. 결국 두 사람은 소원대로 영국계 기업 총수의 자리에 앉게 되었다. 1978년 9월 5일, 바오위강은 본인과 가족들이 주룽창의 지분 20%를 확보했다는 사실을 발표했다. 자딘 매디슨과 주룽창의 회장 데이비드 뉴비깅은 어쩔 수 없이 바오위강과 바오의 사위 우광정을 주룽창의 이사로 선임했다. 이로써 바오위강이 육상에서 벌인 최초의 전투에서 리자청은 혁혁한 공을 세웠다. 그 후 리자청은 계속해서 주룽창의 주식을 바오위강에게 팔아서 5,900만 홍콩달러의 수익을 올렸다.

주룽창의 데이비드 뉴비깅은 바오위강과 그의 사위를 눈엣가시로 여겼으므로 그들 사이에서는 많은 갈등이 빚어졌다. 바오위강은 지속적으로 증시와 막후거래를 통해 주룽창의 주식을 사들여 지분을 30%까지 확보했다. 그의 지분이 주룽창의 지주회사인 홍콩랜드의 몫을 크게 앞지르자 뉴비깅은 거의 공황상태에 빠질 정도였다.

1980년 3월 중순, 뉴비깅은 바오위강이 파리에서 열린 한 회의에 참석한 틈을 타서 홍콩랜드의 지분과 주룽창의 주식을 교환하는 방법으로 지분을 49%까지 늘리려 했다. 1주당 100홍콩달러인 홍콩랜드의 주식을 77홍콩달러인 주룽창의 주식과 맞바꾸려 한 것이다. 주식투자자들은 당연히 이 매력적인 교환방식에 크게 환호했다. 만약 홍콩랜드가 49%의 지분을 확보한다면 바오위강은 최대한 주식을 사모아도 도저히 51%의 절대적 지배권을 확보하기 힘들었다. 홍콩랜드로서는 약간의 노력으로 바오위강의 '아름다운 꿈'을 깨버릴 수 있게 된 것이다.

이 소식을 들은 바오위강은 급히 귀국하여 반격에 나섰다. 그는 이틀 내에 후이펑은행으로부터 22억 홍콩달러의 대출보증을 받아야만 했다. 긴급회의를 소집한 그는 1주당 현금 105홍콩달러로 주룽창의 주식을 사들여 49%의 지분을 확보해야 한다는 결정을 내렸다. 현금 105홍콩달러는 주식투자자들에게 있어 주룽창이 제시한 100홍콩달러보다 훨씬 유혹적이었다. 월요일 증시 개장 후 채 2시간이 되지 않아 바오위강은 21억 홍콩달러의 현금을 풀어 2천만 주를 사들임으로써 49%의 지분을 확보했다. 이로써 홍콩랜드와의 전투는 바오의 승리로 막을 내렸다.

대세가 판가름 났다는 판단을 내린 뉴비깅은 홍콩랜드가 보유하고 있던 주룽창의 1천만여 주를 바오위강에게 매각하여 7억 홍콩달러가 넘는 순익을 얻었다. 바오위강은 주룽창에 대한 절대적 지배권을 확보했지만 과중한 대가를 치른 것이 사실이었다. 그래서 혹자는 '선박왕이 승리를 얻었지만 홍콩랜드는 웃으며 팔을 잘랐다'라는 표현으로 쌍방이 모두 승리와 패배를 함께 거두었다고 설명했다.

그러나 바오위강의 장기적인 안목은 2년 후 현실로 나타났다. 주룽창을 사들이면서 해운업의 규모를 줄인 조치 덕분에 유례없이 참담했던 선박업계의 재난을 피할 수 있었던 것이다. 이에 비해 홍콩의 또 다른 선박왕인 둥하오윈과 자오총옌은 불황의 늪에 빠져 거의 파산의 위기까지 몰렸다.

1985년, 바오위강은 또다시 영국계 기업 휠록을 인수합병하여 홍콩을 떠들썩하게 만들었다.

주목할 만한 사실은, 주룽창 인수 1년 후 바오위강이 '불구대천지 원수' 같았던 홍콩랜드와 합작을 했다는 것이다. 바오위강은 주룽창, 홍콩랜드 외에 리자청에게도 지분 참여를 권하여 함께 부동산개발회사를 설립한 뒤 침사추이에 쇼핑몰을 건설했다.

1986년 8월, 〈매주재경동향(每週財經動向)〉의 편집인 린훙처우(林鴻籌)는 '리자청이 말하는 성공 비결'에 대해 다음과 같은 인터뷰 기사를 실었다. "최근 누군가가 리씨에게 '뛰어난 운동선수는 강한 상대와 시합을 할 때 더욱 좋은 성적을 낸다. 현재 홍콩재계에서 바오위강 회장만이 당신과 필적할 만하다고 하는데, 당신은 바오회장을 어떻게 생각하고 있는가?'라는 질문을 했다. 그러자 리자청은 스스로 정한 목표를 향해 나갈 뿐 어느 누구와도 자신을 비교한 적이 없다고 대답했다. 그는 여러 차례 '나는 바오선생을 훌륭한 파트너라 생각한다'고 밝혔다."

자신의 적을 죽여준 '친구'는 당연히 이상적인 파트너라 할 수 있다. 그러나 분명한 사실은, 리자청이 바오위강이 주룽창을 인수하도록 도와준 것은 실상 고기 한 덩이를 그에게 던져주고 자신은 비계를 먹은 것이나 다름없는 행동이었다. 주룽창이 케스윅 일가가 지배하는 자딘 매디슨 계열의 기업이므로 그들과 대결하려면 처절한 혈전을 벌여야 하는데, 리자청은 그 싸움에서 몸을 뺐기 때문이다. 또한 바오위강으로 하여금 주룽창을 인수하게 함으로써 그의 소원을 이뤄주는 한편 자신은 주룽창 주식을 팔아 큰 시세차익을 얻었다. 리자청의 전략은 실로 보통사람들이 생각해낼 수 없는 기발한 것이었다.

> **· 리자청 어록 ·**
>
> 21세기를 맞이하여 홍콩에는 새로운 기회들이 넘쳐날 것이다. 그러나 기회는 사람을 기다리지 않는다. 기회를 손쉽게 잡을 수 있을 거라는 나태한 생각을 한다면 기회는 결코 찾아오지 않을 것이다.

4 서두르지 않고 최적의 시기를 기다려 어부지리를 얻다

홍콩전력은 홍콩의 영국계 기업 중 10위권에 드는 상장회사이다. 1890년에 설립된 이 기업의 주주는 영국기업들이었다. 2차 세계대전 전까지 홍콩전력은 홍콩 최대의 전력회사였다. 하지만 종전 후 신계지역에 인구가 급증하고 공장이 밀집하면서 후발주자인 중국전력에게 1위 자리를 내주었다. 중국전력은 생산량이 많아서 광둥성에까지 전기를 공급했다.

홍콩전력은 경기의 영향을 별로 받지 않는 특성 때문에 수입이 안정적인 데다 정부가 요금할증제를 시행했으므로 수익성이 매우 높았다. 그래서 홍콩전력에 눈독을 들이는 기업들이 많았다. 1981년과 82년 무렵 시중에는 자딘 매디슨, 창장, 자닝(佳寧)그룹 등이 홍콩전력을 인수하려 한다는 소문이 돌았다.

이 시기에 해외투자에서 고전하고 있던 홍콩랜드는 권토중래를 위해 홍콩의 전화회사와 홍콩전력 등의 주식을 대량으로 매입했다. 이와 더불어 홍콩 개항 이래 최고기록인 47억 5천만 홍콩달러로 센트럴지역의 땅을 사들여 '트레이드광장'을 건설하려 했다. 정면 승부를 피하고 일단 후퇴한 뒤 진격을 준비하는 스타일의 리자청은 홍콩랜드의 확장전략과 충돌하지 않기 위해 조용히 상황을 지켜보았다.

1982년 4월, 홍콩랜드가 홍콩전력을 인수하기 위해 본격적인 행동에 들어갔다는 소식이 들려왔다. 얼마 후 홍콩랜드는 시가보다 31% 비싼 가격으로 홍콩전력을 순조롭게 인수했다. 따라서 창장과 자닝이 홍콩전력을 인수하려 한다는 소문은 사실무근으로 판명되었다.

그러나 홍콩랜드는 급속한 규모 확장으로 현금이 고갈되어 은행에 대출을 신청했다. 부채액은 160억 홍콩달러에 달했다. 홍콩랜드가 빚을 지면서도 홍콩전력의 주식을 마구 사들인 것은 부동산으로 만회할 수 있다는 계산 때문이었다. 그러나 영국의 마가렛 대처 수상이 중국과의 협상에서 홍콩에 불리한 합의를 하자 홍콩인들은 반환 후의 낙관적 상황에 대한 믿음을 잃게 되었다.

이민붐으로 자금의 해외유출이 심화되면서 환율은 급격히 떨어지고, 이민행렬에 끼지 못한 사람들도 앞 다투어 홍콩달러를 외화로 바꾸었다. 설상가상으로 유럽, 미국, 일본의 경제가 불황의 늪에 빠지자 홍콩의 부동산시장은 직격탄을 맞았다. 새로 지은 아파트들이 팔리지 않자 건설회사들은 원금상환은 고사하고 이자를 갚는 데만도 아파트 한 동이 날아갈 지경이었다.

1983년, 부동산시장이 완전히 붕괴되면서 홍콩랜드는 유례없는 위기에 직면하게 되었다. 한 해 동안 13억 홍콩달러의 적자가 나면서 모기업인 자딘 매디슨에게도 영향을 미쳐 순익이 80%나 감소했다. 자딘 매디슨의 오너인 케스윅 일가는 뉴비깅을 해임했다. 1983년 9월 29일, 뉴비깅은 이사회에서 자딘 매디슨과 홍콩랜드의 회장직을 사임한다고 발표했다. 1984년 1월 1일, 뉴비깅은 이사직도 사임하고 30년 동안 재직했던 자딘 매디슨을 완전히 떠났다. 그는 홍콩에서 가장 위세를 떨쳤던 자딘 매디슨을 그만두는 소회를 "나는 그저 일개 직원에 불과했다"는 말로 대신했다.

그는 홍콩 주재 로이터통신 기자와의 인터뷰에서 다음과 같은 생각을 밝혔다. "상황은 완전히 변했다. 영국은 홍콩을 포기할 준비를 하고 있다. 중국인 기업가들은 70년대부터 점차 강력해졌다. 과거 미국이 일본에게 원조를 제공했다가 어느 날 갑자기 품안에 껴안고 있던 아이가 호랑이였다는 사실을 발견했듯이, 영국도 중국인 자본가들에게 경악하게 될 것이다. 사람들은 주룽창을 거머쥐고 놓지 않으면 된다고 생각했다. 눈을 똑바로 뜨고 상대가 어린애인지 호랑이인지를 구별하려 하지 않은 것이다. 만약 호랑이에게 한쪽 팔뚝을 물리면 중상을 입든가 팔이 떨어져 나갈 것이다. 그런데 생각이 있는 사람이라면 이미 잃은 팔에 집착하지 않고 다른 팔을 안전하게 지킬 방도를 모색할 것이다."

"나는 홍콩을 매우 사랑한다. 영원히 홍콩을 사랑할 것이다." 뉴비깅은 빅토리아항을 마주보고 있는 자딘 매디슨 빌딩에서 감개무량한 어조로 홍콩에 대한 애정을 털어놓았다.

언론에서는 뉴비깅의 언행에서 케스윅 가문에 대한 불만을 읽어냈다. 자딘 매디슨은 양대 날개인 주룽창과 홍콩랜드 가운데 경영부실로 한쪽 날개를 잃었다. 과연 남은 한쪽 날개를 보전할 수 있을까? 세간에서는 사이먼 케스윅이 자딘 매디슨과 홍콩랜드의 총수 자리에 앉자 과연 뉴비깅보다 월등한 경영능력을 보여줄지 뜨거운 관심을 보였다.

뉴비깅은 대주주와 경영진 사이에 벌어진 권력 다툼의 희생자였다. 그는 홍콩을 떠나기 전에 반복해서 '홍콩을 매우 사랑한다'고 말했다. 사람들은 그의 말이 진심이라고 믿었다. 케스윅 일가는 자딘 매디슨이 적극적으로 해외에 진출해야 한다고 주장했고, 뉴비깅은 그 뜻을 충실히 집행했을 뿐이다. 다만 자딘 매디슨 그룹이 홍콩에서 고전을 면치 못한 것은 해외투자가 순조롭지 못한 결과였을 뿐이다.

한편 자딘 매디슨이 사양길을 걷는 동안 리자청은 사태를 면밀히 주시했을 뿐 아무런 행동도 취하지 않았는데, 이는 현명한 처사였음이 입증되었다.

그 첫 번째 이유는 홍콩랜드가 비이성적으로 홍콩전력을 인수했을 때 만일 리자청도 경쟁에 뛰어들었다면 설령 승리를 했더라도 무리한 투자로 인해 손실을 입을 가능성이 컸기 때문이다. 리자청은 "인수합병은 골동품을 사는 것과는 다르다. 반드시 사야만 하는 것은 아니다"라는 말로 인수합병에 대한 냉정하고 이성적인 원칙을 밝혔다.

둘째로, 리자청은 홍콩랜드가 막대한 현금을 투입하다 보면 '소화불량'에 걸릴 것이라 예상했다. 게다가 외부적인 요인에 영향을 받아 소기의 목적도 달성하지 못하고 자중지란에 빠질 것이란 사실을 간과하지 않았다. 후에 리자청은 손쉽게 홍콩랜드로부터 홍콩전력을 인수했다. 홍콩랜드는 리자청에게 간절하게 인수를 청함으로써 그를 오히려 홍콩랜드의 구원자로 만들었다. 결론적으로 말해 리자청의 때로는 '강 건너 불 보듯'하는 초연한 자세는 어부지리를 얻는 절묘한 전략이 될 수 있다는 사실을 증명한 것이다.

• 리자청 어록 •

구매자가 있으면 시장이 성립되지만, 시민들의 소비력이야말로 시가를 결정한다.

5 이익을 줄 수 없는 일은 과감히 포기하다

초한전(楚漢戰)의 주인공인 유방(劉邦)과 항우(項羽)는 성격이 판이하게 다르다. 유방이 두뇌로 싸움을 했다면, 항우는 용감하기는 했지만 지혜가 부족하여 천하를 유방에게 빼앗겼다. 아마도 항우는 자신이 실패한 이유를 전혀 깨닫지 못했을 것이다. 즉, 자신이 용감하기는 하지만 전략적 개념을 결여하고 있다는 사실을 이해하지 못했을 것이다.

선비형의 상인인 리자청은 '힘'으로 싸움을 하다 보면 승리를 거둘 수는 있어도 막대한 대가를 치러야 한다는 사실을 잘 알고 있었다. 즉 그는 '두뇌로 겨룰 뿐 힘으로 겨루지 않는다'는 원칙을 고수해야만 치열한 비즈니스세계에서 여유 있게 살아남을 수 있다는 경영관을 일찌감치 터득했던 것이다. 이 원칙은 중국인 기업가들과 연합하여 홍콩랜드와 대결했을 때도 예외가 아니었다.

1988년 4월 28일, 자딘 매디슨 측은 그룹 산하의 만다린 오리엔탈 호텔이 1주당 4.14홍콩달러의 새로운 주식을 발행하여 그 중 10%를 자딘 매디슨 스트래티직 홀딩스사에게 넘긴다고 발표했다. 그 결과 자딘 매디슨 스트래티직 홀딩스의 만다린 오리엔탈 호텔 지분율은 35%에서 41%로 증가했다.

중국계 기업인들에게 있어 자딘 매디슨의 조치는 청천벽력과도 같았다. 리자청은 즉시 사태의 심각성을 인식했다. 즉, 스트래티직 홀딩스와 만다린 오리엔탈의 지분 변화가 홍콩랜드와 직접적인 관계는 없지만, 앞으로는 자딘 매디슨이 언제라도 반격에 나설 것이라는 메시지인 것은 틀림없었기 때문이다.

5월 1일, 리자청, 정위퉁, 리자오지, 그리고 중신그룹의 롱즈젠이 회동하여 대책을 숙의했다. 이들은 홍콩랜드가 만다린 오리엔탈과 같은 수법을 쓰지 못하도록 미리 자딘 매디슨에게 카드를 제시하기로 결정했다. 이들의 결정은 케스윅이 일찌감치 예상했던 것인지도 모른다. 그래서 침착하게 중국계 재벌들의 반응을 기다렸고, 인내심이 강한 리자청도 하는 수 없이 먼저 행동에 나선 것이다.

5월 4일 저녁, 증시가 폐장한 후 리자청, 정위퉁, 리자오지, 롱즈젠은 자딘 매디슨 빌딩에서 사이먼 케스윅, 폴 비스와 협상을 시작했다. 긴장감이 감도는 분위기였지만 쌍방은 한껏 예의를 갖추며 협상에 들어갔다. 리자청이 우선 단도직입적으로 홍콩랜드를 인수하겠다는 의향을 표시했다. 1주당 12홍콩달러로 자딘 매디슨이 소유하고 있는 홍콩랜드의 지분 25.3%를 인수하겠다고 하자 케스윅은 단번에 거절했다. "1주당 17홍콩달러가 아니면 안 된다. 이 가격은 작년 증시 붕괴 전에 리자청 회장이 제시한 것이다. 평소에 신용이 높기로 유명한 분이 이렇게 번복을 하는 것은 매우 유감스런 일이다. 홍콩랜드는 시가가 떨어졌을 뿐이지 실제 자산은 조금도 줄지 않았다. 그런데 어떻게 17달러에서 12달러로 가격을 다운시킬 수 있는가?"

리자청이 침착하게 반박을 했다. "당신이 건망증이 없다면 17달러가 양측이 확정한 가격이 아니란 것은 기억할 것이오. 계속해서 의견을 조율해서 가격을 정하도록 합시다. 우리 모두 오랫동안 장사를 해왔으므로 '시가야말로 모든 가격의 근거'라는 시장 룰을 잘 알고 있습니다. 현재 홍콩랜드의 주가는 시가로 8달러가 약간 넘는 정도에 불과합니다. 우리가 시가보다 40% 이상 비싼 가격으로 인수를 하려는데 어떻게 인수가격을 낮췄다고 하십니까?"

양측은 모두 정중한 말투로 의견을 제시했지만 팽팽한 분위기는 마치 살얼음판을 걷듯 아슬아슬했다.

평소 '고래 배짱'이라는 별명을 듣는 정위퉁이 고압적인 말투로 나섰다. "타협을 볼 수 없다면 중시에서 만나는 길밖에 없을 것 같소. 우리는 공개적으로 주당 12달러로 인수하겠다고 발표하겠습니다. 주식거래의 관행상 인수 당사자가 시가보다 20% 이상의 가격을 제시하면 효과가 발생하니까 그렇게 되면 홍콩랜드의 주주들도 우리 편이 될 것입니다."

그러자 폴 비스가 신경질적인 반응을 보였다. "우리는 그쪽에서 성의를 표한다면 충분히 협력할 자세를 가지고 있습니다. 하지만 홍콩랜드는 주룽창이 아니고, 더욱이 홍콩전력하고도 다릅니다. 홍콩랜드는 자딘 매디슨이 소유하고 있는 막강한 기업입니다."

폴 비스가 초조한 속내를 드러냄으로써 협상은 결정적 순간으로 접어들었다. 합병을 할 것인지, 아니면 협상을 백지로 돌려야 할지 기로에 선 리자청은 막대한 자금을 동원해야 하는 합병을 포기했다.

그리하여 1988년 5월 6일, 자디슨 매디슨 홀딩스, 자딘 매디슨 스트래티직 홀딩스, 홍콩랜드 등 3사는 협상이 끝났다고 발표했다. 같은 날 자딘 매디슨 스트래티직 홀딩스는 창장, 신스제, 헝지, 중신이 보유하고 있는 홍콩랜드의 주식을 1주당 8.95홍콩달러에 매입하기로 결정했다고 밝혔다. 자딘 매디슨이 사들인 홍콩랜드의 주식은 총 발행 주식의 8.2%, 매입 가격은 18.34억 홍콩달러였다.

자딘 매디슨은 홍콩랜드의 지분을 25%에서 33%로 늘림으로써 지배권이 한층 공고해졌다. 또한 협상에서는 중요한 조건을 한 가지 명시했다. 창장 등 협상에 참여한 중국계 재벌들이 향후 7년간은 현재 보유하고 있는 지분 외에 자딘 매디슨 계열의 주식을 더 이상 매입하지 않는다는 것이다.

  몇 년을 끌었던 홍콩랜드 인수합병전은 막을 내렸지만, 언론에서는 결과에 대해 크게 실망했다. 일부 매체에서는 '(리자청의) 실패한 합병전쟁'이라 표현했고, 영자신문들은 리자청을 위시한 중국계 그룹들이 의외로 쉽게 포기한 이유를 다음과 같이 분석했다.

  폴 비스가 강경하게 나온 이유는 홍콩랜드가 만다린 오리엔탈 호텔이 주당 4.14홍콩달러로 새로운 주식을 발행, 자딘 매디슨 스트래티직 홀딩스에 넘김으로써 지분을 늘리게 해준 방식을 그대로 강행하겠다는 생각 때문이었다. 스트래티직 홀딩스가 만다린 오리엔탈의 지분을 35% 확보하자 시가(6달러)보다 낮은 합병가격(4.15 달러)에 대해 만다린 오리엔탈의 대다수 주주들은 냉담한 반응을 보였다. 스트래티직 홀딩스의 전략에 맞아떨어진 것이다.

  대량의 자금을 동원하지 않고도 만다린 오리엔탈의 주주들로 하여금 주식을 포기하게 했고, 스트래티직 홀딩스는 지분을 35%에서 41%로 늘릴 수 있었다. 인수 당사자가 절대 지배권인 50%를 넘기기 힘든 상황에서 스트래티직 홀딩스는 합병에 반대하면서 9%의 지분을 매입함으로써 승자가 된 것이다.

  그러므로 홍콩랜드가 만다린 오리엔탈과 같은 방식을 취하면 중국계 그룹들은 불리한 입장에 처할 수밖에 없었다. 홍콩랜드는 중국계 그룹이 소유한 지분의 8.2%를 1주당 8.95달러, 총 18억 3,400만 달러로 사들였다. 그런데 총 시가 200억 달러의 홍콩랜드를 합병하기 위해서는 중국계 그룹이 최소한 50%의 지분을 확보해야 했고, 여기에는 총 1백억 홍콩달러 이상의 자금이 필요했다.

실제로 자딘 매디슨은 합병에 대해 수세적인 입장만을 취하지는 않았다. 합병을 둘러싸고 각축을 벌이는 와중에 주가는 계속 상승할 수밖에 없고, 그렇게 될 경우 중국계 그룹들이 승리하기 위해서는 1백억 달러보다 훨씬 많은 자금을 쏟아 부어야 했다. 중국계 그룹들은 단기간에 이렇게 많은 현금을 동원하기가 쉽지 않았다.

또한 스트래티직 홀딩스의 지분인 26%는 중국계 그룹들이 소유한 지분을 모두 합한 것보다 훨씬 많았으므로 우위를 점하고 있었다. 홍콩전력과 홍콩텔레콤의 지분을 매각한 후 자딘 매디슨은 최악의 자금위기에서 벗어났고, 영업도 점차 회복되고 있었다. 자딘 매디슨은 홍콩과 해외에 보유했던 기업들을 많이 매각하기는 했지만 여전히 홍콩 최대의 그룹이었고, 은행을 제외하고는 시가총액이 창장 다음이었다. 케스윅 일가는 해외에 자딘 매디슨에 속하지 않는 막대한 자산을 보유하고 있었다. 일부에서는 케스윅 일가의 자산이 리자청에게 뒤지지 않는다고 분석하고 있었다.

그러므로 중국계 그룹들이 홍콩랜드를 인수하려면 치열한 접전을 벌여야 하므로 값비싼 대가를 치러야만 했다. 이는 리자청이 원치 않는 결과였다. 리자청은 재계의 강자이지만 민족적 색채가 강한 투사는 아니었다. 비록 그가 홍콩랜드를 합병하려는 행동이 중국인들에게는 영국계 자본에 대한 반격으로 갈채를 받기는 했지만, 사업에서 감정적으로 대응할 수는 없는 것이다. 더욱이 상대는 비록 늙은 사자와 같기는 하지만 여력이 남아 있으므로 쉽사리 결투를 청할 수는 없었다.

그렇다면 중국계 그룹들은 합병계획을 철회하면서 왜 향후 7년간 자딘 매디슨 계열의 주식을 매입하지 않기로 협의했는가? 그 이유는 아직까지도 명확히 밝혀진 바가 없다.

하지만 이 조건이 없었다 해도 중국계 재벌들은 홍콩랜드를 인수합병하려는 의향이 없었다. 첫째, 이번 합병협상에서 자딘 매디슨은 홍콩랜드에 대한 지분을 안정적으로 확보했으므로 외부의 세력이 기회를 엿볼 수 있는 가능성이 현격하게 줄어들었다. 둘째, 자딘 매디슨은 이미 본사를 버뮤다로 옮겼고, 1995년에는 홍콩증시에서 철수하면서 주식거래를 중단했다. 그렇기 때문에 자딘 매디슨 계열 기업을 인수합병하기가 더욱 어려워졌다.

두 가지 장벽 때문에 리자청을 중심으로 한 인수합병 협상단은 합병을 포기하면서 홍콩랜드의 부대조건에 합의를 하는 인정미를 보여준 것이다. 노련한 사업가인 리자청은 모든 일에서 승리해야 한다고 생각하기보다는, '이익'을 사고와 행동의 기준으로 삼아 돈을 벌 수 없다고 판단되면 서슴없이 포기했다.

실제로 협상에 참여했던 중국계 그룹들은 합병에 성공하지 못했지만 주식 매각으로 1억 홍콩달러 정도의 세후수익을 올림으로써 상당한 이익을 얻었다.

더욱 중요한 사실은 적대적 합병을 했다면 치렀어야 할 대가를 치르지 않았다는 것이다. 만약 치열한 인수합병이 실패로 돌아갔다면 심각한 손실을 입었을 것이고, 이는 리자청의 성격과 스타일에 맞지 않는 일인 것이다.

리자청의 행동에서 우리는 한 가지 사실을 배울 수 있다. 즉 사업은 전쟁과 비슷한 속성을 갖고 있어서, 항상 승리를 할 수는 없으며 반드시 승리할 필요도 없다는 것이다. 그보다는 불리한 여건에서도 '지혜롭게 상대를 제압하는' 원칙을 지키는 것이 더욱 중요하다.

> **· 리자청 어록 ·**
>
> 나는 우호적인 거래를 선호한다. 이는 나의 철학이다. 나는 두 아들에게도 절대로 타인의 이익을 강탈해서는 안 된다고 가르쳤다.

6 장점을 최대한 선전하고, 유리한 점을 적극 활용하다

뛰어난 운동선수들은 장점을 최대한 살리고 약점은 숨기는 기술로 경기에서 승리를 얻어낸다.

1979년, 리자청의 창장그룹은 부동산 보유량이 급속히 증가하여 그 면적이 1,300만 평방피트에 달했다. 이에 비해 영국계 자본의 대표주자인 홍콩랜드의 보유 부동산은 1,000만 평방피트에 머물렀다. 1972년에 창장실업을 증시에 상장하면서 리자청은 홍콩랜드를 능가하겠다는 원대한 목표를 세웠다. 그리고 불과 7년 만에 목표를 달성했다.

문제는 홍콩랜드의 부동산이 금싸라기 땅인 센트럴에 집중되어 있는데 반해, 창장은 센트럴에 부동산을 거의 소유하지 못하고 있었다는 사실이다. 즉, 양적으로는 홍콩랜드를 따라잡았지만 실제 가치는 많이 뒤쳐져 있는 것이다. 그렇기 때문에 리자청은 지속적으로 보유량을 늘리면서 자산가치도 홍콩랜드를 뛰어넘겠다는 결심을 굳혔다.

일단 목표를 설정한 뒤 실천과정에서 리자청은 '사생결단' 식으로 매달리기보다는 목표점에 도달하는 여러 가지 길을 모색했다. 그래서 그가 구상한 것이 대형 아파트단지 건설 프로젝트였다. 프로젝트의 내용은 단지 안에 주거, 쇼핑, 레스토랑, 레저와 스포츠, 의료, 헬스, 교육, 교통시설 등을 모두 갖추어 편리함의 극대화를 꾀하고, 단지 밖에는 오피

스빌딩과 공공시설을 유치한다는 것이었다.

리자청이 대형 아파트단지를 조성하려 한다는 계획은 홍콩을 떠들썩하게 만들었다. 80년대에 그는 이미 황푸가든, 하이이반도, 리강청, 자후산장 등의 아파트단지를 건설하여 '아파트 대왕'이라는 별명을 얻었다. 아파트 건설은 그를 부동산업계의 거물로 만들었고, 홍콩에서는 아파트 하면 리자청을 떠올릴 정도가 되었다.

이에 앞서 1978년에 홍콩정부는 서민들의 주택 마련을 위해 민간업자들과 구분되는 공공주택 건설사업을 벌였다. 그래서 홍콩에는 공공주택이나 아파트와 민간이 건설한 주택과 아파트가 공존했다. 전자가 비교적 싼 가격으로 저소득층에 임대나 판매를 한 데 비해, 후자는 중산층 이상을 대상으로 분양을 했다.

리자청이 구상한 아파트촌은 주로 중산층 가정을 겨냥한 것이었다. 홍콩섬 북쪽의 센트럴, 동구(東區), 서구(西區)는 대대로 토지를 소유하는 지주와 건설회사들이 재건축을 했으므로 대규모 부지를 확보하기 어려웠다. 또한 홍콩섬 남쪽과 주룽의 신계에는 이미 10여 개의 아파트촌이 있었다. 따라서 대형 아파트촌을 건설하는 데 있어 가장 어려운 점은 대규모 택지를 확보하는 것이었다. 리자청은 인내심을 갖고, 그러나 그저 기회를 기다리지 않고 건설에 대한 구상을 계속했다.

그런 가운데 1981년 1월, 리자청은 정식으로 허치슨 왐포아 이사회의 의장으로 취임했다. 리자청이 허치슨 왐포아를 인수한 이유 중 하나는 이 그룹이 소유하고 있는 부동산 때문이었다. 허치슨 왐포아의 총수 더글라스 클래그는 황푸 항만시설을 이전한 뒤 아파트단지를 건설했다. 건설업에 대한 지식이 별로 없는 그가 풍수지리상 명당이라 소문난 이곳에 아파트촌을 지은 것은 놀라운 일이었다. 그러나 그가 물러난 뒤 적자를 메우기 위해 분양을 서두르는 바람에 투자자들과 주주들은 골탕을 먹기도 했다.

다행히도 황푸신촌에는 아직 택지를 조성할 만한 공간이 많이 남아 있었으므로 리자청은 이곳에 큰 관심을 갖게 되었다. 대형 아파트촌 건설에 몇 년 동안 골몰했던 리자청은 1984년에 중국정부와 영국 수상 마가렛 대처가 베이징에서 '중·영 공동성명'을 발표할 때까지 인내심을 갖고 기다렸다. 성명의 내용이 홍콩에 불리하지 않다는 분석이 나오자 홍콩의 미래에 대한 불안감이 불식되고, 헝성지수와 부동산가격은 뚜렷한 회복세를 나타냈다.

1984년 말, 허치슨 왐포아는 옛 황푸부두 자리에 40억 홍콩달러를 투자하여 쇼핑몰을 포함한 대형 아파트촌인 '황푸가든'을 건설한다고 발표했다. 황푸가든은 11,234세대가 입주할 수 있는 94동의 아파트와 2,900대의 주차시설 및 170만 평방피트의 쇼핑몰로 계획되었다. 건설공정은 총 12차에 걸쳐 진행되었는데, 1985년 1차 아파트 건설을 시작으로 하여 1990년에 완공되었다. 홍콩 최대의 아파트촌인 황푸가든은 정부가 아닌 민간에 의해 건설되었다는 데 그 의의가 있다. 창장은 황푸가든으로 60억 홍콩달러의 수익을 올린 것으로 알려졌다.

리강청과 하이이반도의 건설계획은 1978년 리자청이 허치슨 왐포아를 인수합병할 때 처음으로 구상되었다. 그 후 10년간의 치밀한 기획을 통해 1988년 건설계획이 확정되었다.

한편 리자청은 1985년에 허치슨 왐포아를 통해 홍콩랜드 소유의 홍콩전력을 인수했다. 그리고 홍콩섬 남쪽에 위치한 홍콩전력의 발전소와 인근의 스탠더드오일사의 석유저장소 및 신제의 또 다른 석유저장소 등을 이전한 뒤 두 곳에 대형 아파트촌을 건설하기로 결정했다. 이 계획에

11억 홍콩달러가 소요된다는 소식이 알려져 큰 화제가 되자, 〈정보(情報)〉지는 '리자청과 같은 큰손만이 해낼 수 있는 대형 건설'이라고 평했다.

'리강청'이라 명명된 신계의 아파트촌은 총 면적 8.7헥타르에 64평방피트에서 920평방피트까지 여러 평형의 총 8,072세대가 입주하도록 계획되었다. 건축면적은 총 620만 평방피트였고, 건설비용은 45억 홍콩달러였다.

홍콩섬 남쪽에 건설한 아파트촌은 하이이반도로 명명되었는데, 총 10,450가구가 입주할 수 있는 규모였다. 쇼핑몰과 테니스장, 클럽, 수영장 등의 시설을 갖춘 하이이반도의 건설비용은 65억 홍콩달러였다.

창장 측은 1988년 현재 비슷한 수준의 아파트가 평방피트당 1,000홍콩달러였으므로 두 아파트촌의 순익을 50억 달러 정도로 계상했다. 1990년 5월 리강청의 1차 분양가격은 평방피트당 1,700홍콩달러였는데도 폭발적인 인기를 끌었다. 1993년에는 평방피트당 가격이 리강청은 4,300, 하이이반도는 3,300~3,500홍콩달러를 호가하여 원래 책정했던 가격을 훨씬 상회했다. 건설비용 증가와 물가인상 등을 감안하더라도 리강청과 하이이반도로 창장은 100억 홍콩달러 이상의 순익을 기록했다.

1988년 4월, 창장은 중신그룹과 합작으로 란톈(藍田)지하철 역세권 개발권을 따냈다. 이듬해 12월 말, 창장은 이 부근에 후이징(匯景)가든이라는 아파트촌을 건설한다는 계획을 발표했다. 신제에 위치한 란톈은 남쪽으로 빅토리아항에 면해 있는 변두리였지만 3호선 지하철 개통으로 교통이 좋아지고 지가가 폭등했다. 따라서 후이징가든은 좋은 입지조건을 갖추게 되었다. 리자청은 인내심을 갖고 장기적인 계획을 세워

정부의 토지경매와 개인적인 부지 구입으로 끊임없이 부동산개발의 기회를 잡았던 것이다.

1986년 1월, 창장실업의 자산은 77억 6,900만 홍콩달러에 달했지만, 홍콩랜드에 비해서는 규모가 훨씬 작았다. 그러나 1990년 6월 말, 창장의 자산은 281억 2,800만 달러로 증가하여 홍콩증시에 상장한 부동산회사 가운데 1위를 차지했다. 2위는 궈더성(郭得勝) 일가 소유의 신훙지로서, 자산규모가 242억 700만 홍콩달러였다. 오랫동안 홍콩 부동산업계의 강자로 군림했던 홍콩랜드는 21억 3,100만 홍콩달러로 3위를 차지했다. 한편 창장그룹의 총 자산규모는 1986년에 이르러 자딘 매디슨 그룹을 능가하게 되었다.

홍콩랜드가 우위를 점했던 것은 최고급 아파트를 건설했기 때문이었다. 이에 비해 리자청은 지가가 비교적 싼 지역에 대규모 아파트단지를 조성하는 물량 위주의 전략으로 홍콩랜드를 압도할 수 있었다. 상대보다 뒤처지는 부분에서는 정면 대결을 피하면서 자신의 장점을 한껏 살리는 방향으로 성장전략을 짠 경영철학이 결국 리자청을 최강자로 만든 것이다.

· 리자청 어록 ·

자신이 한 말과 약속은 반드시 기억하면서 실천해야 한다.
그렇게 신용을 쌓다 보면 성공과 부는 저절로 따라온다.

7 다양한 방법으로 광고효과를 얻다

경영자는 기업을 확장하려 할 때 반드시 광고효과를 고려해야 한다. '광고는 보이지 않는 황금'이라는 말도 있는데, 리자청은 광고의 힘을 인식하고 적절히 활용하는 데 있어 탁월한 능력을 보였다.

제2세대 휴대전화가 시장에 출시된 지 얼마 안 되었을 때 정부의 부지경매에 나온 리자청은 갑자기 밖으로 나오더니 휴대전화를 꺼내 전화를 걸었다. 그러자 많은 기자들이 그 모습을 놓치지 않고 카메라에 담았다. 다음날 리자청의 사진과 함께 허치슨 왐포아가 돈 한 푼 들이지 않고 모토롤라 휴대전화를 광고했다는 기사가 실렸다. 사람들은 리자청의 아이디어에 혀를 내둘렀다.

그런데 사실 확인을 위해 사진을 확대해보니 리자청이 든 전화는 모토롤라의 것이 아니라 어이없게도 허치슨 왐포아의 라이벌 회사의 것으로 밝혀졌다. 어떻게 된 영문인지 밝혀지지는 않았지만 아마도 그는 단말기를 빌려 사용한 것이고, 자사제품을 광고했다는 보도는 틀렸던 것이다.

휴대폰 광고사건은 사실무근으로 판명되었지만, 리자청은 확실히 자사제품을 광고하는 데 있어 고수라는 평을 듣기에 손색이 없었다. 실제로 그가 상당한 광고효과를 본 몇 가지 사례를 소개하면 다음과 같다.

리자청은 다양한 종류의 차를 가지고 있는데, 그 중에는 구입한 지 약 30년이 된 롤스로이스가 있다. 그러나 자신은 사용하지 않고 귀빈을 모실 때만 사용을 하는데, 그 이유는 호화로운 차를 타다 보면 근검절약정신을 망각할 수 있기 때문이라고 한다.

현재 그는 대부분의 경우에 닛산(日産)의 프레지던트를 타고 다닌다. 리자청이 처음 프레지던트를 탔을 때 이 차종은 별로 인기가 없었다. 유럽 차를 선호하는 홍콩인들은 일본 차는 값싸고 기름이 덜 드는 대중차라는 인식이 강했던 것이다. 그러나 리자청의 명성에 힘입어 프레지던트의 인기가 급상승하자 부호들도 경쟁적으로 프레지던트를 구입했다.

그런데 리자청이 왜 프레지던트를 타는지 호기심이 발동해 취재를 하던 기자들은 중대한 사실을 발견했다. 리자청은 프레지던트를 수입 판매하던 중타이허청(中泰合誠)자동차의 주식을 보유하고 있었던 것이다. 그의 철저한 광고감각에 기자들은 혀를 내두를 수밖에 없었다. 리자청은 한 마디의 선전도 하지 않았지만, 별로 인기를 끌지 못하던 차가 리자청으로 인해 활로를 찾은 사례였다.

뛰어난 사업가들은 일상사와 모든 행동에서 사업적 감각을 발휘함으로써 남들은 생각지도 못하는 곳에서도 돈을 번다. 보통사람이라면 그냥 지나쳐버릴 일들을 포착하여 기발한 방법으로 광고를 하는 리자청의 수완이 그 한 예라고 할 수 있다.

창장그룹이 가장 큰 이윤을 얻은 부문은 부동산, 그 중에서도 아파트 분야다. 홍콩에서는 부동산이 인기업종이다 보니 시장경쟁이 치열하여 광고전도 불꽃이 튈 정도이다. 전통적으로 아파트 광고는 현장에 대형 사진을 걸고 화려한 조명을 사용하는 것이었다. 그런데 리자청은 자후산장 광고에 레이저를 사용했다. 두 개의 대형 레이저빔으로 아파트에 독특한 이미지의 오색찬란한 광선을 쏘는 이 기법은 장관을 이루었다.

1996년, 우리의 설에 해당하는 춘제(春節)에 창장그룹은 자후산장에서 다양한 프로그램으로 꾸며진 이벤트를 벌였다. 중국의 전통무용인 용과 사자춤이 선을 보인 뒤 특별히 제작한 대련(對聯)이 아파트 외벽에 걸렸다.

이 대련은 너비 25피트, 길이 175피트로 건물의 18층 정도 높이에 해당했다. 행운과 부를 상징하는 붉은 색과 황금색으로 쓴 대련은 자후산장에 사는 모든 사람에게 신년과 봄을 축하한다는 내용으로, 구경을 온 사람들에게 봄의 활기와 희망을 선사하는 효과를 발휘했다. 이 대련은 엄청난 크기와 기발한 아이디어 때문에 큰 화제가 되었다.

이밖에도 음력 1월 7일에는 홍콩공익기금과 창장이 처음으로 신제에서 자선걷기대회를 개최했다. 행사에는 리자청과 그의 장남 리쩌쥐, 창장의 이사 훙샤오롄, 변호사 리예광(李業廣) 등이 참가했다. 전통적으로 이날은 길일로 꼽혀왔는데, 리자청은 행사를 취재하는 모든 기자들에게 200홍콩달러의 훙바오(紅包, 붉은 봉투에 넣어주는 촌지나 세뱃돈. 나쁜 의미로는 뇌물도 훙바오라고 한다)를 나눠주었다.

〈신보(信報)〉는 "리자청이 매년 창장 이사회로부터 5천 홍콩달러의 상징적인 훙바오를 받는데, 어제 그가 기자들에게 나눠준 훙바오는 적게 잡아도 40~50명분이었다. 그가 이사회로부터 받은 훙바오가 어제 행사에서 완전히 바닥이 났을 것이다"라는 기사를 내보냈다.

춘제는 중국인에게 있어 최대의 명절이므로 사람들은 흥겨운 기분으로 정과 인사를 나눈다. 리자청은 이런 심리를 이용하여 훙바오를 줌으로써 기자들과의 거리를 좁히고, 자후산장도 선전한 것이다. 평소에 기자들에게 촌지를 주면 뇌물이라는 의혹을 받게 마련이지만, 춘제에 훙바오를 주는 것은 인지상정이므로 자연스럽게 기자들에게 좋은 인상을 심어주는 데 성공한 것이다. 춘제라는 좋은 기회를 이용해 별로 특별하지는 않지만 정성을 담은 훙바오를 나눠준 행동은 리자청의 사업적 감각이 유감없이 드러난 사례였다.

혹자는 리자청의 일거수일투족이 모두 광고가 된다고 말하지만, 이는 좀 과장된 표현이라 하겠다. 하지만 신중하고도 치밀한 행동으로 자신이 노리는 만큼의 광고효과를 거둔다는 해석은 틀리지 않은 말이다. 즉 그의 의식과 일상 언행에는 사업을 위한 광고를 실천하는 특별한 감각이 있고, 이는 보통사람들과 구분되는 점이다.

> **· 리자청 어록 ·**
>
> 책에서 배운 지식과 현장에서 배운 업무능력을 결합시키는 것이 가장 이상적이다.

8 어리석음을 가장하여 목적을 달성하다

1972년, 몇 년간 침체의 늪에 빠져 있던 홍콩증시가 급속히 활기를 띠게 되었다. 리자청은 7월 31일 창장부동산회사를 창장실업(그룹)주식회사로 명칭을 바꾸었다. 10월에는 홍콩 증권거래소, 위엔둥 증권거래소, 진인 증권거래소에 기업을 공개하고 상장, 11월 1일에 정식으로 주식을 발행했다.

창장의 상장은 투자자들의 뜨거운 주목을 받았다. 상장 후 채 하루가 되기 전에 주식은 2배 이상 올랐고, 청약자가 주식 발행액의 65.4배에 달하자 증권사에서는 부득이하게 추첨을 통해 주식을 판매했다. 그러나 창장이 높은 신용도를 확보한 상태는 아니었다. 실제로 다른 상장사의 주가상승폭은 창장보다 훨씬 높았다. 그럼에도 불구하고 리자청은 타이밍을 잘 살림으로써 증시 진입에서 순조로운 출발을 할 수 있었다. 주가가 2배 이상 오른 것은 창장의 시가가 2배 이상 오른 것이나 다름없다.

리자청은 상승세를 타고 적극적으로 해외진출을 노려 1973년 초 런던증시에 상장하는 데 성공했다. 그리고 1974년 6월, 창장은 홍콩기업으로서는 최초로 캐나다증시에 상장하는 기록을 세웠다.

리자청은 홍콩과 해외증시에서의 상장으로 창장의 발전을 위한 막대한 자금조달의 기반을 닦았다. 증시 상장은 그룹 발전을 위한 빠르고도 유효한 전략인데, 홍콩랜드를 능가하려는 리자청으로서는 적절한 시기에 증시에 뛰어든 것이다. 후일의 성과는 리자청의 증시운용전략이 천부적임을 증명했다.

창장이 상장한 후 얼마 되지 않아 홍콩에서는 주식투자 열풍이 불었다. 1973년 3월 9일 홍콩의 종합주가지수인 헝성지수는 역사상 최고가인 1,772.96포인트를 기록했다. 이는 1년 전에 비해 무려 5.3배가 상승한 수치였다. 그러나 리자청은 폭발적인 증시 성장세에 현혹되지 않았다. 증시의 변화는 순식간에 예측 불가능한 방향으로 일어난다는 사실을 잘 알고 있는 그는 안정적인 발전을 고수한다는 원칙을 지켰다.

그의 예상대로 1974년 12월 10일, 헝성지수는 1970년 이후 최저치인 150.11포인트로 폭락했다. 급히 증시에서 발을 뺀 극소수 투자자를 제외하고, 절대다수는 증시 붕괴의 재난을 피하지 못했다. 홍콩증시에는 짙은 먹구름이 드리워졌고, 비극적인 뉴스가 속출했다. 그러나 리자청은 이 비극에서도 '행운아'로 살아남았다. 창장의 실제 자산은 조금도 손실을 보지 않았고, 오히려 예상보다 훨씬 좋은 실적을 올렸다.

리자청의 안정추구적인 스타일이 다시 한 번 창장의 순항을 보증하게 된 것이다. 그의 사례에서 알 수 있듯이, 투자자는 원칙을 갖고 눈앞의 이익에 현혹되지 않는 것이 무엇보다 중요하다. 폭리를 취하기 위해 무리한 투자를 하다 보면 몇 번은 이윤을 남길 수 있을지 모르지만, 원칙 없는 투자로는 장기적인 성공을 기대할 수 없다.

물론 극소수의 주식투자자들은 탁월한 수단으로 폭리를 취하고, 재빠른 시세 판단으로 증시 붕괴의 위기를 모면했다. 그들은 리자청보다 더 많은 이익을 챙기기도 했다. 그러나 리스크가 큰 투자를 하려 할 때는 냉정하게 자신이 주식투자에 출중한 능력이 있는지를 검토해야 하며,

실패에 대비한 심리적 준비도 해둬야 한다. 큰 이익을 노릴 때는 본전조차 날릴 수 있는 경우를 상정해야 하는 것이다.

우리가 잊지 말아야 할 사실은 오늘날 리자청이 홍콩은 물론 세계적으로 중국인 가운데 최고의 갑부라는 사실이다. 따라서 그의 경영법이 가장 우수하다고 할 수는 없겠지만, 최소한 그의 성공의 배후에는 충분히 배울 만한 무언가가 있다는 사실을 인정해야 할 것이다.

한편 1973년의 증시 붕괴는 부동산시장에도 영향을 미쳤다. 홍콩경제의 호황과 불황의 사이클을 꿰뚫고 있는 리자청은 이번의 불황 후에 곧 경제가 소생하리라는 신념을 가졌다. 그래서 증시와 부동산시장이 불황인 이때야말로 투자를 늘려야 할 시기라는 판단을 내렸다.

1974년, 창장은 1,700만 주를 새로 발행한 뒤 '도시부동산투자주식회사'의 지분 50%를 사들였다. 실제로 리징(勵精)빌딩과 환추(環球)를 인수한 것이다. 두 빌딩에는 대규모 쇼핑몰이 있어 임대수입만도 한 해에 800~900만 홍콩달러에 달했다.

부동산 침체로 도시부동산투자주식회사가 재정적 어려움을 겪고 있는 와중에 리자청은 유리한 조건으로 인수를 하면서도 결과적으로 이 회사에 도움을 주는 일석이조의 효과를 얻은 것이다. 이런 방식으로 리자청은 막강한 현금동원력을 바탕으로 부동산시장의 침체로 가격이 하락한 틈을 타 대량의 부동산을 매입했다. 이밖에도 과거 임대 위주의 경영을 매각으로 전환하여 확보된 자금으로는 건물을 지었다.

1976년, 침체되었던 부동산시장이 다시 활황으로 돌아섰다. 업계에서는 전반적인 불황 속에서 리자청이 꾸준히 투자를 하여 소규모의 창장부동산회사를 부동산왕국으로 확장시켰다는 사실을 발견했다. 1972년 창장이 증시에 상장할 당시 소유 부동산은 35만 평방피트였으나

1976년에는 635만 평방피트로 증가했다. 이 해에 리자청은 5,500만 주를 발행하여 1억 1천만 홍콩달러의 자금을 확보한 뒤 계속해서 부동산을 사들였다. 1977년, 창장의 부동산은 1,020만 평방피트에 달했다. 당시 정부를 제외하고 가장 많은 부동산을 소유한 기업은 홍콩랜드로서 그 규모는 1,300만 평방피트였다.

리자청은 창장을 상장하고 불과 5년 동안 보유한 부동산규모를 홍콩랜드를 위협할 만한 수준으로 증가시켰다. 남들 눈에는 홍콩랜드를 능가하겠다는 목표가 헛소리처럼 들렸지만 그는 어느덧 꿈을 실현하기 직전에까지 이른 것이다.

부동산에 대한 안목과 추진력, 그리고 경이로운 성과를 통해 리자청은 걸출한 경영자로서의 면모를 드러내기 시작했다. 무엇보다도 그가 두각을 나타낼 수 있었던 것은 경제순환의 흐름을 읽어내고 불황기에 과감한 투자를 했기 때문이다. 또한 증시를 통해 자금을 확보한 뒤 상황의 변화를 주시하면서 과감하게 부동산 운용을 임대에서 매각으로 전환한 것이 적중했다. 그래서 매각수입으로 자금회전율을 높인 뒤 아파트를 건설한 전략은 그의 성공을 보장해주었다.

> **· 리자청 어록 ·**
>
> 사람들은 모두 나름대로 잘났다는 사실을 믿어야 하며, 그런 다음에는 사람들이 당신을 좋아하고 친하게 지내도록 만들어야 한다. 좋은 인간관계를 맺는 것이야말로 무엇보다 중요하다.

리자청이 존경받는 이유, '리자청 기금회'

2005년 5월 6일에 리자청은 "지식이 운명을 바꾼다"며 홍콩대학에 무려 10억 홍콩달러(한화 약 1,283억 원)를 기부했다. 이는 지금까지 홍콩에서 개인이 낸 단일 기부금으로는 가장 큰 액수다. 쉬리즈(徐立志) 홍콩대학 총장은 리자청의 기부 소식을 듣고 "사상 최대의 선물"이라며 "리 회장의 선행이 홍콩의 사회사업에 새로운 이정표가 될 것"이라고 말했다고 한다.

2004년 말에는 2008년 베이징올림픽 국가수영센터 건립비로 1억 홍콩달러(한화 약 145억 원)를, 동남아 지진해일참사 구호비용으로 2,400만 홍콩달러(한화 약 34억 원)를 기부했다.

이는 모두 리자청이 교육·의료·학술지원사업을 위해 설립한 '리자청 기금회'를 통해 이루어진 일들이다. 리자청 기금회는 1980년에 세워졌는데, 출연자금 중 약 70%인 50억 홍콩달러(한화 약 7,500억 원)의 거금을 리자청 개인 재산에서 출연했다고 한다. 성공한 기업가들이 대부분 기업의 자금으로 자선단체를 운영하는 것과 비교되는 일이라 하겠다.

리자청은 리자청 기금회를 설립하기 전에도 도움이 필요한 곳에 많은 선행을 베풀었으며, 기금회를 설립한 후 본격적으로 사회사업을 시작하여 재해지역, 장애인, 소년소녀가장 등을 돕기 위해 해마다 수억 홍콩달러를 기부하고 있다.

리자청은 "개인적으로 미국의 정치가이자 사업가인 벤저민 프랭클린과 중국 춘추전국시대의 정치가이자 거부인 범여를 존경한다"고 말했다. 그는 특히 "당대에 재상 자리를 버리고 재물을 친지와 이웃사람들에게 나눠주고 간 범여보다는, 미래의 후손들을 생각해 학교와 도서관, 의료지원 등에 아낌없이 후원한 프랭클린의 행동이 더 바람직하다"고 강조했다고 한다.

리자청 기금회의 주요 업적 중 하나가 바로 1981년에 고향인 광둥성 차오저우(潮州) 부근 산터우(汕頭)시에 산터우대학을 건립한 일이다.

초등학교 교장이었던 아버지로부터 영향을 받았고, 어린시절에 교육자가 되길 꿈꾸었으며, 교육과 지식의 중요성을 늘 절감하던 리자청은 1981년에 종합대학인 산터우대학을 설립했다. 설립 후 리자청은 산터우대학 설립에 대해 이렇게 말했다고 한다. "한 나라가 부강해지려면 교육이 제일 중요합니다. 우리나라가 현대화를 실현하려면 반드시 인재가 있어야 하고, 인재는 날 때부터 인재가 아닌 이상 학교에서 많이 키워내야 합니다. 거금을 들여 산터우대학을 세운 것도 인재를 양성하기 위한 것입니다."

대학의 1년 운영비는 한화로 약 180억 원이 소요되는데, 70%는 리자청이, 나머지는 광둥성이 지원하고 있다고 한다. 이런 리자청의 아낌없는 지원으로 산터우대학은 중국의 명문대학으로 자리 잡기 시작했다.

산터우대학에는 현재 7,000여 명의 학생들이 재학 중이며, 9개 학부에서 학사, 석사, 박사생을 배출하고 있다. 현재 미국, 영국, 독일, 일본, 캐나다, 러시아, 필리핀 등 20여 개 국가의 대학과 교류를 맺고 학술활동을 펼치고 있으며, 선진적인 설비와 우수한 교수진, 새로운 교육과정으로 우수한 인재들을 교육하는 데 힘쓰고 있다.

인재는 기업의 잠재력과 활력을 끌어올리는 중요한 요소이다. 인재를 보유하지 못하면 경쟁력이 없으며, 인재를 보유한 기업만이 승자가 될 수 있다. 일찍이 인재의 중요성을 간파한 리자청은 적극적으로 인재를 발굴하여 양성했다. 또한 많은 인재들을 과감하게 경영에 참여하게 함으로써 내부적 단결력을 강화했고, 궁극적으로 성공신화를 일궈낼 수 있었다.

비결 6

人

인재를
적극적으로
유치하고
양성하다

1 포용력을 갖고 인재를 발굴, 양성하다

바다의 광대함은 모든 물줄기를 받아들이기에 가능한 것이다. 흔히 리자청은 어떤 일도 포용할 만한 큰 도량을 갖췄고, 그렇기 때문에 대기업가가 될 수 있었다고 한다. 창업을 할 때 '창장(長江)'을 상호로 선택한 것은 모든 물을 받아들여 도도한 흐름을 형성한 창장을 본받겠다는 생각에서였다. 창업 후 그는 창장을 구르는 눈덩이처럼 빠른 속도로 성장시켰고, 최대한 인간을 포용하겠다는 원칙도 충분히 구현했다.

한 기업의 성장과정에서 경영주의 역할은 단계마다 달라지며, 그를 보좌하는 인재들도 각기 다른 성격을 지녀야 한다. 창장의 초창기에 리자청은 변변한 부하 없이 본인이 모든 일을 처리해야 했다. 생산설비의 설치, 제품의 설계와 생산 등 모든 작업을 직접 하고, 홍콩 전역을 발로 뛰며 원자재를 구입하고 세일즈를 하는 일도 그의 몫이었다. 이 시절 그는 자신의 분신처럼 열심히 뛰어줄 인재를 원했다.

상하이 출신인 성송성(盛頌聲)과 차오저우 출신의 저우첸허(周千和)는 창업 초기인 50년대 초부터 리자청을 가장 많이 도와준 인물들이다. 성송성과 저우첸허는 각기 생산과 재무를 맡아 아무런 불평 없이 묵묵히 리자청을 위해 충성을 다했다. 그들은 글자 그대로 창장의 '창업 공신'이었다.

저우는 창업시절을 이렇게 회고했다. "그때 우리의 월급은 형편없어서 100홍콩달러 남짓이었다. 지금 젊은이들은 우리가 얼마나 힘들게 살았는지 상상조차 할 수 없을 것이다. 리자청 선생과 우리는 한마음으로 죽어라 일을 하면서도 힘들다는 내색조차 한 적이 없다. 사람들은 리선생이야 주인이니까 그렇게 고생할 만한 가치가 있었겠지만, 피고용인인 우리가 그렇게까지 할 필요가 있었냐고 한다. 하지만 그렇게 말하면 안 되는 것이, 리선생은 자신의 몫을 덜 챙길지언정 우리 모두를 가족처럼 보살펴주면서 동고동락했다."

리자청 자신도 "오늘날의 창장을 만든 바탕에는 동료들의 사심 없는 협력이 있었다"라는 말로 그들의 공로를 치하했다.

성송성과 저우첸허는 성실하면서도 충직함을 인정받아 리자청의 두 팔 노릇을 했다. 어려운 창업 초기에 같은 배를 탄 심정으로 어려움을 극복하기란 쉽지 않았다. 그렇기 때문에 리자청은 그들과의 사이에서 돈독한 정과 함께 깊은 신뢰를 쌓았다. 리자청은 1980년과 1985년에 각기 성송성과 저우첸허를 부회장으로 임명했다.

주위에서는 그들을 부회장의 자리에 앉힌 것이 옛정을 중시하는 리자청이 늙은 두 신하에게 베푼 '정신적 위로'라고 평했다. 그러나 리자청은 그들에게 단순히 높은 자리만 준 것이 아니라, 중요한 역할도 맡겼다. 성송성은 부동산, 저우첸허는 주식투자라는 그룹의 양대 업무를 책임지게 한 것이다.

1985년, 성송성은 캐나다로 이민을 가면서 창장그룹을 떠났다. 리자청은 손수 성대한 환송파티를 열어주어 성송성을 감동시켰다. 저우첸허는 은퇴하기 전까지 창장을 지켰고, 나중에는 아들도 창장에 입사하여 중견 간부가 되었다.

용인술(用人術)을 터득하고 있는 리자청은 자신은 손해를 보더라도 직원들이 피해를 입지 않도록 함으로써 그들의 충성심과 단결력을 이끌어냈다. 창장이 발전하는 과정에서도 때로는 어려움이 있었지만 직장을 떠나는 사원들이 적었던 것은 리자청의 뛰어난 인사정책에 힘입었다고 할 수 있겠다.

성송성은 1980년에 창장의 성공비결을 이렇게 회고했다. "리자청 선생의 결단력 아래 창장의 모든 구성원들이 한마음으로 일치단결했기 때문이다. 리선생은 매일 아침 8시면 출근해서 퇴근할 때까지 일에 몰두했고, 다른 직원들도 그와 똑같이 근면하게 업무에 충실했다. 창장이 활기찬 기업이 될 수 있었던 가장 중요한 원동력은 바로 그들의 성실함이다. 리선생은 신속하고도 정확하게 결정을 내렸고, 사람을 잘못 보는 오류를 범하지도 않았다. 그렇기 때문에 창장실업은 200여 명 남짓한 직원만으로 10억 홍콩달러에 달하는 수익을 올리고 있다. 사업이 어느 정도 궤도에 오른 후에 리자청 선생은 최대한 너그러운 태도로 사람들을 대했기 때문에 그와 협력한 개인이나 집단은 기분 좋게 일하며 많은 이익을 올렸고, 이는 궁극적으로 창장의 더 큰 발전에 일조했다."

리자청은 창장에 공헌을 한 옛 직원들에게는 그에 걸맞은 보상을 해준다는 원칙을 실천했다. 그는 사람을 얻기 위해서는 먼저 마음을 얻어야 한다는 신념으로 직원들을 대했기 때문에 창장에는 많은 인재들이 모여들었다.

"넓은 도량으로 교만하지 않고 겸손하게 타인의 장점을 인정하면 도움을 받을 수 있다. 이것이 옛사람들이 말한 '포용력을 갖춤으로써 스스로를 큰 사람으로 만든다'는 이치이다."

"수많은 사람들이 나를 도와주지 않았다면 나는 손이 열 개라도 그

많은 일을 해내지 못했을 것이다. 일에서 성공하기 위해 가장 중요한 것은 나를 도와주고 즐겁게 나와 일할 사람을 얻는 것이다. 이것이 바로 나의 철학이다."

이상의 말에서 알 수 있듯 리자청의 용인술에는 몇 가지 원칙이 있다. 첫째, 솔선수범한다. 둘째, 협력한 사람과는 반드시 이익을 같이 나눈다. 셋째, 인정으로 사람들을 감동시킨다. 넷째, 인재를 적재적소에 배치한다.

언뜻 보면 간단한 것 같지만 실천하기는 어려운 원칙들이다. 만일, 지주가 머슴을 부리듯 직원들을 대했다면 리자청은 결코 뜻을 같이 하는 협력자들을 얻지 못했을 것이다.

> **· 리자청 어록 ·**
>
> 가족적 분위기의 작은 회사에서는 구성원들이 쉽게 일치감을 갖고 일할 수 있다. 하지만 회사의 규모가 커지면 구성원들이 귀속감을 갖고 안정적으로 일할 수 있는 분위기를 만들어야 한다. 경영의 도는 간단히 말하면 직원들을 잘 파악하여 능력을 발휘할 수 있게 만드는 것이다. 기본적으로 경영자는 직원들이 회사를 집처럼 여길 수 있도록 해야 한다.

2 사업의 성공은 능력과 인품을 갖춘 인재의 활용에 달려 있다

수많은 지류가 합쳐져 도도한 창장의 물줄기를 형성하듯, 리자청은 많은 인재를 등용하는 것이 회사 발전의 기본이라는 인식을 갖고 있었다. '1천 명을 지휘하기보다는 한 명을 지휘하는 것이 낫다'는 관념과 '이이제이(以夷制夷, 이 나라의 힘을 빌려 저 나라의 힘을 빌리다)'는 리자청의 인재관이자 인사철학의 핵심이었다.

창장은 원래 가족기업으로 출발했지만 족벌적 색채를 배제하고 서양식과 중국식 장점을 살린 경영시스템을 갖췄다. 그는 친인척만을 중용하는 가족기업은 '외부인'을 불신임하게 되는데, 그러면 결국 기업에 손실을 초래하게 된다는 생각을 가졌다.

1980년대 들어 중국이 개방정책을 실시하면서 그의 고향인 차오저우 출신의 많은 친인척과 친구들이 창장에 구직을 했으나 거절당했다. 현재 창장그룹에는 그의 친척과 동향들도 근무하고 있지만 특별한 대우를 받지 않고 있다. 리자청의 신임과 중용을 받는 인물들은 대부분 동향 출신이 아닐 뿐더러 상당수가 외국인이다.

홍콩의 작가 허원샹(何文翔)은 리자청이 성공한 비결은 '능력과 인품을 갖춘 인물들을 적재적소에 배치한 뒤 엄격한 기준으로 평가하면서 후대한 것'이라 분석했다. 또한 동서양의 문화적 특색을 융화하고, 서구의 선진화된 경영방식을 도입한 데 있다고 보았다.

인재를 활용하고 관리하는 데 있어서도 리자청은 뛰어난 능력을 과시했다. 그는 가족경영으로 인해 인재들을 배척하면 창업자의 능력으로 1세대는 성공할 수 있지만 2세대에서는 수성에 성공할 수 없다고 보았다. 더욱이 자딘 매디슨과 같이 선진적 경영시스템으로 100년 이상의 역사를 이어나가기란 매우 어렵다는 것을 알고 있었다.

물론 서구식 경영방식에도 결점은 있다. 중국인 기업 같은 가족적인 인간미를 결여하고 있는 것이다. 치밀한 연구와 기획을 할 수는 있지만 중국인 사업가들이 악수 한 번으로 합의를 이루는 식의 신속한 결정을 내릴 수 없다는 단점도 있다.

동서양의 장점을 살린 리자청의 경영방식의 예를 들면 이렇다. 어떤 분야에 투자를 하려 할 때 주도면밀한 조사와 연구를 하는 것은 서구적 방식이고, 전화 한 통이나 상대와의 악수로 상담을 성사시키는 것은 중국식 스타일이다. 오늘날 창장그룹은 이미 검증받은 인사제도를 정착시켰다. 앞으로 어떤 변화가 있더라도 현재의 인사원칙을 고수할 것이다. 그리고 리자청은 기업가의 이상적인 모델로 확고히 자리매김했으므로 21세기에는 제2, 제3의 리자청이 출현하게 될 것이다.

리자청이 인재를 발탁하고 활용하는 데 있어서는 세 가지 특색이 있다. 첫 번째는 창업 초기의 원로들을 활용하는 것이다. 그러나 원로들만으로는 기업의 혁신과 발전을 꾀하기 힘들다. 그래서 두 번째로는 서양인들을 과감하게 기용했다. 예를 들면 창장의 부회장인 조지 매그너스는 영국인으로, 케임브리지대학 경제학과를 졸업한 뒤 1979년에 입사했다. 허치슨 왐포아의 사장인 사이먼 먼레이도 영국인으로 1984년에 취임했다. 이밖에도 칭저우(靑州)시멘트, 광성항(廣生行)의 사장 등은 모두 서양인이다. 일부에서는 리자청의 주요 참모들이 서양인 일색이라고 비판을 한다. 그러나 글로벌 스탠더드에 부합하는 경영과 해외에서의 적극적인 경영을 위해서는 외국인 인재들을 기용하는 것이 불가피하다는 측면을 간과할 수 없다.

세 번째 특색은 창장의 고위층이 전반적으로 젊다는 점이다. 예를 들어 창장의 부회장과 사장인 저우녠마오와 훠젠닝(霍建寧)은 30대 초반에 임원이 되었고, 홍샤오롄은 40세에 이사가 되었다. 원로에서부터 청장년을 망라한 임원층은 리자청 '내각' 구성의 묵계처럼 되어 있다. 이런 구조로 인해 창장과 허치슨 왐포아는 대그룹의 경직성을 탈피하여 유연하고도 신속한 결정을 내리는 장점을 발휘하고 있다.

> **· 리자청 어록 ·**
>
> 군을 통수하는 총사령관은 일급 사격수가 아닐 수도 있으며, 대포를 조작하는 솜씨는 포병보다 뒤질 수 있다. 다만 총사령관은 전략을 잘 구사할 줄 알면 된다. 군대라는 조직에서 가장 중요한 것은 전략이기 때문이다.

3 리자청의 인사원칙 : 합리성, 전문성, 연공서열의 파괴

미국의 〈포브스〉지는 리자청이 파트너십을 매우 중시하는 기업가이며, 지인들과 공동으로 부동산과 무역에 투자함으로써 부를 쌓기 시작했다고 소개했다. 리자청 자신도 "나는 사업을 하면서 항상 성실한 자세로 인간관계를 맺겠다는 다짐을 했다"라는 말로 인적 요소를 중시하는 경영관을 피력했다. 어린 나이에 보잘 것 없는 사환으로 출발해 거대한 기업집단을 거느리기까지 리자청의 성공과 불가분의 관계를 맺고 있는 것은 바로 '용인술'이다.

리자청의 인사원칙을 기준으로 보면 중국의 지도자들은 잘못된 관념을 갖고 있음을 발견하게 된다. 중국의 지도급 인사, 특히 기업의 경영자들은 낡은 관행을 개혁하지 않으면서 폐쇄적인 자세를 고수함으로써 부실경영이나 도산을 초래하고 있다. 오랫동안 계획경제를 실시한 중국에서 경영자들은 시대의 변화에도 불구하고 전통적인 경영방식과 인재관리모델에 만족하면서 서구의 선진적인 시스템을 거부하고 있다. 더군다나 우수한 외국인 전문경영인을 영입한다는 생각은 그들의 머릿속에 없다. 인사에 있어서도 경력과 연공서열을 중시한 나머지 실제 능력, 시장경제체제에 적응하는 창의성과 적극적인 사고, 젊은이 특유의 정열과 개성을 고려하지 않는 경향이 농후하다. 그렇기 때문에 기업은 활력을 잃은 채 시대와 사회의 흐름에서 도태되곤 한다.

　리자청의 인사제도의 특성을 살펴보면 합리적이고도 객관적인 기준을 갖고 인재를 활용한다는 사실을 알 수 있다. 기업이 발전하려면 합리적인 경영, 특히 합리적인 인사정책을 시행해야 한다. 합리성, 전문성, 나이를 초월한 능력 위주의 인재 발탁이야말로 기업의 사활을 결정하는 요소이다.

　객관적이고 합리적인 기준에 따라 인재를 기용하여 최대한 능력을 발휘하게 하면 기업은 건강하게 발전할 수 있다. 전문성을 갖춘 인재는 제품과 기술의 질을 담보하여 치열한 시장경제에서 살아남게 한다. 전문인력은 기업에 추진력, 활력, 창의력을 불어넣는 역할을 한다. 고위층 인사들은 흔히 보수적인 경향 때문에 새로운 사고와 사물, 행동방식을 받아들이기 힘들다. 그러므로 선진적인 경영기법과 노련한 간부들의 경험을 결합시키고, 국내외의 우수한 인재들을 고용하되 특히 젊은 인재를 폭넓게 활용하는 기업의 미래는 상당히 긍정적이라 하겠다.

　기업이 발전하기 위해서는 복잡한 요인들이 조화를 이뤄야 하지만, 리자청이 보기에 핵심은 인재의 충원과 활용이다. 그는 언론과의 인터뷰에서 충분한 인재를 확보하는 것이야말로 기업이 신경제시대에 적응하고 승리하는 관건이라고 여러 차례 강조했다. 그는 기업은 반드시 창의적인 발상과 유연한 대응력으로 위기를 극복해야 한다고 역설했다. 그리고 세계화는 일시적인 현상이 아니라 앞으로도 지속될 방향이므로 국가나 민족은 전체적인 수준을 향상시키는 어려운 과제를 해결해야 한다는 생각을 피력했다.

　전문가들은 리자청이 뛰어난 두뇌를 갖추고 뜻이 맞는 엘리트들을 주위에 포진하고 있는 것이 성공의 가장 큰 요인이라 분석했다. 창장이 어느 정도 규모를 갖춘 뒤 그는 엘리트들을 발굴하는 데 심혈을 기울였다. 그래서 친인척을 중용하는 기업구조를 타파하고 뛰어난 전문성과 앞서가는 의식을 가진 인물들로 '친위대'를 구성함으로써 창장이라는 방대한 왕국을 관리했다. 한 잡지는 "리자청이 관리하는 내각은 노, 중, 청년 세대의 장점과 동서양의 색채를 고루 갖춤으로써 최고의 협력효과를 발휘하는 이상적인 모델이다"라는 표현으로 창장의 인적 요소를 압축했다.

한편, 급변하는 환경에 대응하기 위해서는 첨단기술과 정보통신산업에 적극적으로 투자해야 한다. 리자청은 미래의 신경제시대에는 전통산업적 요소와 눈부시게 발전하는 과학을 결합시키는 기업만이 선두에 서게 될 것이라 전망했다.

리자청은 기업의 발전단계에 따라 기업주가 각기 다른 역할을 수행해야 한다는 말을 한 적이 있다. 이와 마찬가지로 경영주를 보좌하는 인재들도 기업의 상황에 따라 다양한 기능을 담당해야 한다. 그러나 창업 시기에 경영자가 가장 원하는 부하는 역시 충성심과 성실성을 겸비한 인물이라는 것이 그의 솔직한 인재관이다.

> • 리자청 어록 •
>
> 자신을 드러내지 않으면서 타인의 장점을 인정하면 타인으로부터 도움을 받을 수 있다. 이것이 옛사람들이 말한 '포용력을 갖춤으로써 스스로를 큰 사람으로 만든다'는 이치이다.

4 전문성을 갖춘 인재를 중용하다

기업의 성장단계에 따라 기업주의 역할은 달라지기 마련이고, 필요로 하는 인재들의 성격도 변화한다. 그러나 기업에 있어 가장 중요한 자산은 전문인력이다. 기업주를 도와 창업을 한 원로들은 부를 축적하게 할 수는 있지만 시간이 흐를수록 급속한 변화를 따라잡기가 벅차다. 따라서 새로운 분야에 진출하거나 돌파구를 찾아야 할 때는 외부로부터 인재를 충원해야 한다. 새로운 전문인력은 기업의 발전에 도움이 될 뿐만 아니라 원로들의 부족한 점을 보완할 수 있는 장점을 갖고 있다.

창장플라스틱을 설립했을 때 리자청은 충성스럽고 부지런한 인물을 원했다. 그의 직원들을 가족처럼 소중하게 여기는 마음으로 인해 공장은 활력으로 가득 찼다. 그 후 사업이 확장되면서 나이든 직원들의 지식과 기술만으로는 부족하다고 판단한 리자청은 개척정신이 강한 젊은 전문인력들을 보강했다. 이 시기에 이르러 그는 회사의 업무를 일일이 챙기기보다는 인사관리에 중점을 두었다. 국적을 불문하고 능력 있는 인재들을 채용하여, 유능한 참모들 가운데에는 외국인이 많았다. 영국계 기업들을 인수한 후에는 '이이제이(以夷制夷)'의 필요성을 절감하여 외국인 관리자로 하여금 외국인 직원들을 통솔하게 했다. 이렇게 함으로써 관리자와 직원들이 원활하게 소통하게 했고, 해외업무에 있어서는 그들의 혈연, 언어, 문화적 배경을 살려 중국인이 하기 힘든 일들을 성사시켰다. 1980년대 들어 창장이 눈부신 성장을 하면서 주가는 1984년 6홍콩달러에서 90년대 중반에 이르러 90홍콩달러로 상승했다. 젊고 유능한 인재들을 대거 기용한 것이 주효했던 것이다.

나이든 임원들은 경험이 풍부하고 신중하지만 추진력과 개척정신은 부족하기 마련이다. 기업이 상승세를 탈 때는 과학적인 관리와 젊고 활기찬 젊은 인재가 필요한 법이다. 그들은 열정과 대담하고 창의적인 사고로 실패 후에도 다시 일어나 목표를 위해 돌진하는 힘을 가지고 있고, 그 힘은 기업발전에 필수적인 원동력이 된다.

창장의 젊은 관리자들 가운데 가장 주목을 끄는 인물은 휘젠닝이다. 그가 주목을 받는 이유는 언론에 많이 노출되었기 때문이 아니다. 실제로 그는 뒤에서 묵묵히 일하는 스타일이다. 재무방면에 뛰어난 능력을 지닌 그는 창장그룹 전체의 재무를 관장하면서도 튀지 않는 처신을 하는 전문경영인의 면모를 지니고 있다.

명문 홍콩대학을 졸업한 그는 미국 유학을 마치고 귀국한 1979년에 리자청에게 발탁되어 창장의 회계책임자 자리에 앉았다. 그리고 창장에서 근무를 하면서 틈틈이 공부를 해 영연방 호주의 특별회계사 자격증을 땄다. (이 자격증을 갖고 있으면 모든 영연방 국가에서 회계사로 활동할 수 있다.)

리자청은 휘젠닝의 능력을 높이 사서 1985년에는 창장의 이사로, 1987년에는 부회장으로 임명했다. 35세의 나이에 홍콩 최대 그룹의 부회장이 된 것은 다른 그룹에서는 찾아보기 힘든 파격적 인사였다. 휘젠닝은 창장 계열 4개 사의 이사일 뿐만 아니라, 창장과 밀접한 관계가 있는 숑구주(熊谷組, 창장부동산의 주요 건설하청업체), 광성항(廣生行, 무역회사), 아이메이가오(愛美高, 창장의 지분회사) 등의 이사를 겸임하고 있다.

언론으로부터 '돈에 관한 한 동물적 감각을 지닌 인물'이라는 평을 받는 그는 창장그룹의 중대한 투자계획과 주식·은행·채권업무들을 직접 기획하고 결정한다. 그가 움직이는 자금이 평균 수십억 홍콩달러에 달한다는 점에서 리자청의 신임을 짐작할 수 있다.

휘젠닝 본인의 수입도 대단해서 연봉과 이사회에서 받는 인센티브와 스톡옵션 등을 합하면 1천만 홍콩달러에 달한다. 사람들은 그의 비상한 두뇌회전이 그를 전문경영인의 대표주자로 만들었다는 평을 한다. 그는 창장의 싱크탱크(Think Tank) 역할뿐만 아니라 리자청의 두 아들 리쩌카이와 리쩌쥐에게 경영수업을 시키는 '사부'의 몫도 담당하고 있다.

휘젠닝의 예에서 알 수 있듯 리자청은 전문경영인을 그룹의 중추로 인식해 중책을 맡길 뿐 아니라 능력에 합당한 높은 연봉으로 강한 귀속 감을 심어주고 있다.

창장의 소장파 임원 중 휘젠닝에 비견할 만한 인물로 저우녠마오(周年茂)가 있다. 리자청은 창업 동지 저우첸허의 아들인 그를 학생시절부터 눈여겨보면서 창장의 중요한 인재로 키우기로 마음먹고 영국에서 법학을 공부하도록 도움을 주었다.

저우녠마오는 학업을 마치고 홍콩으로 돌아와 자연스럽게 창장그룹에 들어갔고, 리자청은 그를 그룹의 대변인에 임명했다. 홍콩에 돌아온 다음 해인 1983년에 그는 창장의 이사로 선임되었고, 1985년에는 부친과 함께 부회장에 임명되었다. 이때 그의 나이 겨우 30세였다.

일부에서는 리자청이 충성스런 그의 부친에 대한 감사의 표시로 저우를 파격적으로 출세시켰다는 비판을 했다. 어느 정도 일리가 있는 이야기지만 리자청이 턱없이 그를 총애한 것은 아니다. 사실상 저우녠마오는 중책을 감당할 만한 충분한 능력을 갖추고 있다.

창장 내부에서는 저우녠마오를 어린 나이에 부회장의 자리에 앉힌 것이 결코 정실에 얽매인 것이 아니라고 말한다. "우리 회장님은 무능한 사람은 아무리 친척이라도 거들떠보지 않는다. 저우 부회장은 젊은 나이에도 불구하고 굉장한 능력이 있는 사람이다."

저우녠마오는 부회장의 자리에 앉은 후 캐나다로 이민 간 성송성이 담당했던 부동산업무를 총괄하게 되었다. 그는 차궈링의 리강청, 란뎬의 후이징가든, 야리저우의 하이이반도, 톈수이웨이(天水圍)의 자후가든 등 대형 아파트 건설을 기획하고 지휘하여 리자청의 두터운 신임을 얻었다. 리자청은 저우의 능력을 인정한 후, 이전의 성송성에 비해 더욱 큰 책임과 임무를 떠맡겼다. 저우는 성실한 태도로 기대에 부응함으로써 그룹 내에서 호평을 받았다. 정부 소유 토지의 경매에 대한 결정은 원래 리자청이 직접 관여했지만, 현재는 저우녠마오가 상당 부분을 대리하고 있다.

저우녠마오는 전형적인 학자 타입의 인상이지만 실제로는 카리스마 넘치는 스타일로서, 침착하면서도 박력 있게 밀어붙이는 행동력을 갖추고 있다. 이 점이 리자청을 가장 안심시키는 부분이다.

일반적으로 창업 시기에 경영주가 자신의 이익만을 챙기면 부하들은 애사심을 갖고 최선을 다하지 않는다. 경영주가 이기심을 버리고 부하들을 잘 대우하면 회사를 위해 전력을 다하지만, 이것도 한계는 있다. 즉, 사업이 일정 궤도에 오르면 부하들도 경제적으로 안정되어 더 이상 정열적으로 회사에 헌신하지 않는 것이다. 그럴 때에는 그들을 채찍질하기보다는 새로운 젊은 인력으로 조직에 활기를 불어넣는 것이 바람직하다.

리더십에 관한 유명한 말이 있다. "1천 명을 지휘하는 것보다는 1백 명을 지휘하는 것이 낫고, 1백 명보다는 열 명이, 열 명보다는 단 한 명을 지휘하는 것이 낫다." 한 명을 지휘한다는 것은 바로 한 부문의 책임자를 완전히 장악하는 것을 말한다. 물론 중대한 결정을 해야 할 때는 그룹의 오너가 직접 판단을 해야 한다.

'한 사람만을 지휘'하는 것은 용인술의 최고의 법칙이기는 하지만 실천하기 위해서는 세 가지 조건이 만족되어야 한다. 첫째, 적임자의 선정. 둘째, 능력과 인격을 충분히 파악할 것. 셋째, 경영주로서 세부적 사항까지도 완전히 파악하여 적시에 상황을 컨트롤할 것. 그런데 이 세 가지 조건을 갖추는 데는 오랜 시간의 경험이 필요하다.

적임자라고 판단한 인재를 발탁하면 리자청은 그에게 전권을 위임하고, 자신은 사업 전반의 중요한 결정만 내렸다. 그래서 저우녠마오와 훠젠닝에게 각기 부동산과 재무 파트를 책임지게 했고, 빌딩과 아파트 마케팅은 훙샤오롄이 전담하게 했다. 모든 일을 직접 처리하는 스타일이었던 리자청은 이제는 일이 아닌 사람을 관리하는 리더십을 발휘하고 있다. 80년대 초반에 리자청은 투자하는 모든 회사의 업무를 지휘하면서 대표이사를 겸했다. 그러나 80년대 말부터 대형 인수합병계획이 줄어들면서 주식투자에 전념했다. 창장의 규모가 방대해짐에 따라 그로서도 모든 계열기업을 챙길 수 없게 된 것이다.

언론에서는 훠젠닝, 저우녠마오, 훙샤오롄을 창장의 '신(新)트로이카'라고 표현하고 있다.

훙샤오롄 역시 젊은 관리자에 속하는데, 그녀가 창장의 빌딩과 아파트 판매 총책에 임명된 것은 30대 후반의 일이었다. 창장의 대표적인 재원으로 꼽히는 그녀는 뛰어난 외모와 세련된 매너, 과감하면서도 박력 있는 업무스타일로 유명하다. 그녀를 모르면 간첩이라고 할 정도로 부동산업계의 유명인사인 홍샤오롄은 리자청과 유사한 점이 많다. 특히, 일에 대한 미친 듯한 열정과 모든 일을 직접 챙기는 성격이 그러하다. 그녀는 사환을 뽑는 일, 회의할 때 내놓는 음료수 준비, 외국 바이어의 숙소 마련 등 소소한 일까지도 직접 체크한다고 한다. 잡무까지도 처리하려면 왕성한 체력과 기억력, 열정 등이 뒷받침되지 않으면 불가능하므로, 그녀를 잘 아는 기자는 그녀를 모든 면에서 '끝내주는 여성'이라 표현하고 있다.

> **· 리자청 어록 ·**
>
> 오늘날 이렇게 많은 사람들이 나를 위해 일해주지 않는다면 나는 손이 열 개라도 눈앞의 일을 다 해낼 수 없을 것이다. 결국 성공의 관건은 나를 위해서 즐겁게 일해줄 수 있는 사람이 있느냐 여부이다. 이것이 바로 나의 철학이다.

5 외국인을 영입하여 기업의 경쟁력을 높이다

1980년대 중반에 이르러 창장은 세대교체를 통해 각 부문의 책임자를 대부분 30~40대의 소장파로 교체했다. 연공서열의 관행을 파괴하고 과감하게 젊은 실력자들을 중용함으로써 창장에 활력을 불어넣은 것이다. 무엇보다 돋보이는 것은 새로운 '트로이카'의 구성이다.

한고조(漢高祖) 유방은 자신이 평민에서 한 나라의 개국 황제가 될 수 있었던 이유를 이렇게 설명했다. "나는 전술 전략을 세우는 능력에 있어서 장자방(張子房)을 따라가지 못한다. 군대의 물적 자원을 조달하는 데 있어서는 소하(蕭何)가 나보다 낫다. 또한 군을 지휘하여 적을 궤멸하는 능력은 한신(韓信)이 나를 능가한다. 이 세 사람은 영웅 중의 영웅이다. 하지만 나는 그들을 움직일 수 있었기 때문에 천하를 얻었다."

리자청 역시 유방과 유사한 용인술을 구사했기에 중국 역사상 유례없는 상업제국을 이룩할 수 있었다.

오늘날에는 중국인 회사에서 서양인을 고용하는 것이 일반화되었지만, 80년대까지도 영국의 식민지배를 받은 영향으로 인해 이들에 대한 콤플렉스가 많았다. 따라서 중국인 경영주들은 서양에 대한 콤플렉스를 푸는 심정으로 서양인을 고용하곤 했다. 그러나 리자청은 능력 위주로 외국인 직원을 채용했을 뿐 과시하려는 생각은 없었고, 일단 고용하고 나면 중용했다.
 리자청이 외국인 직원에게 중책을 맡긴 이유는 적극적으로 해외에 진출하기 위해서였다. 1970년대 초 베이자오(北角), 차이완(柴灣), 위엔차오(元朝) 등에 공장을 지은 창장의 생산직 사원은 2천여 명, 사무직 사원은 200여 명 정도였다. 사무직 직원 중에는 서양인들이 많았는데, 그 중 어윈 레스너와 팬 라이언즈는 리자청의 주요 참모 역할을 했다.
 플라스틱에서 부동산으로 업종을 전환하려 결심한 리자청은 중요한 사항에만 관여했고, 미국인인 어윈 레스너를 사장에 임명하여 회사의 전반적인 업무를 총괄하게 했다. 그 후 미국인 팬 라이언즈를 부사장에 임명했다. 리자청은 플라스틱전문가인 이들의 능력을 높이 사서 실권을 부여했을 뿐 아니라, 전임자인 중국인보다 훨씬 높은 보수를 주었다.
 80년대 중반, 여러 개의 영국계 기업을 소유하게 된 리자청은 안정적인 성장을 위해 외국인 간부들을 그대로 유임시켜 원래의 경영시스템을 유지시켰다. 리자청은 외국인 간부가 외국인 직원을 통솔하는 것이 업무 면에서나 의사소통에서 유리하여 효율성을 높일 수 있다고 보았다. 또한 외국계 회사를 인수합병한 뒤 외국인 직원들을 해고한다면 혼란을 초래하여 경제적으로 막대한 손실을 입을 수 있다고 믿었다. 그러므로 외국계 기업의 간부직은 외국인에게 맡김으로써 회사의 정상적인 경영을 꾀하도록 했다.
 이밖에도 리자청은 장기적인 안목으로 볼 때 창장이 세계적인 기업이 되기 위해서는 다국화의 과정을 거쳐야 한다고 생각했다. 그런데 영국계 기업은 구미시장에 광범위한 네트워크를 형성하고 있으므로 외국인 직원들로 하여금 선두에 서서 국제시장을 개척하게 한다면 창장에 큰 도움이 될 것이라 판단했다.

이런 계산을 한 리자청은 적지 않은 외국인들을 관리자급으로 스카우트했다. 창장 이사회의 부의장인 영국인 조지 매그너스는 케임브리지대학 경제학과 출신으로, 싱가포르의 하우파(Haw Par)그룹의 CEO로 있을 때 리자청과 알게 되었다. 1979년, 매그너스는 창장그룹에 영입되어 무역 업무를 전담했다. 그는 뛰어난 능력으로 높은 신임을 받았지만 리자청이 허치슨 왐포아를 인수한 후 창장을 떠났다. 리자청은 후임에 존 리처드슨을 임명하고, 자신은 이사회 의장을 맡았다.

1983년, 존 리처드슨은 리자청과 투자방향에 대한 의견차를 좁히지 못하자 사직했다. 리자청은 후임에 영국인 사이먼 먼레이를 선임했다.

리자청이 발탁한 외국인 가운데 사이먼 먼레이는 가장 뛰어난 인물이었다. 1940년생인 그는 1966년에 홍콩에 와서 당시 최고의 기업이었던 자딘 매디슨 무역회사에 들어가 14년 동안 일했다. 그는 벽지, 과일, 철강, 기계, 전자제품 등 팔아보지 않은 제품이 없다는 말로 다양한 경험을 드러냈다. 회사로부터 능력을 인정받은 그는 자딘 매디슨 계열의 여러 기업에서 이사를 지냈다. 70년대 후반에는 회사 측의 배려로 런던대학과 미국의 스탠포드대학에서 경영학을 공부했다.

1979년, 창장이 짓는 건물들에 자딘 매디슨의 에어컨을 설치하도록 판촉을 하러 온 먼레이는 리자청을 만나게 해달라고 끈질기게 요구했다. 평소에 리자청은 그 정도의 손님은 만나지 않지만, 먼레이의 고집에 흥미를 느껴 면담을 승낙했다. 그리고 먼레이를 만난 리자청은 두 사람이 너무 늦게 만났다고 한탄할 정도로 그에게서 강한 인상을 받았다.

대화를 나누던 중 먼레이는 "저는 용띠입니다. 중국식으로 표현하면 용의 자손인 셈이죠"라고 했다. 리자청도 용띠이지만 먼레이보다 12살이 많았다. 다양한 화제로 대화를 나누면서 먼레이는 자연스럽게 박학다식한 면을 드러냈고, 리자청은 이 '띠동갑 동생'에게 호감을 느꼈다.

먼레이는 부임 후 허치슨 왐포아의 매출을 급상승시키는 경영능력을 보여줌과 동시에, 리자청을 도와 홍콩전력을 인수하는 데 중요한 역할을 했다. 홍콩전력을 성공적으로 인수한 후 리자청은 먼레이에 대해 더 큰 믿음을 갖게 되었다. 먼레이는 경영능력뿐만 아니라 인격이나 평판 면에서도 높은 점수를 얻었다. 그와 일을 해본 사람들은 직위의 고하를 막론하고 모두 찬사와 존경을 표했다.

그는 아침부터 밤까지 보통사람들이라면 견디기 힘들 정도의 빽빽한 스케줄을 소화해냈다. 사원들이 모두 퇴근한 후에도 늦게까지 집무실에 남아 서류들을 모두 결재해야만 귀가했다. 부하들은 항상 웃음을 잃지 않는 밝은 성격과 모든 직원들을 가족처럼 대하는 친절함에 감동을 받곤 했다. 또한 대그룹의 CEO이지만 여느 외국인 간부들과 달리 거만하지 않고, 자신의 생각을 솔직히 밝히는 면도 갖고 있었다.

먼레이는 부하들의 의견을 존중하기 때문에 합의되지 않은 일은 강압적으로 추진하지 않았다. 화를 내는 일도 거의 없지만, 부하들을 야단친 다음에는 독특한 방식으로 미안함을 표현했다. 단순히 말로 사과하는 것이 아니라 꽃다발을 선물한 것이다. 그의 인간적인 매력은 그룹 내 구성원들을 사로잡았다.

1984년, 리자청은 먼레이를 허치슨 왐포아의 2인자 자리에 앉혔고, 얼마 후에는 홍콩전력과 자훙(嘉宏) 등 계열 기업의 이사회 의장에 임명했다. 이로써 먼레이는 오너인 리자청의 바로 다음으로 확실히 자리를 굳혔다.

영국계 자본을 대표하던 허치슨 왐포아와 홍콩전력은 리자청이 인수한 후에도 수십 명의 외국인―대부분이 영국인―회장과 임원들이 유임했다. 먼레이는 리자청의 유력한 참모들을 '내각'이라 표현했는데, 외국인이 다수를 차지한 이 내각은 실제로 창장을 위해 많은 일을 했다. 그러나 1993년 9월, 먼레이가 허치슨 왐포아의 CEO 자리를 사직하면서 후임자로 휘젠닝이 선임되었다. 먼레이의 사임으로 허치슨 왐포아는 외국인이 기업을 대표하던 시대에 작별을 고했다.

리자청은 먼레이가 물러난 후 허치슨 왐포아에 중국어(광둥어가 아닌 표준 중국어)에 능통한 홍콩인들을 더 많이 채용하겠다는 의사를 밝혔다. 투자의 중심을 중국대륙으로 옮기기로 결심했기 때문이다.

결론적으로 말하면 리자청은 늘 실제 수요에 따라 편견 없이 그룹의 발전에 도움이 될 수 있는 인재를 우선적으로 채용한다. 국적을 불문하고 중요한 직책을 서양인에게 맡기는 개방성은 높이 살 만하다. 무엇보다도 돋보이는 대목은 그가 서양인을 채용한 것이 '중국인이 과거에는 서양의 노예였지만 지금은 주인이다'라는 식의 열등의식의 발로가 아니라, 기업의 경쟁력 향상을 위한 실리적인 선택이라는 점이다.

• 리자청 어록 •

창장의 제조업 분야가 오늘날과 같은 규모를 갖추게 된 것은 전적으로 사원들의 피나는 노력의 결과이다.

6 능력 있는 인물들을 자기 사람으로 만들다

사람의 두뇌는 아무리 뛰어나도 한계가 있으므로 '외부의 두뇌'를 빌릴 수 있다면 자신의 부족한 점을 보완하여 목표를 달성할 수 있다. 리자청은 어린시절 부친으로부터 전국 시대의 인물 맹상군(孟嘗君)에 대한 이야기를 들은 후 그를 무척 존경하게 되었다.

높은 인격으로 수많은 재사(才士)들을 자기 사람으로 만든 맹상군처럼, 리자청은 기업을 발전시키는 과정에서 신용과 인재를 매우 중시한다는 평판을 얻었고, 실제로 능력 있는 인물들을 자기 사람으로 만들었다. 그래서 리자청은 이들 '가신'의 뛰어난 기획력과 행동력을 바탕으로 눈부신 성공신화를 쓸 수 있었다.

그들의 공로를 잘 알고 있는 리자청은 기자들에게 이렇게 당부했다. "언론에서는 나를 초인이라 하지만, 창장의 성과는 모든 구성원이 일치단결하여 일궈낸 것이다. 내 곁에는 300명의 용맹스런 장수들이 있다. 100명은 외국인이고, 200명은 젊고 능력 있는 홍콩인이다." 그가 말하는 300명의 장수는 리자청의 최측근 외에 창장 본부와 자회사의 책임자들 및 그의 '가신'을 일컫는다. 이들 가신그룹에서 리자청에게 가장 큰 영향력을 발휘하는 인물은 유명 변호사 리예광과 펀드매니저인 두후이렌(杜輝廉)이다.

리예광은 '후관리뤄(胡關李羅, 네 명의 대표가 각기 후, 관, 리, 뤄씨이다) 로펌'의 파트너로서 영연방 회계사 자격증도 갖고 있는 홍콩의 대표적 변호사이다. 그가 호사가들의 입에 '어용 변호사'라고 오르내리자 리자청은 부인했다. "그렇게 말하면 곤란합니다. 리예광 선생은 최고의 변호사인데 내가 어떻게 감히 '어용'으로 부릴 수 있단 말입니까!"

리자청의 말은 틀림이 없었다. 당시에 리예광은 20개가 넘는 상장기업의 이사를 겸했는데, 이들 회사의 주식총액은 증시총액의 1/4 이상이었다. 그는 또한 많은 부호들의 고급 참모역할을 했다. 실제로 그는 돈만 주면 자문을 해주는 변호사가 아니어서 일반 부자들은 그와 관계를 맺기도 힘들었다. 그러나 그는 마음에 들고 존경하는 사람에게는 무료로 도움을 주기도 했다.

리자청은 바로 리예광이 존경하는 인물이었다. 창장이 증시에 상장한 지 얼마 되지 않았을 때 리예광은 처음 구성된 이사회의 이사가 되었다. 그리고 창장이 그룹으로 성장한 뒤에는 모든 계열 기업의 이사로 선임되었다. 이 사실만으로도 두 리씨의 관계가 얼마나 돈독한지를 짐작할 수 있다.

지극히 실리적인 리자청이 리예광을 이사로 선임한 목적은 결코 대외적으로 과시하기 위해서가 아니었다. 홍콩에서는 유명인사를 기업의 이사로 선임하는 것이 자연스럽게 받아들여진다. 그러나 리자청은 그럴 필요성을 느끼지 못했고, 성격상 과시용으로 유명인사를 초빙하는 관행을 배척했다. 그럼에도 불구하고 리자청이 리예광을 각별히 챙긴 이유는 그의 뛰어난 두뇌, 특히 전략적 사고를 높이 샀기 때문이다. 창장이 사세를 늘려가는 과정에서 많은 부분은 두 리씨의 '합작'으로 이뤄진 것이었다.

리예광은 막후에서 전략을 짜며 자신의 목소리를 내지 않는 스타일이다. 그러던 그가 1991년 홍콩연합 증권거래소의 회장에 취임하여 큰 화제를 모았다. 전임자들이 모두 재계에서 손꼽히는 인물들이었던 데 비해 그는 변호사 출신이었기 때문이다.

〈명보(明報)〉의 기자가 한번은 리자청을 인터뷰하면서 싱크탱크 역할을 하는 측근 인물이 몇 명이나 있냐고 질문했다. 그러자 리자청은 "아주 많죠. 나와 협력했던 사람들, 교분이 있는 사람들은 모두 나에게 조언을 해주는 싱크탱크라 할 수 있으니 그 수를 이루 헤아릴 수가 없습니다. 예를 들어 당신이 일하는 신문사와 같은 계열의 광고회사도 나에게는 싱크탱크라 할 수 있습니다"라고 대답했다.

기자는 리자청의 말뜻을 정확히 이해하지 못했다. 원래 리자청은 신제의 고급빌라를 분양할 때 명보 산하의 광고회사에 판촉을 맡겼다. 광고회사에서는 직원을 현장에 보내 직접 빌라를 돌아보도록 했다. 광고회사 직원은 유럽 스타일의 우아한 빌라에 감탄했지만 한 가지 문제점을 발견했다. 주위의 도로가 아직 공사 중이어서 비가 오면 걷기 힘들 정도로 진흙탕이 되었던 것이다. 리자청은 너무 바빠서 직접 둘러보지 못한 상태에서 분양을 할 계획이었으나, 도로가 완성된 후에 분양을 하는 편이 낫겠다는 광고회사 직원의 건의에 무릎을 쳤다. "맞습니다! 내가 생각하지 못한 점을 지적해줘서 정말 고맙습니다. 내가 마땅히 챙겼어야 하는데 소홀했군요. 당신 말대로 하겠습니다."

이후 다른 아파트를 건설했을 때 리자청은 먼젓번의 경험을 떠올리며 주위 도로를 완전히 닦고 조경을 마친 다음 분양을 했다. 그 결과 아파트는 더욱 큰 인기를 끌었다.

다양한 의견을 수렴하여 사업에 반영하는 리자청은 항상 부하들이 좋은 아이디어를 내도록 격려한다. "중대사를 결정할 때는 내 생각이 100% 확고하더라도 부하들로 하여금 다양한 정보를 연구하게 한다. 여러 사람의 생각을 모으면 만에 하나 발생할 수 있는 실수를 막을 수 있기 때문이다. 그들의 의견을 듣고 나면 실수할 가능성이 거의 없다. 특히, 의견이 거의 일치하면 실수할 확률이 절대적으로 줄어든다."

"나는 별로 중요하지 않은 일에 대해 왈가왈부하는 것을 싫어한다. 회의를 하기 전에 며칠 동안 자료를 검토하고, 회의에서 모든 문제에 대해 대책을 준비한다. 그렇기 때문에 회의에 정력을 낭비하지 않는다."

그의 말에서 알 수 있듯이 그의 천부적 사업가 기질도 실제로 여러 사람의 다양한 의견을 청취하여 검증함으로써 완벽을 기할 수 있었던 것이다.

강자가 되기 위해서는 자신의 지혜를 더욱 강화시켜야 할 뿐만 아니라 여러 사람의 지혜를 모아야 한다. 겸허한 마음으로 충언을 받아들이고 타인의 생각을 폭넓게 소화한다면 보통사람들도 '초인'이 될 수 있을 것이다.

• 리자청 어록 •

나의 성공을 언급할 때 내 능력만을 과장하지 않았으면 좋겠다. 나는 비범한 인간이 아니다. 모든 사람들이 한마음으로 협력했기 때문에 오늘날과 같은 성과를 거둘 수 있었다.
내 주변에는 뛰어난 장수 300명이 있다. 그 중 100명은 외국인이고, 200명은 젊고 능력 있는 홍콩인들이다.

7 충분한 보상으로 인재의 가치를 인정하다

 큰 사업을 할 때는 가능한 한 많은 사람의 협력을 이끌어내야 한다. 선진적인 경영이론에 따르면 이익이 일치할 때 진정한 협력이 이뤄질 수 있다. 그러므로 사업을 할 때는 이익을 가장 우선적으로 고려해야 한다. 이 중에는 부하와 외부의 협력 파트너에게 나눠줄 이익까지도 포함된다. 리자청은 이 점을 잘 터득하고 있었다.
 리자청은 부하들에게 동기를 부여하기 위해 인센티브를 주는 데 인색하지 않다. 그래서 사업이 순조로울 때는 적시에 부하들에게 충분한 이익을 배분해주는 것을 잊지 않는다. 예를 들어 사이먼 먼레이가 사직하기 직전에 허치슨 왐포아에서 받은 연봉과 인센티브는 1,000만 홍콩달러에 달했다. 이 금액은 당시 홍콩 총독 크리스 패튼의 연봉보다 4배 이상 많은 것이었다. 거기에 기타 소득을 합하면 금액은 훨씬 더 늘어난다.
 리자청은 부하들에게 강한 애사심과 소속감을 심어주기 위해 저가로 창장의 주식을 구입할 기회를 많이 제공했다. 일례로 먼레이는 창장의 주식을 8.19홍콩달러로 160만 주 매입했다. 그런데 매각 당일의 시가는 23.84홍콩달러여서 2,500만 홍콩달러 이상의 차익을 남겼다.
 한편 '가신'들과의 관계에 있어서도 리자청은 그들에게 최대한의 이익을 안겨주는 배려를 했다. 앞에서 언급했듯이 두후이렌은 리자청에게 많은 도움을 준 가신이었다. 영국인이지만 두후이롄이라는 중국 이름을 가진 그는 펀드매니저 출신이었다. DBS 비커스(DBS Vickers)증권회사에 근무하던 그는 1970년대에 홍콩에 파견되어 지사장으로 근무하던 중 리자청과 끈끈한 인연을 맺게 되었다.

1984년, DBS 비커스가 시티은행에 합병된 후 두후이롄은 시티은행에서 증권업무를 담당하게 되었다. 그는 창장이 진행하는 인수합병에 대해 자문을 해주고, 리자청과 창장그룹의 주식 매매도 담당했기 때문에 '리자청의 매니저'라는 소리를 듣게 되었다. 그러나 그는 창장 계열 기업의 이사를 맡지 않았다. 리자청이 몇 번이나 이사직을 제의했지만 끝내 고사했다. 그는 '가신' 중에서 유일하게 창장으로부터 월급을 받지 않는 인물이었지만, 창장의 지배구조, 자금조달, 주식투자 등 중요 사항에 대해 많은 조언을 해주었다. 리자청은 고마운 마음에 신세를 갚을 기회만을 찾았다.

1988년, 두후이롄이 친구인 량보타오(梁伯韜)와 공동으로 바이푸친(百富勤)융자회사를 설립하자 리자청은 그를 돕기 위해 지분을 사들였다. 그래서 두후이롄과 량보타오가 회사 지분의 35%를 보유하고, 리자청과 18명의 재계 거물들이 65%의 지분을 매입했다. 18명의 주주들은 과거에 두후이롄의 재정자문을 받았던 터라 리자청의 요청에 흔쾌히 동의하며 바이푸친의 주식을 매입했다. 그러나 그들과 리자청은 이사회에 참여하지 않고 경영에도 관여하지 않으면서 순수하게 두후이롄을 도움으로써 바이푸친의 지명도를 높이는 데 일조했다.

재계 거물들의 도움으로 바이푸친은 급성장을 하여 광성항과 타이성(泰盛)을 인수했고, 바이푸친증권회사도 설립했다. 그러나 두후이롄과 일부 임원들이 단기적인 이익 추구에 급급하다 바이푸친은 부도를 당하고 말았다. 일시적인 이익을 탐하다 보면 장기적인 큰 이익을 잃게 된다는 진리가 그대로 적용된 사례였다.

리자청은 바이푸친의 도산에 대해 "상대의 이익을 먼저 배려하지 않고 자신의 몫만을 챙기다 보면 장기적인 협력관계를 유지할 수 없다"라는 말로 안타까움을 표시했다.

> **· 리자청 어록 ·**
>
> 나는 애사심과 충성심을 갖고 열심히 일하는 사람이라면 피부색이나 국적을 불문하고 능력을 키우도록 도와서 회사의 핵심인물로 만든다. 이것이 우리 회사의 일관된 정책이다.

8 후계자 양성에 심혈을 기울이다

피와 땀으로 쌓은 부의 금자탑을 어떻게 지킬 것인가? 리자청은 이 문제에 대해 진지하게 생각해보았다. 역사상 수많은 부호들이 3대, 심지어는 2대를 넘기지 못하고 부를 잃었다. 리자청은 나이를 먹을수록 그 원인이 무엇인지 깊이 연구했다. 어떤 분야의 성과를 길이 유지하고 발전시키기 위해서는 후계자가 역할을 제대로 해야 한다. 그렇기 때문에 리자청은 후계자 양성에 심혈을 기울였다.

그는 여러 차례 전통적인 혈연에 얽매인 경영을 하지 않고 서구적인 경영시스템을 정착시키겠다고 선언했다. 즉, 경영주의 아들이 자동적으로 최고경영자가 되는 것이 아니라, 이사들이 최고경영자를 선임해야 기업의 활력을 유지할 수 있다는 생각을 표명한 것이다.

중국인이 가족 간의 강한 유대감을 져버리기란 결코 쉽지 않다. 홍콩에서 리자청과 쌍벽을 이루는 거부인 바오위강은 아들이 없어 큰 유감으로 생각하다 별세 전에 사위에게 전권을 위임하고서야 마음의 짐을 덜었다고 한다. 아들이 없는 집안에서 사위가 장인의 뒤를 이은 경우는 많다.

설사 승계할 아들이 있더라도 부친의 유업을 제대로 잇지 못하여 전대의 부를 무너뜨린 예도 적지 않다. 입에 은수저를 물고 태어난 아들들은 철이 안 나고 망나니 티를 벗어나기 힘든 면이 있다. 그러나 리자청의 자식들을 잘 아는 사람들은 그들에게서는 부잣집 아들의 열악함을 발견할 수 없다고 칭찬한다. 하지만 그들이 과연 부친이 일군 엄청난 부를 제대로 지켜낼 수 있는지에 대해서는 리자청도 장담하지 못한다.

리자청도 후계자 문제에 있어서는 가족을 완전히 객관적으로 대할 수 없었다. 리자청 부부는 후계자 양성문제로 고심했지만, 맹목적으로 아들들을 귀여워하지는 않았다. 온실에서 자란 싹은 큰 나무가 되기 힘들다는 이치를 잘 아는 리자청은 아들들을 데리고 다니며 사는 것이 얼마나 힘든 것인가를 보여주었다. 두 아들과 대중교통을 이용하고, 길거리의 신문팔이 소녀가 힘들게 공부하는 모습을 보여주기도 했다. 서민들의 힘든 삶을 보여줌으로써 역경이 무엇인지, 어떻게 사람 노릇을 해야 하는지를 가르친 것이다.

둘째 아들 리쩌카이가 외국에서 대학에 다닐 때 리자청이 아들을 만나러 간 적이 있다. 마침 그날은 비가 왔는데 아들을 기다리다 보니 멀리서 한 청년이 큰 배낭을 멘 채 자전거를 타고 오는 모습이 눈에 들어왔다. 비 오는 날 자전거를 타는 것이 위험하다는 생각을 하고 있는데, 다가온 청년은 바로 자신의 아들이었다.

그는 아들들을 유학 보내면서 자동차가 아닌 자전거를 사주었다. 그런데 그날 위험한 모습을 보고 난 후, 그런 식으로 아들들을 훈련시키는 게 상책은 아니라는 생각을 하게 되었다.

리쩌카이는 만 14세가 되기 전에 미국으로 유학을 갔다. 그의 친구들은 집이 아무리 부유해도 매우 독립적이었다. 그 영향을 받아서 리쩌카이는 일찌감치 자립적인 삶을 몸으로 터득했다. 아들이 주말에 테니스장에서 아르바이트로 돈을 버는 것을 알게 된 리자청은 홍콩으로 돌아와 부인에게 들뜬 목소리로 소식을 전했다. "그 애가 돈까지 벌어가면서 공부를 하는 것을 보니 앞으로 큰일을 해낼 것 같아."

아들들이 귀국하면 리자청은 일요일마다 그들을 데리고 바다로 가서 수영을 하거나 요트를 탔다. 이 습관은 하루 세 끼를 먹듯 거르지 않았다. 그런데 리자청이 아들들을 바다로 데려가는 목적은 운동이나 취미를 즐기기 위한 것이 아니었다. 리자청이 직접 밝힌 '목적'은 중국 고전에 대해 이야기해주기 위함이었다.

"바다에 갈 때마다 나는 아이들에게 고전에 대해 설명을 해주고 질문을 한다. 설사 당장은 이해를 못 한다 해도 중국인의 가장 소중한 경험과 정신에 대해 듣는 것은 매우 중요하다."

흔히 전통문화와 상업문화는 물과 불처럼 어울릴 수 없다고 말한다. 그러나 재계의 거물이 된 리자청은 양자를 하나로 잘 접목했다. 그런 면에서 물욕이 팽배한 홍콩사회에서 중국인의 전통적 미덕을 실천하는 리자청의 행동은 높이 평가받을 만하다.

인격과 사업을 일치시켜야 한다는 원칙을 고수하고 있는 그는 아들들에게 "돈을 벌 수 있는 일이지만 내가 절대 하지 않는 일들이 있다. 또한 사회적으로 용납이 되어도 사람들에게 해가 된다면 나는 절대로 하지 않는다"라고 가르쳤다. 거친 세상에서도 자신의 양심을 지킨다면 심신의 건강을 유지할 수 있다는 것이 그의 지론인 것이다.

리자청은 자식 교육에 많은 정성을 기울였다. 일례로 아들들이 10살이 되기도 전에 창장의 회의실에 그들의 '전용 좌석'을 마련해두고 이사회의에 참석하게 해서 사업 훈련을 받도록 했다. 이 일은 몇 년이 지난 후에야 외부에 알려졌다. 만약 당시에 언론이 이 사실을 알았다면 불필요한 오해를 많이 샀을 것이다.

열 살도 안 된 어린애들이 도대체 이사회의를 어떻게 이해할 수 있냐는 질문에 리자청은 그저 분위기에 익숙해지도록 하기 위해서였다고 대답했다. 강보에 쌓인 아이에게 음악을 들려줌으로써 후에 음악가가 되는 데 조금이라도 보탬이 되게 하는 것과 같은 이치라는 것이 그의 설명이었다.

그가 아들들에게 가장 철저하게 당부한 것은 매사에 조용히 처신하라는 것이었다. 스스로를 과시하듯 행동하지 말고 요란스럽게 남의 이목을 집중시키는 행동을 삼가도록 한 것이다.

아들들이 사업에서 점차 성과를 이루어가자 리자청은 조심스럽게 그들이 외부에 모습을 드러내도록 했다. 예를 들어 1990년에 완보(萬博)가 든 아파트단지를 분양하기에 앞서 창장그룹은 이사인 큰 아들 리쩌쥐가 처음으로 두 개의 잡지사와 인터뷰를 하도록 했다. 그러나 리자청은 대부분의 경우 아들들이 대중에게 노출되어 불필요한 주목이나 오해를 받지 않도록 배려했다.

한편 의리를 중시하는 리자청은 저우쳰허가 연로하여 은퇴했어도 이사직을 유지하도록 한 뒤 아들들의 '사부' 역할을 하도록 했다. 또한 큰아들 리쩌쥐에게 수시로 그에게 어려운 문제에 대해 자문을 구하라고 당부했다. 저우쳰허의 아들 저우녠마오도 창장에서 부동산 분야를 전담하고 있었으므로 리쩌쥐의 '지도교사'처럼 창장의 주력사업인 부동산에 대해 많은 지도를 했다.

1993년 2월, 리쩌쥐가 창장그룹의 부회장 자리에 올랐다. 그의 옆에는 '사부'와 '지도교사'가 있었지만 총사령관인 리자청은 최고결정권자의 위치를 굳건하게 지키면서 권력을 분산할 의향은 조금도 없었다.

작은아들 리쩌카이는 허치슨 왐포아 빌딩에서 근무했으므로 리자청은 '채찍이 미치지 않는 거리'에 있는 그를 일일이 '감시'하지는 못하고 스타 TV 회장의 자격으로 조종하는 데 그쳤다.

리자청은 리쩌카이에게 '항상 조용히 처신할 것'을 주문했다. 그럼에도 불구하고 유명인사의 동정에 촉각을 곤두세우고 있는 대중매체가 리쩌카이를 가만두지 않았으므로 그는 부친의 명령을 준수하기가 몹시 힘들었다.

리쩌쥐, 리쩌카이 형제는 창장에 몸을 담은 이후 부친으로부터 수없이 질책을 당했다. 한번은 리쩌쥐가 아버지의 분부대로 귀빈 접대용인 롤스로이스에 레이저 디스크를 준비했는데, 품질이 좋지 않아 야단을 맞기도 했다. 사소한 일이긴 했지만 리자청은 아들의 작은 실수도 용납하지 않은 것이다.

사실상 리쩌쥐는 동생 리쩌카이가 외향적이고 과시적인 행동을 일삼는 데 비해 조용한 성격이다. 그는 매스컴에 등장하는 일도 드물고, 나이에 비해 표정도 매우 근엄한 편이다. '나무가 크면 바람도 거세게 맞는다', '사람의 혀가 화를 부른다'라는 부친의 가르침에 따라 최대한 몸을 사리기 때문이다.

서른 살의 나이에 홍콩 최고 갑부의 후계자라는 무거운 부담감을 견뎌야 하는 것은 결코 쉬운 일이 아니었을 것이다. 그래서 리쩌쥐는 자신은 '승계'라는 단어를 꺼리며 '후계자'라는 말을 가장 싫어한다고 여러 차례 토로했다. "학업을 마치면 일을 하는 게 당연하다. 우리 형제들이 아버님 회사에서 일하는 것을 승계작업이라고 표현하지 마라"는 말에서 그의 고민이 배어나온다.

홍콩 최대 재벌의 후계자가 될 것이라는 중압감으로 인해 '승계'를 두려워하는 심리는 거짓이 아닐 것이다. 언론에서는 리쩌쥐의 두려움이 나약함에서 기인한 것이 아니라 자신의 위치에 대한 책임감에서 생긴 것이라 해석하고 있다.

리자청은 아들들에게 엄격하면서도 개방적이어서, 기대와 함께 자유도 주고 있다. 1993년 8월 말, 허치슨 왐포아의 이사였던 리쩌카이는 부회장으로 승진했다. 장남인 리쩌쥐가 대본영인 창장그룹을, 차남 리쩌카이는 주력함인 허치슨 왐포아의 조타수 역할을 맡게 된 것이다. 이로써 리자청은 승계에 대한 밑그림을 완성했다.

허치슨 왐포아의 부회장 자리에 오를 당시 27세였던 리쩌카이는 어렸을 때부터 형과 성격이 판이했다. 그는 외국에서 공부를 마치고 홍콩으로 돌아온 후에는 부친의 명령을 따라 작은 아파트에 살며 일제 소형차를 타고 다니는, 검소하고도 평범한 샐러리맨 생활을 했다. 그러나 얼마 후 '부잣집 아들'로 복귀했고, 그 때문에 리자청은 그를 심하게 야단쳤다고 한다. 그러나 그는 "제가 번 돈을 쓰고 있는 겁니다!"라고 반발했다고 한다.

〈워싱턴 포스트(Washington Post)〉지 1994년 1월 24일자에 리쩌카이에 대해 다음과 같은 기사가 실렸다. "홍콩을 그저 경제가 발달한 작은 도시로 보면 안 된다. 이곳에는 강한 자부심을 갖고 사는 젊은이들이 적지 않은데, 그 중에서도 가장 많은 이목을 받으며 부러움의 대상이 되고 있는 사람은 홍콩 최고의 갑부 리자청의 둘째 아들 리쩌카이다. 작고 마른 체격에 다소 신경질적으로 보이는, 짧은 헤어스타일의 이 부호의 아들은 홍콩인들과 다른 영어 발음을 과장되게 강조함으로써 자신의 특별한 신분을 과시하는 듯하다."

둘째 아들의 튀는 개성을 염려한 리자청은 두 가지 충고를 했다. 첫째, 남들의 이목을 집중시키지 않도록 신중하고도 조용하게 처신하라는 것이다. 둘째, 일을 할 때는 여지를 남겨두어야지 너무 끝장을 내는 식으로 야멸치게 굴지 말라는 것이다. 즉, 사업을 할 때도 모두의 이익을 고려해야 협력자를 얻을 수 있고, 자신의 몫에서 1%의 이익만 남에게 양보해도 충분한 부를 쌓을 수 있다는 충고였다.

리자청의 충고는 아들들에게 주는 교훈일 뿐만 아니라 자신의 행동원칙이기도 했다. 이 간단한 원칙을 실천함으로써 리자청은 재계에서 수많은 친구를 얻을 수 있었고, 수많은 주주와 직원들로부터 믿음과 지지를 얻어 돈으로 환산할 수 없는 깨끗한 이미지를 쌓을 수 있었다.

중국인들은 예로부터 '자만은 손해를, 겸손은 이익을 부른다'는 생각으로 '질 좋은 나무가 숲을 이루고, 바람은 숲을 더욱 풍성하게 만든다', '화목이야말로 최고의 미덕이다' '부를 과시하지 말라'는 이치를 숭상했다.

예로부터 이익을 공동으로 분배하는 것은 중국 상인들의 행동원칙으로 여겨졌다. 이 원칙을 어기면 협력자를 잃고, 더 나아가 신용이 무너져 상업에 종사할 수 없었다.

리자청이 아들들에게 가르치려 한 것은 단순히 사업에 관한 지식이 아니라 도덕성을 갖춘 인간으로 살아가는 방법이었다. 그가 생각하기에 인격은 사업을 하는 데 있어 근본이어서, 인격만 제대로 형성되면 훌륭한 사업가가 될 수 있다. 무엇보다도 유교적 소양이 깊은 리자청은 궁극적으로 아들들이 덕과 재(才)를 겸비하여 인격적으로 존경받는 사업가가 되기를 바랐다.

리자청의 생각은 기업가들에게 실로 중요한 지침이 될 수 있다. 앞으로는 이익을 위해 도덕성을 잃으면 치열한 경쟁에서 도태될 가능성이 매우 높기 때문이다. 따라서 법을 준수하고 전통문화와 현대적 관념을 결합한 리자청 같은 인물은 미래의 기업가들에게 역할모델이 될 것이다.

> **· 리자청 어록 ·**
> 도덕심은 수치를 알고 양심을 지키는 것이다.
> 타인을 음해하고 공격하면 꿈에서도 편치 않을 것이다.

중국 명문 MBA의 하나, 장강상학원

장강상학원(長江商學院, Cheung Kong Graduate School of Business, CKGSB)은 2002년 1월에 상하이에 설립된 전문상학원으로, 그 역사는 짧다. 그러나 이 학교가 주목받는 이유는 리자청이 설립한 학교이기 때문이다. 탄탄한 재정적 뒷받침과 유관 기업의 전폭적인 지원으로 관심을 끌면서 향후 중국 MBA 중에서 가장 주목받는 곳으로 발전할 것으로 예상되고 있다.

MBA 과정에는 100여 명의 학생들이 재학중이고, EMBA 과정과 EDP 과정을 포함하여 2005년 5월을 기준으로 640여 명의 학생들이 재학중이다.

장강상학원은 과정을 이수하기가 매우 어려운 것으로 알려져 있다. 대부분의 수업이 실습과 토론에 할애되며, 거의 매일 영어로 된 원서를 한 권씩 독파해야 하는 등 과정을 마치기까지 많은 노력이 필요하다. 1년 동안만 수업을 하고 나머지 5개월은 수업은 없이 논문만 작성한다.

장강상학원은 향후 중국에서 매우 중요한 자리를 차지할 MBA 과정임에 틀림없다. 우수한 면학환경을 갖추었으며, 세계적인 기업인이 투자했다는 배경을 지니고 있고, 실제로 그 기업으로부터 많은 지원을 받고 있으므로 앞으로 매우 빠르게 성장할 것으로 예상된다.

세계적으로도 매우 좋은 평가를 받고 있으며, 외국 학생들에 대한 문호개방을 천명하고 있으므로 향후 우리 학생들의 많은 관심이 필요한 학교이다.

- 설립연도 : 2002년 1월 (2003년 11월 강의 시작)
- 학제 : FULL-TIME MBA 17개월 (1년은 수업, 5개월은 논문)
- 언어 : FULL-TIME MBA 영어, EMBA 중국어
- 교수진 : 상주 교수 15명, 교환교수 및 방문교수 매년 30명 정도
- 학생 현황 : MBA는 1년에 50명을 모집하며, 현 재학생은 약 100명 정도. 졸업생은 50명.
- 총학비 : FULL-TIME MBA 22만 위엔 (USD26,000, 중국 학생과 유학생 동일)
- 특징 : 재학생의 GMAT 평균성적이 690점(Range 640~740)으로 중국 최고 수준.

장강상학원

무슨 일을 하든 '올바름(正)'이 바탕이 되어야 한다. 비즈니스세계에서도 이는 불변의 법칙으로 작용한다. 많은 사람들이 돈을 벌기 위해 수단과 방법을 가리지 않고 개인의 이익을 최우선으로 하지만, 닭을 죽여 달걀을 꺼내는 것과 같은 방식으로는 사업을 지속할 수 없다. 리자청은 인간관계와 사업에 있어 대국적인 사고로 올바름을 추구하며 동업자들을 배려했고, 사업을 이익을 남기는 일회성 장사로 생각하지 않았다.

비결 7

正

믿음, 의리,
정직함으로
일관하다

1 성실과 신용으로 성공의 기초를 놓다

성실함은 인간적으로 갖춰야 할 덕목이지만 사업에 있어서도 필수불가결한 요소이다. 리자청의 사업적인 성공은 뛰어난 상술에 힘입었지만, 성실성이 성공의 바탕이 되었다. 성실성을 결여한 사람의 경우, 열정은 아부가 되고 겸허함은 위선으로 변하므로 사업을 해도 신용을 얻을 수 없다. 역으로, 성실한 사람은 신용을 얻고 이를 바탕으로 좋은 친구와 기회를 많이 얻어 사업에서 성공할 수 있다.

리자청은 이름 그대로 뛰어난(嘉) 성실함(誠)을 갖추고 있는 인물이다. 최초의 사업인 창장플라스틱이 도산의 위기에 직면했을 때 그는 어머니가 걱정하지 않도록 집에 와서는 애써 밝은 표정을 지었다. 아들을 잘 아는 어머니는 리자청의 초췌한 안색과 충혈된 눈을 보고 사업이 여의치 않다는 것을 짐작했다. 그녀는 경영에 대해 아는 것이 없었지만 사람이 사는 이치는 잘 알고 있었다. 독실한 불자인 그녀는 조석으로 사찰에 가서 불공을 드렸고, 불가의 이야기를 아들에게 들려주어 마음의 안정을 찾도록 했다.

리자청의 어머니가 아들에게 들려준 이야기 중에 다음과 같은 것이 있다. 차오저우에 오래된 절이 있었는데 주지인 운적(雲寂)스님은 살 날이 얼마 남지 않았음을 깨닫고 일적(一寂)과 이적(二寂)이라는 두 제자를 불러들였다. 그들에게 두 가마니의 볍씨를 주며 파종을 하라고 시킨 후 더 많은 수확을 한 제자를 주지로 삼겠다고 약속했다. 벼가 익어 수확의 계절이 되자 일적은 무거운 벼 부대를 가지고 왔지만, 이적은 빈손으로 왔다. 운적이 이적에게 그 연유를 묻자 그는 논을 잘 돌보지 못해 벼가 자라지 않았다고 대답했다. 그런데 운적스님은 이적에게 주지의 자리를 계승하게 했다. 일적이 항의를 하자 운적스님은 담담하게 "내가 너희들에게 준 것은 뜨거운 물에 넣었던 씨앗"이라고 했다.

리자청은 이 이야기에서 정직함이 세상을 사는 근본이며 모든 어려움을 극복하는 비결임을 깨달았다. 그리고 자신의 행동을 반성하는 눈물을 흘렸다.

다음날 리자청은 무거운 분위기가 감도는 공장에서 직원들을 소집하여 회의를 열었다. 그는 자신이 경영을 잘못하여 공장을 어렵게 만들었으며, 신용을 떨어뜨려 직원들을 힘들게 만들었음을 인정했다. 아무런 잘못이 없는 직원들에게 화를 냈던 것을 사과하고, 상황이 호전되면 퇴사시켰던 직원들을 복귀시키겠다고 약속했다. 또한 앞으로는 직원들과 한 배를 탄 심정으로 최대한의 배려를 하겠다는 다짐도 했다. 그의 말은 불안해하던 직원들을 안정시켰고, 공장은 다시 활기를 찾게 되었다.

그 다음으로 리자청은 은행과 원자재 공급상, 고객들을 방문하여 잘못을 사과하면서 연기된 대출기한 내에 빚을 갚겠다고 약속했다. 공장의 어려운 상황을 조금도 숨기지 않고 털어놓고는 위기를 해결할 수 있도록 도와달라고 정중하게 요청했다.

그의 간곡한 태도는 사람들의 마음을 움직였다. 은행이나 원자재를 공급했던 당사자들의 입장에서는 창장플라스틱이 파산하면 득이 될 것이 없는 데다, 리자청의 성실성에 믿음이 갔던 것이다. 은행은 상환기한은 연기해주지만 더 이상의 대출은 해줄 수 없다고 못 박았다. 원자재 공급상도 어음을 연기해주지만 추가로 원자재가 필요할 때는 대금의 70%를 내야 한다고 단서를 달았다.

고객들은 대부분이 양해를 해주었지만, 창장의 불량품으로 손해를 본 한 도매상은 리자청에 대해 좋지 않은 소문을 퍼뜨렸다. 이 사실을 안 리자청은 그를 찾아가 진심으로 사과했다. 그러자 욕을 했던 당사자도 자신이 지나쳤다고 태도를 누그러뜨리며 앞으로도 계속 거래를 하겠다고 약속했다.

과실을 인정함으로써 일단 숨통을 트게 되었지만, 위기가 완전히 해결된 것은 아니었다. 창고에 쌓인 제품들은 납기일을 어겨 반환된 것들과 약간의 불량품으로, 대체로 품질에는 하자가 없었다. 리자청은 직원들에게 재고를 검사하여 불량품과 정품으로 분류하도록 했다.

리자청은 정품을 들고 직접 가게를 돌며 판매했다. 재고가 아무리 많아도 덤핑을 해서는 안 된다는 생각으로, 정품은 제값을 받고 팔되 질이 떨어지는 것에는 정직하게 '2등품'이라는 스탬프를 찍어 판매했다. 그 결과 중단되었던 주문이 다시 들어와 채무의 일부를 갚을 수 있었다.

위기에 처하자 친지들의 태도는 제각각이었다. 어떤 이들은 돈을 빌려달라는 부탁을 받거나 불이익을 당할지도 모른다는 생각에 리자청을 멀리했다. 그러나 전화를 걸거나 직접 찾아와 같이 걱정하며 위로해주는 사람, 해결책을 제시하는 사람, 능력껏 돕는 사람들도 있었다.

리자청은 도산의 위기 속에서 달면 삼키고 쓰면 뱉는 인심을 적나라하게 경험하면서도 인정이 완전히 사라지지는 않았다는 사실도 발견했다. 인간이라면 모두 단점이 있다는 사실을 인정하는 리자청은 후일 성공한 뒤에 과거 자신에게 냉담했던 사람들이나 멀어졌던 친구, 친척들을 모두 포용하는 아량을 보여주었다. 위기에 처했을 때 사람의 속을 알 수 있고, 먼 길을 가면 말(馬)의 힘을 알 수 있다는 말이 있다. 리자청도 위기를 겪으면서 친지의 도움으로 새로운 기계를 설치하고 원료를 확보했고, 지속적으로 주문도 받았다.

공장이 호전되어 해고했던 직원들을 복귀시키면서 리자청은 해직기간 동안의 임금도 지불했다. 생산과 판매가 정상궤도에 오른 1955년, 리자청은 직원들을 모두 소집했다. 그는 먼저 직원들에게 깍듯하게 인사를 한 뒤 그동안의 노고와 협력에 감사의 말을 전했다. 그리고 복받치는 감정을 억제하며 소식을 전했다. "우리 공장은 채무를 거의 상환했고, 어제는 은행에서 대출을 해주겠다는 연락이 왔습니다. 이제 우리 창장플라스틱은 위기를 벗어나 정상적으로 뻗어나갈 단계에 접어들었습니다." 그의 말이 끝나자 직원들은 환호했고, 연이어 리자청으로부터 뜻밖의 보너스까지 받았다.

밤이 깊어 바닷바람이 부는 언덕에 올라간 리자청은 화려한 불빛을 밝히고 있는 센트럴지역과 항해중인 배들을 바라보며 깊은 생각에 빠졌다.

나중에 그는 이 시절을 이렇게 회고했다.

"신용과 성실성은 나의 생명보다 더 중요하다는 사실을 그때 절감했다."

• 리자청 어록 •

나는 살면서 많은 일을 했다. 그러나 내 인생에서 가장 자랑스럽고 위안이 되는 것은 돈과 시간, 그리고 마음으로 타인을 위해 뭔가를 했다는 사실이다.

2 필요한 순간에는 위험을 무릅쓰고 리더의 역할을 해내다

플라스틱조화의 생산으로 성공을 거두자 리자청은 플라스틱제조협회의 회장을 맡았다. 플라스틱업계에서는 차오저우 출신들이 맹활약을 하면서 큰 영향력을 행사했다. 천징화이(陳荊淮)의 《차오저우 출신 기업가들의 홍콩경제에 대한 공헌》이란 저서에는 다음과 같은 대목이 등장한다.

"50년대 초 플라스틱붐이 일었을 때 차오저우 출신 사업가는 거의 없었다. 그러나 후반기에 들어서는 전체 플라스틱공장의 40%를 차오저우 출신들이 소유하게 되었다. 이 시기는 바로 홍콩경제가 도약을 시작한 때이기도 하다. 1969년에 이르러 홍콩의 플라스틱 수출은 14억 4,250만 홍콩달러에 달했다. 이는 1959년의 1억 6,200만 홍콩달러에 비해 9배 정도 증가한 것이며, 전체 수출액의 약 55%를 점했다."

차오저우 출신들이 플라스틱업계에 활발하게 진출하게 된 데에는 리자청의 역할이 컸다. 그는 자신의 사업에 전념하면서도 동향 사업가들에게 많은 도움을 주었다.

리자청은 열정이 많고 사업가적 자질이 뛰어났지만 정부나 사회단체와 관련된 공직에는 흥미가 없었다. 하지만 차오저우 출신들이 결성한 플라스틱제조협회의 회장직을 맡는 동안에는 뚜렷한 족적을 남길 만한 일을 했다.

1973년에 중동전쟁으로 오일쇼크가 터지자 세계경제는 위기를 맞이했다. 플라스틱의 원료를 전량 수입에 의존하는 홍콩에서는 수입가가 연초의 1파운드당 0.65홍콩달러에서 가을에는 4~5홍콩달러로 폭등했다. 그러자 원료를 확보하지 못했던 대부분의 공장들은 생산을 중단한 채 파산의 위기에 직면했다.

문제는 플라스틱 원료를 수입하는 무역상들이 독점행위를 일삼는다는 것이었다. 사실, 가격폭등은 오일쇼크보다도 수입상들이 가격을 터무니없이 올린 것이 더 큰 요인으로 작용했다. 게다가 투기꾼들이 개입하자 공장들은 가격압력을 감당할 수 없게 되었다.

홍콩 플라스틱업계의 사활이 기로에 놓이게 되자 플라스틱제조협회의 회장인 리자청은 진두에 나서서 구제조치를 실행했다. 이 무렵 주력 사업을 부동산으로 옮겨 많은 수익을 올리고 있던 그로서는 플라스틱 원료 위기로 인해 큰 손실을 볼 입장은 아니었다. 그러나 그는 강한 의무감을 갖고 사태 해결에 나섰다.

그래서 리자청의 주도로 수백여 개에 달하는 플라스틱공장들이 힘을 모아 플라스틱원료회사를 설립했는데, 그 중에는 차오저우 출신이 아닌 사람들도 많았다. 소량으로 수입할 수 없었던 영세한 플라스틱공장들이 힘을 모아 공동으로 원료를 대량 수입하여 배분하자, 독점행위를 하던 수입상들은 어쩔 수 없이 가격을 내렸다. 이로써 2년간 지속되었던 플라스틱 원료 확보 위기는 완전히 해결되었다.

위기를 해결하는 과정에서 리자청은 놀라운 결단을 내렸다. 창장이 확보하고 있던 원료 가운데 12만 파운드를 시가의 절반가격으로 생산을 중단했던 회원사에 판매한 것이다. 또한 외국에서 직접 원료를 수입한 뒤에는 창장의 쿼터였던 20만 파운드를 원가에 다른 공장들에게 넘겼다. 그의 도움으로 회생한 공장의 수가 수백여 개에 달했다고 한다.

그런데 플라스틱 위기탈출에서 보인 행동은 80년대의 증시 구제조치에 비하면 아무 것도 아니었다. 그는 막대한 리스크를 감수하며 증시 위기에 헌신적으로 대처했다.

1980년대 중반 홍콩증시는 지속적으로 성장하여 1987년 10월 1일 헝성지수가 역사상 최고기록인 3,950포인트를 돌파했다. 이에 앞서 9월 14일 리자청은 창장, 허치슨 왐포아, 홍콩전력이 증시 사상 최대 액수인 총 103억 홍콩달러의 주식을 발행한다고 발표했다. 103억 달러의 용도에 관해서는 명확히 언급하지 않고 3개월 내에 밝혀질 것이라고만 했다.

10월 19일, 월스트리트의 주가가 돌연 508포인트나 폭락하자 홍콩의 지수도 420포인트가 떨어졌다. 투자자들은 물론이고 리자청의 주식을 취급했던 증권사들은 청천벽력 같은 사태에 아연실색했다. 다음날 아침, 증권거래소연합회 회장 리푸자오(李福兆)는 증시를 당분간 폐쇄한다고 선포했다.

10월 26일 증시가 열리자 헝성지수는 또다시 1,121포인트나 하락했다. 당시 홍콩증시의 15%를 차지했던 창장 계열 기업의 주가는 평균 30%가 떨어졌다. 정상적인 상황이라면 기업은 일반 투자자들이 보유한 주식을 싼 값으로 사들일 수 있는 이런 호기를 놓치지 않았을 것이다.

10월 23일, 리자청은 홍콩 증권감독위원회에 '증시안정화' 방안을 제출했다. 15억에서 20억 정도의 자금을 투입하여 창장 계열 4개 기업의 주식을 사들인다는 것이 주요 내용이었다. 리자청은 "이번 조치는 증시와 경제가 안정되기를 희망하기 때문이며, 절대로 개인의 이익을 챙기기 위함이 아니다. 전적으로 홍콩을 위한 발상이다"라고 강조했다. 이 행동을 언론에서는 '리자청의 증시 구제작업'으로 표현했다.

그는 비록 증권사들에게는 큰 손해를 입혔지만 홍콩증시를 구하는 데 있어 기사의 역할을 충분히 해냈다. 하지만 일각에서는 그가 밝힌 입장과 행동에 대해 여전히 의혹의 시선을 거두지 않았다. 여론도 그에게 호의적이지만은 않았다.

당시 리자청 일가가 보유한 창장의 지분은 35%가 넘은 데다 허치슨왐포아의 지분 역시 35%에 근접한 상태였다. 인수합병법에 의하면 지분을 35% 이상 소유한 주주가 지분을 늘리려면 반드시 대상 기업의 주식을 전량 매입해야 했다. 그런데 리자청은 창장 계열 기업의 주식을 완전히 사들일 능력이 안 되므로 당국에 여러 차례 규제완화를 요구했다. 증권감독위원회는 조례상 허가할 수 없었으므로 리자청은 '증시 구제'를 통해 정부의 규제조치 철폐를 얻어내려 했다.

그 결과 정부는 리자청의 '증시 구제방안'을 받아들이면서 한 기업의 지분을 35% 이상 매입할 경우 전량을 사들여야 한다는 규정을 철폐했다. 그러나 지분이 35%를 넘을 경우에는 매일 구입량을 공표하고, 1년 내에 한도액 이상의 주식을 팔아야 한다고 규정했다.

리자청은 규제완화조치에 환영의 뜻을 표했지만 매입제한을 철폐하면서도 1년 내에 되팔아야 한다는 규정은 모순이므로 문제를 근본적으로 해결하는 것이 아니라는 의견을 밝혔다. 만약 1년 내에 주가가 계속 하락한다면 매입했던 주식은 손해를 볼 수밖에 없기 때문에 당국의 조치에 매우 실망했다.

재계 인사들과 매스컴에서는 리자청이 규제완화를 요구했다가 오히려 자승자박이 된 꼴이며, 손해를 볼 수밖에 없을 것이라 예상했다. 그

근거는 홍콩이나 해외증시의 동향은 거의 예외 없이 증시 붕괴 이후 2~3년 동안 불황이 지속되었기 때문이다. 그런데 뜻밖에도 연말에 이르러 증시가 회복세로 돌아섰다. 1988년 4월 14일 형성지수는 2,684포인트를 기록, 1987년 초반의 수준에 근접했다. 리자청은 1년 동안 매입했던 주식을 팔면서도 손해는커녕 수천만 홍콩달러의 차익을 남겼다. 행운의 여신이 다시 한 번 그의 손을 들어준 것이다.

리자청이 또 한 번 기적적으로 재난을 피하자 색다른 주장이 제기되었다. 103억 홍콩달러의 창장 계열 기업 주식 발행(9월 14일)과 증시 붕괴(10월 19일) 사이에는 겨우 35일의 시간차밖에 없으므로 그가 증시가 대폭 하락하리라는 예측을 한 것이 아니냐는 것이다. 그러나 다른 한편에서는 막대한 위험을 감수하고 구제책을 편 것은 증시 호전의 시기를 정확히 예측했기 때문이 아니라 우연일 뿐이라는 의견을 제시했다.

의견이 분분한 가운데서도 확실한 사실은 리자청이 증시 붕괴의 위기 속에서 과감하게 위험을 무릅쓰고 구세주 역할을 했다는 것이다. 남들은 흉내도 낼 수 없는 행동으로 인해 그는 재계의 영웅이자 홍콩인들로부터 광범위한 지지와 존경을 받는 리더로 부상하게 되었다. 이 사건을 계기로 그는 더 크고 높은 무대로 나아가게 되었고, 그의 말 한마디에 호응하는 사람들이 운집하게 되었다.

• 리자청 어록 •

돈을 쓰는 것은 좋지만 낭비를 해서는 안 된다.
그리고 신중하고 조용히 처신해야 불필요한 오해와 비난의 화살을 피할 수 있다.

3 우호적 M&A로 윈윈전략을 달성하다

'증시의 저격수'라는 별명으로 불리는 류만슝(劉鑾雄)은 적대적 인수합병을 일삼기 때문에 재계에서 기피인물이 되었다. 그가 홍콩증시를 활성화시키는 데 큰 역할을 했다는 사실에는 이론의 여지가 없지만, 적대적 인수합병으로 인해 이미지는 형편없었다.

그와는 정반대로 리자청은 한 번도 적대적 인수합병을 한 적이 없고, 오히려 '우호적 인수합병자'라는 호평을 받았다. 그는 어떤 기업을 인수하려 할 때는 항상 협상을 한 뒤 상대가 최대한 만족할 만한 수준에서 타협을 이끌어냈다. 상대 기업이 결사적으로 반대를 하면 억지로 인수하지 않았다.

리자청은 지략이 뛰어나면서도 인내심이 강해서 정중동의 부드러운 행보로 상대를 제압했다. 가장 전형적인 사례가 바로 홍콩전력의 인수합병이었다. 구상에서부터 실제로 인수하기까지 몇 년의 시간이 걸리는 동안 리자청은 시종 신중하고 침착했지만, 상대인 사이먼 케스윅은 조급한 성격으로 인해 리자청의 '수'에 몰려 불리한 조건으로 홍콩전력을 넘겨주고 말았다.

허치슨 왐포아의 인수는 리자청의 전략이 최고도로 발휘된 케이스로서 사람들로 하여금 탄성을 발하게 만들었다. 후이펑은행의 힘을 빌려

피 한 방울 손에 묻히지 않고 창장 자산의 10배나 되는 허치슨 왐포아를 포획한 것은 거의 신기에 가까웠다.

일에 있어서는 극도로 감정을 자제하는 그는 인수대상 기업을 반드시 사야 하는 물건으로 생각하지 않았다. 그보다는 인수대상으로 물색한 회사를 치밀하게 분석한 뒤 조금이라도 문제가 있을 때는 과감히 포기하는 용단도 내렸다.

한편 그는 인수가 성공을 하든 수포로 돌아가든 대부분의 경우 상대가 불쾌하지 않도록 최대한의 배려를 잊지 않았다. 경영자들이 흔히 기업을 인수한 뒤에는 대폭적인 인사조치와 자산조정을 단행하는 것과 달리, 그는 최대한 임원들을 유임시키고, 소액주주들의 이익을 보호하는 데에도 신경을 썼다. 특히 지배권조정 등 중대사항에 대해서는 반드시 주주총회를 거쳐 결정했다.

인수가 불발에 그쳐도 리자청은 상대에게 고가로 자신의 지분을 사들이면 합병을 철회하겠다는 등의 압박을 가하지 않았다.

리자청의 좋은 이미지와 신용은 그 자체가 귀중한 자산이었고, 그의 사업이 더욱 발전하는 데 촉매작용을 했다.

롱즈젠이 증시에 상장할 수 있도록 도움을 준 것은 리자청의 입장에서 볼 때 별로 힘든 일이 아니었다. 이에 비해 헝창항(恒昌行)을 인수할 때는 전력을 다해 롱즈젠을 도와주었다. 정식 명칭이 헝창주식회사인 헝창항의 설립자는 허산헝(何善衡)이다. 그는 헝성은행의 설립자 가운데 하나로서 은행 총재를 역임하기도 했다.

광둥성 판위(番禺) 출신인 허산헝은 홍콩의 주가지수인 헝성지수를 만들었고, 1946년에는 중국인 자본의 무역회사 가운데 가장 큰 규모인 헝창항을 세웠다. 나이가 들어 사업에 뜻이 없어지자 그는 헝창항을 매각하려고 했지만 팔리지 않았다. 헝창의 자산가치는 82억 7,300만 홍콩달러로 경영상태도 양호하고, 3대 주주가 안정적으로 지분을 확보하고 있어 경영권이 도전을 받을 염려도 없었다. (허산헝 30%, 량추쥐(梁地據) 25%, 허톈(何添) 15%)

1991년 5월, 정위퉁, 헝성은행의 전임총수인 린빙옌(林炳炎), 중치(中漆)그룹의 회장 쉬잔탕(徐展堂)은 공동으로 베이이(備貽)주식회사를 설립하여 1주당 254홍콩달러, 총 56억 홍콩달러로 헝창의 주식을 모두 사들이겠다는 제의를 했다. 룽즈젠과 리자청도 헝창을 비밀리에 인수하려는 작업을 진행하고 있었으나 정위퉁 등의 움직임을 포착하고는 잠시 관망하기로 했다.

한편 베이이의 전략은 인수작업에 돌입하기 전부터 문제가 있었다. 증시에 떠도는 소문에 의하면 베이이의 3대 주주가 각기 부동산, 자동차 수입권, 식용유 부문을 분할하여 차지하기로 합의했다는 것이다. 그러나 이들은 헝창의 대주주들의 비위를 거스르는 바람에 인수에 실패했다. 대주주들은 베이이가 헝창의 주력사업을 분리하려는 계획에 불만이 컸던 것이다. 가격협상을 시작하기도 전에 헝창 측은 막후교섭의 문을 완전히 닫아버렸다.

그런데 중타이의 핵심기업인 크리에이트 스타일(Creat Style)이 새롭게 인수대열에 뛰어들었다. 1991년 8월 초 크리에이트 스타일은 헝창 측에 베이이보다 82달러 비싼 주당 336홍콩달러, 총 69억 4천만 홍콩달러로 인수하겠다는 의향을 표시했다.

헝창과 크리에이트 스타일이 가격협상을 벌이고 한 달 후인 9월 2일, 중타이의 총수 룽즈젠과 리자청은 컨소시엄을 결성했고, 다음날인 9월 3일, 크리에이트 스타일은 헝창의 인수합병을 발표했다.

중타이는 무역업의 강자인 헝창을 인수한 뒤 점차 증시의 거물로 성장하여 1992년에는 시가가 87억 홍콩달러에 달했다. 홍콩증시에서는 중국 본토의 자본을 무시하는 경향이 농후했지만 중타이의 급성장에는 놀라움을 금치 못했다.

1992년 2월, 중타이는 제3차 자금조달계획을 발표했다. 새로 1,168억 홍콩달러의 주식을 발행하여 조달한 25억 홍콩달러로 인수 당시 매입하지 못했던 헝창의 지분 64%를 사들인다는 것이었다.

롱즈젠이 헝창의 지분을 완전히 매입한다는 소식이 전해지자 증시에서는 구구한 해석이 나왔다. 일부에서는 롱씨가 목적을 달성하자 리자청을 배제한 것이라 했고, 혹자는 사전에 리자청과 합의를 봤다고 해석했다. 그런데 리자청은 흔쾌히 자신이 보유하고 있던 15억 홍콩달러에 달하는 헝창의 지분을 롱즈젠에게 팔겠다고 했다. 결론적으로 말해 헝창 인수과정에서 리자청은 일석이조의 효과를 보았다. 롱즈젠을 도와주었다는 명분과 함께 2억 3천만 홍콩달러의 시세차익을 얻은 것이다.

리자청과 롱즈젠의 합작은 증시에서 길이 기억될 미담이 되었다. 홍콩증시 사상 최대의 인수합병전이 벌어지는 동안 리자청은 상황을 예의 주시하다가 적시에 출격하여 성공을 거둠으로써 '초인'의 면모를 과시한 것이다.

감정을 억제하는 내공은 물론, '인내'에 관한 한 리자청을 능가할 고수는 없다는 것이 중론이다. 그는 베이이가 인수에 먼저 뛰어들도록 양보한 뒤 헝창과 교섭하는 과정을 냉정하게 관찰했다. 베이이가 헝창을 분리할 것이라는 정보를 입수하고서는 속으로 쾌재를 불렀다.

그는 재계의 선배인 헝창의 창업자들인 허산헝, 량추쥐, 허톈의 심정을 충분히 헤아릴 수 있었다. 한때 무역업계의 거물로서 재계를 호령하던 그들이 자신은 늙고 2세들은 승계할 의향이 없다 하니 어쩔 수 없이 헝창을 매각하려는 심정을 외면할 수는 없었다. 그들은 평생 피와 땀으로 일군 헝창항을 매각하게 되었긴 하지만 자신들의 손을 떠난 회사가 온전하기를 희망했다. 그들은 돈이 급한 것도 아니었고, 경영에 복귀할 의사도 없었다. 따라서 인수가격은 협상을 통해 낮출 수 있지만, 베이이와 같이 헝창을 3분하는 것은 용납할 수 없는 일이었다.

이런 사정을 파악한 리자청은 베이이가 인수에 성공할 수 없다는 판단을 내렸다. 더욱이 베이이는 적대적인 합병을 할 능력과 과단성도 없으므로 헝창의 창업자들이 결사적으로 저항하면 그냥 물러날 수밖에 없었다. 예상대로 베이이가 인수에서 발을 빼자 중타이는 즉시 인수작전을 폈다. 리자청은 우호적인 인수합병을 하는 인물이라는 명성과 노인들을 존중하는 겸허한 태도로 호감을 얻었고, 그 결과 순조롭게 헝창을 인수할 수 있었다.

헝창의 인수는 리자청의 뛰어난 인격과 명성이 사업적으로 빛을 발한 케이스였다. 그에게 돌아온 것은 당연히 명성과 이익이라는 두 마리 토끼였다.

> **• 리자청 어록 •**
> 사업가뿐만 아니라 국가도 신용이 없으면 존립할 수 없다. 우리는 돈 외에도 중요한 가치가 있다는 사실을 깊이 인식해야 한다. 즉, 스스로 자랑스럽게 여길 만한 미덕을 지니고 있다면 삶의 의미는 더욱 풍성해질 것이다.

4 근검절약하지만 타인에게는 크게 베풀다

흔히 부자와 권력자는 원하는 것을 모두 다 이룰 수 있다고 생각하기 쉽다. 중국인들은 전통적으로 수단과 방법을 가리지 않고 부를 축적한 사람들은 사치스런 생활을 한다는 관념이 강했다. 큰 부자가 된 다음에도 검소하게 살기는 쉽지 않은 법이고, 이를 실천하는 사람들은 도덕적으로 최고의 경지에 올랐다고 할 수 있다.

1995년 8월, 홍콩 〈문회보(文匯報)〉에는 리자청의 인터뷰가 실렸다. 그는 자신의 생활에 대해 "나는 매우 검소하고 단출하게 살고 있다. 30~40년 전과 비교해 그때나 지금이나 아무런 변화가 없다"라고 했다.

가장 눈에 띄는 검소함은 그의 옷차림이다. 그는 항상 검은색 양복을 입는데, 명품도 아니고 심지어 낡기까지 한 것이다. "나는 옷이나 구두에 신경을 쓰지 않는다. 양복 한 벌을 10년씩 입는 것은 예사이다. 구두도 열 켤레 가운데 절반은 오래된 것이다. 구두가 떨어졌다고 버리는 건 낭비이므로 수선해서 신는다. 손목시계도 평범한 것인데 꽤 오래 차고 있다."

회사 내에서 그는 일반직원과 같은 식사를 하고, 현장을 순시할 때는 근로자들이 먹는 대중적인 도시락을 맛있게 먹는다. 술과 담배를 하지 않고, 춤도 거의 추지 않는 그의 유일한 취미는 골프이다. 그런 그이지만, 공익사업에는 흔쾌히 거금을 투척한다.

중국 속담에 "검소함으로 성공을 일구고, 사치로 인해 망한다"라는 말이 있다. 리자청의 부는 단순히 근검절약의 결과가 아니라 성실함을 무기로 일군 것이다.

돈이 아무리 많더라도 물 쓰듯 한다면 바닥이 나기 마련이다. 간단한 예를 들어보기로 하자. 홍콩섬 빅토리아피크의 호화주택은 수억에서 수십 억 홍콩달러를 호가한다. 그러나 리자청이 30년 넘게 산 집은 1억 홍콩달러이다. 그는 '가식적이지 않은 충실한 인생을 살자'는 좌우명을 지키기 위해서라도 검소한 삶을 영위하고 있다.

리자청의 인생역정은 차오저우라는 유서 깊은 지방에서 출발하여 홍콩으로, 홍콩의 변두리에서 중심지인 센트럴로, 다시 세계로 그 영역이 확장되었다. 반세기가 넘는 시간 동안 많은 어려움을 겪은 뒤 마침내 자신의 자리를 찾았다. 세계적인 기업가이자 경제전략의 전문가가 바로 그의 자리인 것이다. 그는 홍콩의 사회 및 경제발전의 산 증인으로서 사회적 안정과 번영에 기여하는 한편 스스로를 끊임없이 계발했다.

그렇다면 그는 자신의 피와 땀으로 일궈낸 업적과 부를 사회적으로 어떻게 쓰고 있는가? 그는 공익사업, 빈민 구제, 교육과 의료 등에 많은 관심을 기울이고 있다.

어린시절부터 세계적인 갑부가 된 후에도 그의 근면성과 검소함은 전혀 변하지 않았다. 창장그룹 이사회의 의장인 그의 집무실과 접견실은 다른 그룹의 총수들과 비교해보면 '거의 값나가는 물건이 없다'는 말을 들을 정도이다. 20년 넘게 사용한 소파를 교체하지 않은 그의 집무실은 계열 기업의 사장실보다도 초라하다고 한다.

한 인사는 그의 인상을 이렇게 소개했다. "리자청 선생은 처음 산터우시를 방문했을 때 광둥성과 산터우시의 고위관리들과 함께 산터우대학을 건설할 부지를 둘러보았다. 소박한 인민복을 입은 그는 52세였지만 군살 없이 건강한 몸에 미소를 입에 걸고 있었다. 교양 있고 고상함을 풍기는 인상은 마치 학자와 같았고, 부드럽고 친절한 태도가 매우 인상적이었다."

1983년 12월 31일에 그는 두 번째로 산터우시를 방문했다. 이날은 산터우대학의 기공식이 거행되는 날이었다. 국내외 유명 대학의 총장과 교수, 저명한 경제학자, 산터우대학의 초대 총장인 쉬디신(許滌新), 광둥성 당서기이자 산터우대학 설립위원회 주임인 우난성(吳南生) 등은 공항에서 리자청을 영접했다. 그는 쉬디신 총장을 보자 미소를 지으며 성큼 다가가 악수를 청했다. 겸손한 몸짓은 마치 제자가 오랫동안 만나지 못했던 스승을 찾아뵙는 것 같았다. 또한 일세를 풍미하는 대기업가라기보다는 학자와 같은 이미지도 많은 사람들에게 강한 인상을 남겼다.

축하파티가 열린 산터우 경제특구의 룽후(龍虎)호텔에서 방명록에 서명을 할 때도 그의 겸손함은 여실히 드러났다. 산터우대학의 설립자로서 당연히 맨 앞에 이름을 쓰리라는 예상은 빗나갔다. 그는 귀빈 명부를 처음부터 끝까지 세 번이나 훑어보더니 세 번째 장에다 조심스럽게 이름을 썼다.

그날 밤 파티가 끝나고 리자청은 광둥의 전통극을 관람한 뒤 베이징, 광둥성과 지방 당위원회의 간부들, 산터우대학 총장 등과 산터우대학의 미래에 대해 몇 시간 동안 대화를 나누었다. 다음날 그는 특구의 행사와 산터우대학의 기공식, 기자회견 등으로 눈코 뜰 새 없이 바쁜 하루를 보냈다. 조금도 피곤하지 않은 듯 정력적으로 일정을 소화하는 그의 모습에 사람들은 감탄하지 않을 수 없었다.

산터우대학 건립의 실무책임자는 리자청을 이렇게 기억했다. "내가 기공식에서 테이프를 자를 가위를 들고 대기하고 있자 그는 온화한 목소리로 '내가 직접 가지고 가겠으니 수고하지 마십시오'라고 했다. 행사가 끝난 뒤 그는 나를 방으로 들어오라곤 한 뒤 '나는 자신의 일에 최선을 다하는 사람을 존경합니다. 산터우대학 설립에 참여한 사람들이 모든 역량을 발휘해 대학 발전에 기여해주기를 바랍니다'라고 했다."

1987년 2월 10일, 리자청은 산터우대학 이사회가 설립된 후 처음으로 열린 회의에 참석했다. 비행기에서 내려 악수를 한 사람들은 그의 손이 고열로 인해 매우 뜨겁고, 코가 막혀 있는 것을 발견했다. 그는 심한 감기를 앓고 있었던 것이다. 게다가 홍콩증시도 심각한 상황이었다. 그럼에도 그는 이사회의에 참석하여 밤늦게까지 회의를 계속하는 강행군을 했다.

다음날 아침에도 회의는 계속되었다. 감기에 피로가 누적되자 위통까지 일었지만 리자청은 정신력으로 버티고 앉아 있었다. 회의를 하던 중 그는 한 직원에게 다가가 조용하게 약을 먹어야겠으니 과자 몇 조각만 달라고 부탁했다. 직원은 학교 매점으로 가서 과자를 사다주었다. 리자청은 과자를 좀 먹고 나서 위약을 먹었다. 몸이 좀 편해지자 그는 다시 자리로 돌아와 회의를 주재했다. 그는 나중에 과자를 사다준 직원에게 "내 비서가 홍콩에서 과자를 가져왔는데, 내가 호텔에 두고 왔네"라며 과자값을 건네주었다.

그 후로도 산터우에 올 때마다 리자청은 항상 검은색 양복에 흰색 와이셔츠와 줄무늬 넥타이 차림이었다. 계절에 상관없이 양복 한 벌로 버티는 그에게 겨울에는 옷이 너무 얇지 않느냐고 묻자 그는 '난 추운 날씨가 좋다'고 했다. 어떤 때는 솔기가 터진 양복을 그대로 입고 다닐 정도로 옷차림에는 신경을 쓰지 않았다. 사실 그는 비싼 옷으로 신분을 과시하고 다닐 필요가 없다. 리자청이 어떤 사람인지를 모르는 사람이 없으므로. 그는 금테 안경을 쓴 적이 없고, 구두도 깨끗하기는 하지만 아주 평범한 것이다. 그가 들고 다니는 작은 가방에는 세면도구와 속옷, 서류 등이 들어 있다. 전체적으로 그가 풍기는 이미지는 활달하면서도 소탈한 것이다.

그가 30여 년 전에 구입한 디프 워터 베이(深水灣)의 저택은 전혀 호화롭지 않으며 경찰이 정기적으로 순찰을 하지도 않는다. 다만 대문의 창살에는 흰색의 버섯 모양 적외선 센서가 있어서 물체가 접근하면 경보가 울리게 되어 있다. 안전을 위한 최소한의 장치인 것이다.

그는 리무진과 요트를 가지고 있지만 평소에는 이용하지 않고, 택시도 자주 탄다고 한다. 그의 일과를 보면, 아침 6시에 일어나 손수 운전을 해서 골프장으로 가서 연습을 한 뒤 9시에 출근한다. 휴일에는 가족과 함께 요트 타기, 수영, 수중 촬영 등을 즐긴다. 한때 골동품 수집에 관심이 많았지만 너무 바쁜 관계로 이 취미는 포기했다.

식사는 보통 한두 가지 요리에 국을 곁들이고, 디저트로 과일을 즐겨 먹는다. 죽과 장아찌 종류의 반찬을 좋아하고, 양식도 선호한다. 창장 본사의 연회장에서 손님을 접대할 때는 일반적으로 8가지 요리를 내는데, 호화 요리가 나오는 경우는 별로 없다. 블랙 타이를 요구하는 거창한 파티에는 몇 년간 참석하지 않을 정도로 공식적인 모임을 좋아하지 않는다. 술과 담배도 하지 않는 그이지만 1992년 4월 30일 산터우대학에서 열린 파티에서는 기쁜 마음을 감추지 못하고 파격적으로 건배를 제의해 사람들을 놀라게 했다.

"내 생활은 1962년에 비해 더 나아진 것이 없다. 나는 단출하게 사는 게 좋다"고 한 리자청은 생일도 평범하게 보냈다. 50세와 60세 생일을 성대하게 보내는 중국인의 관습과 달리 그는 '생일이 무슨 큰 의미가 있냐'며 집에서 친구들과 간단하게 생일을 보냈다. 가까운 친척과 친구들로부터 작은 선물을 받는 것으로 요란스런 축하를 대신했다.

> **· 리자청 어록 ·**
>
> 지식은 단순히 책 속에 있지 않다. 사회와 문화에 대한 이해, 그리고 시대정신을 포함한 지식이어야 비로소 경쟁력을 지닌다. 오늘날 지식은 새로운 자본으로 부상했다. 50~60년대에는 근면하기만 하면 성공할 수 있었지만, 이제 홍콩은 지식을 갖춰야만 성공할 수 있는 사회가 되었다.

5 공익사업과 자선활동에 앞장서다

베풀 줄 아는 사람이 진정으로 얻을 수 있다는 말이 있다. 여유가 있어 돕는 것도 가상하지만, 없는 가운데에서도 타인에게 베풀 수 있다면 나눔의 의미는 더 커질 것이다. 흔히 선행은 누구나 할 수 있다고 생각하지만 사실은 그렇지 않다. 선행을 하는 것도 간단하지는 않다. 선행을 통해 명예와 이익을 얻는 사람이 있는가 하면, 자칫 잘못하면 선행을 하고도 좋지 않은 평을 얻을 수 있다.

1995년 8월, 중국의 CCTV가 리자청을 인터뷰하면서 홍콩 최고의 갑부라고 소개하자 그는 이렇게 대답했다. "아닙니다. 홍콩에는 이름을 밝힐 수는 없지만 나보다 돈이 많은 사람들이 적지 않습니다. 이는 공인된 사실입니다. 단순히 돈을 기준으로 보면 나는 홍콩에서 6, 7위 정도 되는 부자입니다. 하지만 부의 척도를 달리 본다면 나는 굉장한 부자입니다. 그 이유는, 나는 스스로의 행동에 무척 만족하기 때문입니다." 이 말에서 알 수 있는 사실은, 리자청은 돈의 양보다는 양심에 거리낄 것이 없다는 사실을 더 자랑스러워한다는 점이다. 그가 홍콩경제에 얼마나 중요한 기여를 했느냐 하는 문제는 차치하고라도, 중국에 대한 수백억 홍콩달러의 투자, 단독으로 산터우대학을 설립한 사실, 꾸준한 기부행위만으로도 충분히 중국인의 귀감이 될 만하다.

1978년 9월 말, 리자청은 홍콩과 마카오의 사절로서 중국 국경일 행사에 참석했다. 그는 베이징에서 중국의 현실을 관찰하면서 빈곤한 사정을 이해하게 되었다. 수도인 베이징의 모습이 이 정도라면 시골은 더 비참하리라는 생각과 함께 중국에 거대한 변화의 물결이 일기 시작했다는 사실도 감지했다.

중국의 단면에서 조국의 빈곤과 희망을 같이 보았던 것이다. 객관적으로 말하자면 그는 중국에 대해 어느 정도는 경계심을 가졌다. 그러나 그는 중국인으로서 민족과 조국을 위해 무엇을 할 것인가에 대해 진지한 고민을 했다. 이 고민은 고향에 기부를 하고 대규모의 투자를 하는 계기가 되었다.

이쯤에서 리자청의 선행에 대해 살펴보기로 하자.

1978년 말, 리자청은 500만 홍콩달러를 쾌척하여 고향인 차오저우에 1차로 9개 동의 아파트를 건설했다. 건축면적 1만 25평방미터에 250가구가 입주했다. 계속하여 아파트 5개 동을 더 건설했다. 그리고 1980년에는 2,200만 홍콩달러를 기부하여 차오안(潮安)현과 차오저우시에 병원을 지었다. 그 후 한장(韓江)대교를 건설하는 데 450만 홍콩달러를 기부했다.

이밖에도 몇 차례에 걸쳐 10만에서 150만 홍콩달러에 이르는 금액을 고향의 병원과 체육시설 건립, 장학금 수여 등을 위해 기부했다. 그의 자선과 기부행위가 널리 알려지자 차오저우에서는 기념비를 세워주었다. 선행이 널리 알려지기를 원치 않은 리자청은 병원 이름에 자신의 이름을 넣지 못하게 했고, 준공식에도 참석하지 않았다.

1984년, 중국 장애인기금회에 100만 홍콩달러를 기부한 것을 시작으로 91년에는 550만 홍콩달러, 92년에서 96년 사이에는 총 6천만 홍콩달러를 쾌척했다. 1987년에는 중국 공자(孔子)기금회에 50만 홍콩달러를 협찬하여 유학(儒學) 연구에 쓰도록 했다. 기금회에서는 고마움의 표시로 공자의 고향인 산둥성 취푸(曲阜)에 기념비를 세웠다. 1988년에는 베이징의 옌황(炎黃)미술관에 100만 홍콩달러, 산터우시 차오산(潮汕)체육관 건립에 200만 홍콩달러를 기부했다. 1989년에는 제11회 베이징아시안게임에 1천만 홍콩달러를 기부하기도 했다.

이밖에도 리자청은 광동성과 광저우시에 몇 번에 걸쳐 수천만 홍콩달러의 기부금을 냈다. 개인의 힘으로 산터우대학을 설립한 것은 조국인 중국에 대한 가장 뜻깊은 쾌거로서, 1979년부터 지금까지 총 20억 홍콩달러가 넘는 금액을 출연했다.

홍콩에서도 그는 많은 자선활동을 했다.

1977년부터 홍콩대학을 위시하여 많은 교육기관과 재단에 5,400만 홍콩달러를 기부했다. 1984년에는 프린스 오브 웨일즈 병원(Prince of Wales Hospital)에 3천만 홍콩달러를 출연하여 리자청 클리닉을 설치하도록 했다. 1988년에는 1,200만 홍콩달러를 들여 아동전용 정형외과병원을 설립했고, 홍콩신장기금, 아시아맹인기금, 화둥(華東)병원 등에 총 1억 홍콩달러를 기부했다.

1980년대부터 지금까지 리자청이 홍콩의 사회복지 및 문화단체 수십 군데에 기부한 액수는 1억 홍콩달러 이상이었다.

사업적인 성공과 공익사업에 아낌없는 기부를 함으로써 리자청은 많은 영예를 안았다. 중국의 지도자 덩샤오핑(鄧小平), 장쩌민(江澤民), 리펑(李鵬) 등은 여러 차례 그를 접견하여 조국에 대한 공로에 찬사를 보냈다. 1986년, 홍콩대학과 홍콩 총독은 공동으로 리자청에게 명예박사학위를 수여했다. 1989년 1월 1일에는 영국 여왕 엘리자베스 2세로부터

CBE(Commander of British Empire) 작위와 훈장을 받았다.

그의 엄청난 기부와 자선활동은 개인적인 수양과 인격의 발로라 하겠지만, 그로 인한 좋은 이미지가 사업에 시너지효과를 가져왔다는 사실을 부인할 수는 없을 것이다. 사업의 파트너로 인격적으로 훌륭하고 신용과 명예를 갖춘 사람을 원하는 것은 당연한 일이다. 그런 면에서 볼 때 리자청의 자선활동은 사업을 하는 데 있어 무형의 자산으로 작용했다. 어떤 의미에서 보면 이 무형의 자산은 금전적인 자산보다도 더 값지다고 할 수 있다. 리자청의 기부행위가 언론에 소개되면서 사람들은 중국과 홍콩, 그리고 민족을 사랑하는 그의 마음에 많은 감동을 받았다.

중국 동부지역에 수재가 발생했을 때 리자청이 취한 행동은 중국인들에게 강한 인상을 심어주었다. 1991년 7월 11일, 중국의 '국제재해대책위원회' 사무총장 천훙(陳虹)은 베이징에서 국내외 언론을 대상으로 기자회견을 열어 그해 상반기, 특히 5, 6월에 중국에 발생한 재해에 대해 설명했다. 중국의 18개 성, 자치구, 직할시 등에서 수재가, 5개 성과 자치구에서 심각한 한발이 발생하여 7월 5일까지 전국적으로 1,270명이 사망했다. 재해로 인한 피해가 가장 심각한 곳은 안후이(安徽)성과 장쑤(江蘇)성이었다. 잠정집계에 의하면 안후이의 수해민은 4,800만 명으로, 성 전체인구의 약 70%에 달했다. 사망자는 267명이고, 농작물 피해 면적은 430만 헥타르, 직접적인 경제 손실은 약 70억 위엔이었다. 장쑤성의 경우, 성 전체인구의 62%에 달하는 4,200만 명이 피해를 입었고, 사망자는 164명, 농작물 피해 면적은 300만 헥타르, 경제적 손실은 90억 위엔에 달했다.

중국정부는 2개 성의 구제대책 마련에 부심했지만 피해규모가 너무 커서 곤란을 겪고 있었다. 200만 명 이상이 집을 잃었고, 전염병이 창궐

하는 데다 도로와 교량 등이 유실되어 복구가 시급했다. 당장 시급한 조치를 취하는 데만도 미화 2억 달러 이상의 물자와 자재가 필요했다. 그래서 천훙은 중국정부를 대표하여 유엔기구, 각국 정부, 국제기구와 단체, 민간단체들에게 인도적 차원에서 도움을 줄 것을 호소했다.

리자청은 '안후이성과 장쑤성의 1백 년 이래 최대 재해'에 관한 보도를 접하면서 무거운 마음을 떨칠 수 없었다. 그의 오랜 친구인 쉬웨이(許偉)는 리자청으로부터 '걱정이 되어 며칠 동안 잠을 이룰 수가 없었다'는 고백을 들었다. 7월 12일 아침 6시에 천훙의 기자회견에 관한 뉴스를 들은 리자청은 국가적 위기를 당한 이때야말로 뭔가 해야 하는 때라는 생각을 굳혔다.

리자청은 아침식사도 거른 채 창장, 허치슨 왐포아, 홍콩전력, 자훙(嘉宏)의 사장들에게 전화를 걸어 의견을 취합했다. 오전 6시가 조금 넘은 시각이라 아직 잠자리에서 일어나지 않았던 창장의 비서실장 바오치윈(鮑綺雲)이 리자청의 전화를 받았다. 리자청은 급한 목소리로 지시했다. "빨리 신화(新華)통신사 홍콩지사에 가서 지사장에게 나를 5분만 만나 달라고 부탁 좀 해줘요. 정 바쁘면 서서 얘기해도 괜찮다고!"

그녀는 즉시 리자청의 말대로 연락을 취했다. 리자청은 4개 기업의 명의로 5천만 홍콩달러를 재해지역에 지원하겠다는 의사를 밝혔다. 그날 오후 3시에 리자청은 비서를 시켜 5천만 달러의 수표를 신화사 홍콩지사에 보냈다. 수표와 함께 사장 저우난(周南)과 부사장 정화(鄭和)에게 보낸 친필서한에는 다음과 같은 내용이 적혀 있었다.

"홍콩에 사는 중국인의 한 사람으로서 본인은 다른 나라들에 앞서 실질적인 지원을 함으로써 더 많은 도움을 이끌어내는 역할을 하고 싶습니다. 계열 기업을 대표하여 2억 홍콩달러의 수표를 보내니 두 분께서는 유관 부문에 연락을 취하여 최대한 빠른 시간 내에 전달해주시기 바랍니다."

이 소식이 전해지자 많은 기자들이 몰려들어 리자청에게 '중국정부의 다급한 호소'에 대한 생각을 물었다. 리자청은 기자들의 질문에 솔직히 답변했다.

"중국정부가 국제사회에 지원을 요청한 것은 개인적으로 바람직한 변화라고 생각합니다. 과거 탕산(唐山)대지진 때 국제적인 원조를 거절했던 것과 이번의 조치는 상당한 대조를 이루고 있습니다. 천재지변을 당했을 때 공개적으로 국제사회와 동포들에게 지원을 요청하는 것은 매우 정상적이고 적절한 대응방식입니다."

"이번에 하는 기부는 자발적인 것이지 그 누구의 요구에 의한 것이 아닙니다."

"과거 공익사업에 기부를 할 때는 개인 명의로 했지만, 이번에 회사의 이름으로 한 데에는 각별한 뜻이 있습니다. 중국인 주주들이 다수를 이루는 홍콩의 기업으로서 마땅히 최대한 신속하게 중국의 다급한 요청에 응해야 한다고 생각했기 때문입니다. 중국인은 당연히 외국인에 비해 더 자발적으로 빠른 시간 내에 중국을 도와야 합니다. 내가 빠른 반응을 보임으로써 조금이라도 더 많은 도움을 이끌어낼 수 있기를 바랍니다." "내가 기부하는 액수가 많지는 않지만 조금이라도 보탬이 되기를 바랍니다. 이것이 내가 기부를 하는 유일한 목적입니다."

그는 홍콩시민들이 기꺼이 의연금을 내는 상황에도 기쁨을 표했다. "홍콩의 중국인으로서 마땅히 해야 할 일입니다. 홍콩의 경제력으로 볼 때 모든 사람들이 성의를 보이면 재해지역을 돕는 데 큰 보탬이 될 것입니다. 많은 시민과 단체들이 여력이 있으면 모두 이 대열에 동참하기 바랍니다."

그는 마지막으로 "삶은 단 한 번뿐입니다. 여생 동안 인류사회를 위해 조금이라도 공헌할 수 있다면 죽어도 여한이 없을 것입니다"라는 말로 기부와 자선에 대한 평소의 생각을 토로했다.

그의 호소가 어느 정도 효과를 발휘했는지는 알 수 없지만, 홍콩사람들은 중국의 재해민들을 돕는 데 놀라운 단결력을 보여주었다. 대기업은 물론이고, 각계각층의 유명인사들과 어린아이에서부터 노인들까지 시민들이 자발적으로 성금을 내는 감동적인 모습이 연출되었다. '피는 물보다 진하다'라는 동포애로 성금을 내는 모습은 홍콩시민들이 강렬한 애국애족정신을 갖고 있음을 여실히 드러내는 것이었다.

1991년 7월 12일, 홍콩 입법국의 재무위원회는 5천만 홍콩달러를 중국에 지원하기로 결정했다. 7월 23일까지 12일이라는 짧은 시간 동안 홍콩 전역에서 접수한 성금은 4억 7천만 홍콩달러였다. 홍콩뿐만 아니라 타이완과 마카오에서 접수된 성금도 각기 미화 300만 달러와 2천만 파타카에 달했다. 그밖에도 미국, 영국, 캐나다, 호주, 덴마크, 네덜란드, 독일, 뉴질랜드 등이 유엔에 기부한 성금의 액수도 5,400만 달러에 달했다.

리자청이 앞장서서 중국을 돕자고 호소한 데 이어 연예계에서는 2개월여에 걸쳐 동포애를 발휘하자는 캠페인을 벌였다. '역사적으로 유례가 없었다'는 표현으로 압축되는 홍콩인들의 동포애는 내부적인 단결력을 고취하는 데에도 상당한 기여를 했다.

7월 19일, 리자청의 고향인 차오저우와 산터우지역이 태풍으로 인해 참담한 피해를 입었다. 이 소식을 들은 리자청은 산터우시 당서기인 린싱성(林興勝)에게 전화를 걸어 심심한 위로의 뜻을 전하고, 500만 홍콩달러를 기부하면서 산터우대학과 초중고교의 교사(校舍)를 복구하는 데 써달라고 부탁했다. 아울러 홍콩인들이 모은 5억 6,632만 홍콩달러의 성금이 중국 재해방지위원회와 재해지역에 전달되었다.

· 리자청 어록 ·

많은 사람들이 평생 부를 추구하느라 전전긍긍하다가 삶의 진정한 의미를 잊고 산다.

6 의리를 중시하고 이익에 연연하지 않다

성공한 대상(大商)들 중에는 사업이 절정에 이르렀을 때 '담담하게 몸을 빼는' 경우가 적지 않다. 인간의 물욕은 한이 없다는 속성에서 볼 때 이는 쉽지 않은 일이다. 이와 관련된 유명한 이야기가 있다.

전국시대의 인물 맹상군의 문객 중에 매일 거문고를 타며 노래를 부르는 사람이 있었다. 노랫말은 가진 것이 없는 자신의 처지에 불평불만과 탄식을 하는 것이었다. 맹상군은 그가 요구하는 것을 다 들어주었지만 만족을 모르는 그의 성격은 어쩔 수가 없었다.

한번은 맹상군이 이 문객에게 소작료와 빚을 받아오라는 심부름을 시켰다. 그런데 그는 땅문서와 채무계약서를 모두 불태워버린 뒤 소작농들에게는 맹상군이 소작료과 빚을 모두 탕감해주었다고 말했다. 소작농들은 크게 기뻐하면서 맹상군에게 감사했다. 훗날 맹상군이 조정에서 실세하여 죽음을 당할 위기에 처했지만 숨을 곳이 없다는 소식을 들은 소작농들은 그에게 은신처를 제공해주었다.

그 문객이 소작농들 앞에서 땅문서와 채무계약서를 태워버린 것은 맹상군을 위해 '의리'를 사기 위해서였다. 그래서 맹상군이 위험에 처했을 때 도움을 받을 수 있도록 장기적으로 준비를 해둔 것이었다. 리자청도 그 문객처럼 돈으로 은혜와 의리를 사는 사람이다. 그러나 그의 목적은 인심을 사는 것이 아니라 사업상의 도움을 받는 것이었다.

리자청은 중시에서 엄청난 수익을 올린 후 점차 발을 빼기 시작했다. 1984년, 그는 세 차례에 걸쳐 '사유화'를 했다. 여기서 말하는 '사유화'는 공개적인 상장기업을 사유회사로 변환하는 것이다.

상장기업으로서 창장이 중시에서 조달한 대규모 자금은 회사의 발전에 지대한 역할을 했다. 그러나 창장은 상장회사로서 증권감독위원회의 관리와 감독을 받고, 회계감사를 받은 재무제표를 제출해야 했다. 상장회사의 지분 중 대주주는 75% 이상을 보유할 수 없으며, 경영과 재무상태는 일반 주주들에게 공개하고, 중대한 결정은 반드시 이사회와 주주총회에서 이뤄져야 한다. 이러한 규칙들은 대주주와 경영자들을 제약하는 성격이 강했으므로, 자금 확보에 문제가 없고 회사가 정상에 올랐다고 판단한 리자청은 창장을 점차 중시에서 퇴장하도록 만들었다.

증권조례에 의하면 상장기업은 25% 이상의 주식을 일반 투자자들에게 판매해야 한다. 그렇기 때문에 가족적 성격이 강한 상장회사라도 본질적으로는 사기업이라 하기 힘들었다. 회사의 상장, 기업의 인수합병 및 주식발행 등을 '입장'이라 하는 반면에 중시에서 퇴출하여 기업을 사유화하는 것은 '퇴장'이라 불렸다. 퇴장은 사실상 소유주가 주식을 사들여 사유화함으로써 더 이상 공개적으로 자금을 조달할 수 없는 것이다. 리자청이 창장 계열의 일부 기업을 사유화하기로 결심한 데에는 두 가지 이유가 있었다.

첫째, 창장그룹의 규모가 방대해졌고 창장, 허치슨 왐포아, 홍콩전력 3개사의 경우 사유화가 되어도 향후 자본조달에 아무런 영향을 받지 않을 정도가 되었다.

둘째, 사유화된 기업은 일반 주주와 증권감독위원회의 감시를 받지 않으므로 사업상의 기밀을 유지하기 쉽고 재무상황을 공개할 필요도 없다.

문제는 사유화를 실행하려면 시기를 잘 선택해야 한다는 것이다. 주가가 하락하는 시기는 소액주주에게서 주식을 매입하는 대주주에게 유리한 때이다. 이 원칙은 누구나 아는 것이지만, 실제로 시점을 잘 선택하기란 쉽지 않다. 한편으로는 소주주들이 큰 피해를 보지 않도록 하는 것도 중요하다. 그런데 리자청은 사유화를 실행하면서 이 두 가지 유의사항을 잘 지킴으로써 다시 한 번 일반 기업가들과 다른 면모를 과시했다.

1984년, 중국과 영국이 홍콩의 미래에 대한 합의를 마치자 홍콩증시는 상승세로 돌아섰다. 1985년 10월, 리자청은 인터내셔널시티주식회사의 주식을 시가보다 10% 비싼 1주당 1.1홍콩달러에 사들여 사유화하겠다는 계획을 발표했다.

소액주주들은 이 발표에 크게 기뻐하며 주식을 매각했다. 그런데 이 시기는 증시가 상승하고 있어 인수가격이 높았으므로 리자청에게는 불리했다. 일부에서는 2~3년 정도 후에 증시가 하락할 때 저가로 주식을 매입하면 되는데 리자청이 판단을 잘못했다고 비웃었다. 그러나 리자청이 이 시기를 선택한 것은 소액주주의 이익을 고려해서였다. 주가가 폭락했을 때 사들인다면 자신에게는 유리하지만 소액주주들의 입장에서는 억울하다는 느낌이 들 수 있기 때문이다.

1988년 10월, 창장은 칭저우(靑洲)시멘트회사를 사유화했다. 창장이 소유했던 이 회사의 지분은 44.6%였는데, 시가 17.7달러였던 주식을 13% 올린 20홍콩달러에 매입한다고 하자 소액주주들은 환호했다. 주식 인수는 순조롭게 진행되어 12월 30일에 이르러 창장은 칭저우의 주식 95%를 매입하여 개인기업으로 만들었다.

이에 비해 자홍(嘉宏)인터내셔널을 사유화하는 과정에서는 우여곡절을 겪었다. 자홍은 창장 계열의 4대 기업 중의 하나로 종합자산가치가 44억 5,700만 홍콩달러, 시가로는 155억 900만 홍콩달러의 평가를 받았다. 1991년 2월 4일, 창장은 자홍의 주식을 4.1홍콩달러에 인수하여 사유화하겠다는 발표를 했다. 인수가격은 시가보다 7.2% 비쌌지만 인터내셔널시티와 칭저우시멘트보다 시가대비 인수가격이 낮았으므로 일반 주주들은 실망감을 감추지 못했다.

일반적인 여론은 자홍의 인수가격이 지나치게 낮다며 소액주주의 이익에 반하는 것이라 공격했다. 이에 대해 리자청은 자홍의 수익발생능력을 주로 고려한 데다 업무가 창장실업, 허치슨 왐포아와 중첩되므로 인수가격을 높게 책정할 수 없다고 설명했다. 만약 5홍콩달러에 자홍의 지분을 매입하겠다는 사람이 있다면 양도하겠다는 의사도 밝혔다.

그러나 리자청의 설명은 주주들을 설득시키지 못했다. 4월 10일 열린 자홍의 주주총회에서 소액주주들은 이의를 제기했다. 즉 자홍이 밝힌 1990년의 영업실적은 전년도에 비해 29% 증가하여 13억 1,600만 홍콩달러에 달했고, 자홍이 보유하고 있는 홍콩전력의 주가도 계속 상승하고 있으므로 자산가치가 더욱 높아질 것이라는 주장이었다.

열띤 논의 끝에 자홍의 사유화계획은 무산되었다. 사유화 실패의 원인은 인수 당사자의 평가와 실제 영업실적의 차이가 너무 컸기 때문이다. 자홍의 자산평가에 의하면 주당 5~6홍콩달러는 되어야 했는데 리자청이 제시한 4.1홍콩달러는 너무 낮았다. 대주주의 이익은 챙기면서 소액주주들에게는 불리한 가격이었던 것이다. 평소 소액주주들의 이익을 중시한다는 리자청이 자홍의 사유화에 있어 태도가 바뀐 데에는 나름대로의 이유가 있었다.

사유화계획이 발표된 뒤 영국의 한 펀드회사가 자홍의 주식을 사들이려 하자 소액주주들이 주식을 팔지 못하도록 가격을 낮춘 것이다. 가격을 높이지 않으면 자홍의 주식으로 재미를 보려는 투기꾼들의 작전을 봉쇄할 수 있는 것이다.

이밖에도 소액주주들의 사유화 반대는 인수 실패의 큰 원인이 되었다. 그들은 인수가격이 너무 낮기도 하지만, 자홍의 발전가능성에 긍정적이었으므로 사유화에 아쉬움을 금치 못했던 것이다.

1992년 5월 27일, 허치슨 왐포아는 인수가격을 32% 올려 주당 5.5홍콩달러에 자홍의 주식을 인수하겠다고 발표했다. 소액주주들은 이 가격에 대체로 만족했다. 7월 10일 주식총회에서 사유화 의제는 96.7%의 지지율로 통과되었다. 대주주와 소액주주 모두의 이익을 챙길 수 있는 인수조건이 사유화에 대한 저항을 무너뜨린 것이다.

자홍의 사유화로 인해 창장그룹에서 상장기업은 창장실업, 허치슨 왐포아, 홍콩전력 등 3개 사만 남게 되었고, 대은행들을 제외하면 총 시가가 홍콩 최고인 그룹으로 부상했다.

상장했던 기업을 개인기업으로 전환함에 따라 창장 계열 기업들은 경영상황과 영업실적을 공개해야 하는 의무를 벗어나게 되어 기밀 유지에 유리하게 되었다. 리자청은 더욱 능동적이고 탄력적인 경영을 할 수 있는 장점을 갖게 되었다.

리자청이 사유화를 단행한 목적을 반드시 이해할 필요는 없지만, 그 과정은 고찰해볼 만한 가치가 있다. 주가가 바닥을 칠 때 싼 값으로 다른 기업을 인수하면 유리하지만 리자청은 그런 적이 없다. 그는 오히려 소주주들의 이익을 고려하여 그들을 만족시킬 만한 가격으로 인수하는 아량을 보였다.

증시에서뿐만 아니라 배당금을 챙길 때에도 리자청은 자신의 몫보다는 주주들의 배당금을 더 많이 배려하는 태도를 보임으로써 재계와 언론으로부터 칭찬을 받았다.

그는 10여 개 회사의 회장이나 이사직을 겸임하고 있지만 연봉은 상징적 액수인 5천 홍콩달러만 받아갔다. 5천 홍콩달러는 80년대 초 회사 청소부의 1년치 월급에도 못 미치는 금액이다. 창장과 같이 경영실적이 우수한 여타 대기업 회장의 연봉은 1980년대 중반 수백만 홍콩달러에 달했고, 90년대에는 1천만 홍콩달러를 상회했다. 그러나 리자청은 20년 동안 변함없이 5천 홍콩달러의 연봉만을 수령했다. 현재의 수준으로 보면 리자청은 다른 경영주들의 1만 분의 1에도 못 미치는 연봉만을 받은 것이다. 리자청이 인터내셔널시티의 회장직을 맡았을 때 회사에서는 200만 홍콩달러의 연봉을 책정했지만 그는 한 푼도 받아가지 않았다.

사리사욕을 추구하지 않는 그의 태도는 증시의 저격수라 불리는 류만슝과 극단적인 대비를 이루고 있다. 1990년 류만슝이 회장으로 있던 아이메이가오(愛美高)그룹의 순익이 4,700만 홍콩달러였던 데 비해, 이사 6명의 연봉은 무려 4,600만 홍콩달러였다. 이 그룹의 계열 기업인 화즈(華置)의 수익은 1억 5,600만 홍콩달러였고, 이사의 연봉은 3,600만 홍콩달러, 중우(中娛)의 경우 수익과 이사의 연봉은 각기 6,100만과 3,600만 홍콩달러였다. 더욱이 바오화(保華)의 경우 5,300만 홍콩달러의 적자를 기록했음에도 불구하고 이사들은 상당한 액수의 연봉을 챙겼다. 류만슝은 1억 홍콩달러의 연봉을 챙겨 언론으로부터 '샐러리맨 황제'가 아닌 '샐러리맨 신(神)'이라는 비웃음을 사기도 했다.

리자청은 〈포브스〉와의 인터뷰에서 연봉문제에 대해 이렇게 대답했다. "외부에서 말하는 대로 내가 이사로서 받는 연봉은 미화로 641달러이다. 이 액수는 일반 직원들과도 비교할 수 없는 매우 낮은 수준이다. 그러나 설령 연봉이 1천만 달러라고 해도 이는 내가 실제로 일한 것에 비하면 아무것도 아니다."

재계 인사들은 리자청이 상징적인 액수의 연봉만을 받는 사실에 존경을 표하기는 했지만, 감히 따라하지는 못했다. 혹자는 이사의 연봉은 결책과정에 참여한 보수인데 왜 중요한 일을 하면서도 정당한 금액을 수령하지 않느냐고 비판했다.

리자청이 이사 연봉을 포기하는 데 대해 '작은 이익은 포기하면서 큰 이익은 철저히 챙긴다'는 차가운 시선이 존재하기도 한다. 실제로 그가 수천만 홍콩달러의 연봉을 포기하는 대신 일반 주주들로부터 얻는 호감은 자연스럽게 창장 계열 주식에 대한 믿음으로 연결되고 있다. 심지어 일반 투자자들은 리자청이 매입하는 기업의 주식을 무조건적으로 따라서 사곤 했다.

1994년 4월에서 다음해 4월까지 리자청이 홍콩증시에서―해외증시에서의 수입은 제외하고―얻은 수입은 12억 4천만 홍콩달러에 달했다.

예로부터 보통 상인은 머리만 좋으면 되지만, 정상에 서는 거상이 되려면 사업적인 두뇌뿐만 아니라 작은 것을 버려 큰 이익을 얻는 지혜를 갖추어야 한다고 했다. 중요한 사실은, 리자청은 상술에 필요한 두뇌뿐 아니라 물질만능주의가 팽배한 자본주의 사회에서 개인의 이익에 급급하지 않고 주주와 기업의 이익을 생각하는 장기적인 안목을 가졌다는 점이다.

확실히 리자청은 보통사람들이 상상하기 힘든 상술로 큰 이익을 챙기지만, 자신의 욕망을 만족시키기보다는 도움을 필요로 하는 사람들에게 거액의 기부를 할 줄 아는 인물이다. 중국인의 머릿속에는 민심을 얻는

자가 천하를 얻는다는 관념이 강하게 형성되어 있다. 리자청의 이타적인 행동은 현대사회에서의 민심, 즉 여론의 지지를 받기에 충분했다. 여론의 지지와 긍정적인 이미지는 무형의 것이기는 하지만 리자청 본인과 그의 사업에 큰 힘이 되는 것이다.

'인간은 이익을 추구하는 동물'이고, 상인의 경우는 더욱 그러하다. 그러나 슬기로운 상인은 먼저 타인의 이익을 고려하고, 심지어 자신의 이익을 양보함으로써 인화를 도모한다. 그리고 이를 기반으로 더 큰 이익을 창출하곤 한다.

> **· 리자청 어록 ·**
> 일을 하면서도 한편으로는 끊임없이 새로운 지식을 습득해야 한다. 중국의 학자들 가운데는 대학을 졸업하지 않고서도 외국 대학에서 교수를 하는 경우가 적지 않다.

7 몸가짐에 각별히 신경 쓰며 바르게 처신하다

맹자는 대장부를 '부귀도 그 마음을 음탕하게 만들지 못하고, 빈천도 그 절조를 흔들지 못하며, 위무(威武, 위엄 있는 태도)로도 그 뜻을 꺾지 못하는 사람'이라 정의했다. 이 말은 후대로 전해지며 수많은 사람들의 좌우명이 되었다. 리자청도 '대장부'로서 살기 위해, 사람으로서의 도리를 잊지 않기 위해 많은 노력을 했다. 그런 과정에서 그는 엄청난 부와 함께 남들로부터 부러움을 살 만한 가정을 이뤘다.

리자청은 외삼촌의 딸, 즉 외사촌 여동생인 좡웨밍(莊月明)과 결혼했다. 좡징안은 홍콩의 시계업계에서 크게 성공한 인물로서 자녀 교육에 헌신적이었다. 좡웨밍은 명문가의 규수로서 용모가 뛰어났고 머리도 매우 좋았다. 그녀는 홍콩대학을 졸업한 뒤 일본에 유학하여 메이지(明治) 대학에서 공부했다.

그녀는 어렸을 때부터 자신의 집에 얹혀살던 외사촌 오빠 리자청에게 각별한 관심을 가졌다. 선량하고 정직한 성품에다 여성적인 성격이 강한 좡웨밍은 정신적으로 리자청에게 많은 도움을 주었을 뿐만 아니라 격려를 아끼지 않았다. 총명하고 예쁜 그녀에게 점차 연정이 싹텄지만, 리자청은 자신이 성공을 해야만 명문가 출신의 외사촌 여동생에게 프러포즈를 할 수 있다고 생각했다.

외삼촌의 도움을 거절하고 학교도 중퇴한 채 사회에 뛰어든 리자청은 스스로의 힘으로 성공하겠다는 의지를 불태웠다. 자수성가한 외삼촌은 조카의 생각을 기특하게 여기며 칭찬을 아끼지 않았다. 그는 조카의 독립심을 키워주기 위해 자신의 회사에 들어오라는 제의도 하지 않았다. 리자청 역시 외삼촌의 뜻을 알았고, 오로지 스스로의 힘으로 뭔가를 이루리라 다짐했다.

어느 정도 기반을 잡은 리자청은 사랑의 결실을 보려 했다. 그러나 체면을 중시하는 외삼촌과 외숙모는 리자청을 사위로 맞으려 하지 않았다. 그들이 보기에 리자청은 명문가 출신에다 재색을 겸비한 딸에 비해 많이 처지는 상대였던 것이다. 리자청은 변변한 학력도 없고 빈한한 가정 출신인 데다 이제 막 사업을 시작했으므로 장래도 불투명했다.

세월이 흘러 1963년, 35세가 된 리자청의 사업이 번창하자 외삼촌은 그를 다시 보게 되었다. 게다가 딸도 이미 31세가 되었지만 두 사람의 사랑이 식지 않는 것에 마음이 약해진 좡징안 부부는 리자청을 사위로 맞아들이기로 결심했다. 그리하여 리자청은 많은 사람들의 축복을 받으며 좡웨밍을 아내로 맞이했다.

결혼 후 좡웨밍은 창장에 들어와 남편을 돕기 시작했다. 그녀는 뛰어난 외국어 실력과 근면함으로 솔선수범을 보여 직원들의 호감을 샀다.

당시 리자청은 큰 부자는 아니었지만 아내를 위해 63만 홍콩달러를 들여 디프 워터 베이에 3층짜리 양옥을 샀고, 지금까지도 이곳에 살고 있다. 좡웨밍은 두 아들 리쩌쥐와 리쩌카이를 낳은 후 전업주부로서 시어머니와 가족을 돌보며 살았다.

리자청 부부는 1989년 12월 31일 쥔위에(君悅)호텔에서 송년파티를 열었다. 그런데 다음날 오후, 사람들은 놀라운 소식을 접하게 되었다.

58세의 쫭웨밍이 갑작스런 심장발작으로 세상을 떠난 것이다. 사업을 하며 온갖 풍파를 겪은 리자청이지만 아내의 돌연한 별세는 하늘이 무너지는 듯한 충격이었다.

60대 초반의 리자청은 천문학적인 부와 건강을 소유했기 때문에 사생활을 위협할 만한 유혹이 많았지만 여성문제에 관한 한 한 번도 문제를 일으킨 적이 없다. 스캔들이 끊이지 않는 부호들과 달리 그는 부부간 금실이 워낙 좋았기 때문에 주변에서는 재혼을 거론하지도 못했다.

그러나 "명예는 나의 제2의 생명이다. 어떤 때는 명예가 목숨보다 더 중요하다는 생각을 한다"는 말을 자주 했던 리자청이지만 어쩔 수 없이 소문에 휩쓸리기도 했다.

중견 여기자인 린옌니(林燕妮)가 광고문제를 상의하기 위해 처음으로 화런항의 창장 본사로 리자청을 방문했을 때의 일이다. 리자청은 그녀와 인사를 나눈 뒤 일에 관한 말은 하지 않고 당시 홍콩을 떠들썩하게 했던 자신에 관한 스캔들에 대해 해명했다. "나는 미스 홍콩 출신의 어떤 아가씨와 전혀 관계가 없어요. 알지도 못하는 사이인데 언론에서 제멋대로 써대고 있는 겁니다."

매스컴에서 이름을 거론한 것도, 추측할 만한 단서를 제공한 것도 아니었지만 리자청은 소심하다고 할 만큼 신경을 썼다. 린옌니에게 구구하게 설명을 한 것은 그녀가 홍콩에서 유명한 칼럼니스트였으므로 자신을 대신해 소문을 잠재워주기를 바랐기 때문이다.

〈명보주간(明報週刊)〉은 리씨 성을 가진 부동산기업 회장과 미스 홍콩 출신의 염문을 소개하면서 리자청이 극구 부인했다는 기사를 실었다. 다른 잡지들은 리자청이 어떤 자리에서 여배우가 술을 따르려 하자 질색을 하며 피했다는 기사를 내보내기도 했다. 기자들의 눈이 무서워

그랬다는 해석까지 덧붙이면서.

그런데 대담하게도 리자청에게 공개적으로 구애를 한 여인이 있었다. 그가 상처를 한 지 몇 년이 지나도록 재혼을 하지 않자 신문 지상을 통해 공개적으로 프러포즈를 한 것이다.

1995년 밸런타인데이에 〈명보(明報)〉에 '대책 없이 낭만적인 여작가'라고 자처하는 시첸펑(西茜鳳)이 리자청에게 사랑을 고백하는 두 편의 광고를 실은 사건이 일어났다. 빼어난 미모의 소유자인 그녀는 홍콩의 두 유명인사에게 마음을 주고 있다고 했다. 한 명은 리자청이고, 또 한 명은 명보의 사장이자 무협소설의 거장인 진용(金庸)이다. 두 사람이 각기 다른 '재(리자청의 財(力)와 진용의 才)'를 갖추고 있으므로 자신의 미모가 만나면 문자 그대로 '才(財)子佳人(중국인이 이상적으로 생각하는 남녀상. 즉 재능 있는 남자와 미녀의 결합)'이 되지 않겠냐는 것이 그녀의 주장이었다. 시첸펑의 구애광고는 호소력 있는 글솜씨로 인해 사람들에게 어필했다. 광고료는 1만 9천 홍콩달러였는데, 그녀의 월급이 약 3만 5천 홍콩달러였으니 월급의 절반 이상을 쓴 값비싼 광고였다고 하겠다.

그 후 시첸펑은 자신이 《멋진 남자를 유혹하는 법》이라는 책을 냈을 때 리자청이 500권을 사주었다고 했지만, 확인 결과 사실무근이었다. 그녀가 리자청에게 얼마나 마음을 기울이고 있는가를 보여준 에피소드였다. 시첸펑의 노골적인 프러포즈에도 리자청이 아무런 반응을 보이지 않자 매스컴에서는 짝사랑에 지친 그녀가 리자청을 포기했다는 후일담을 전했다.

리자청으로서는 가슴을 쓸어 넘긴 소동이었지만, 다음해에 또다시 스캔들이 터졌다. 기자들에게 항상 친절하고 부드러운 태도를 잃지 않는 그였지만 이번에는 분노를 감추지 않았다.

1996년 2월 1일자 〈신평(新評)〉에는 다음과 같은 기사가 실렸다. "리자청의 아들 리쩌쥐는 최근 승진을 했지만 표정이 밝지 않았다. 얼마 전 그는 하이이반도 쇼핑몰에서 열린 한 행사에서 기자들의 몇 가지 질문에 간단하게 대답을 하기는 했지만 〈애플 데일리(Apple Daily, 홍콩의 선정적인 일간지로 스캔들 기사를 많이 싣는 것으로 유명하다)〉지 기자가 있으면 인터뷰에 응할 수 없다고 선언했다. 그의 발언은 〈애플 데일리〉가 발행하는 잡지에서 리자청에 관한 소문을 기사화한 것과 무관하지 않은 듯 했다. 기사에서는 리자청이 미모의 젊은 여성과 열애중이라고 했고, 리쩌쥐가 이 기사에 대한 불쾌한 감정을 숨기지 않은 것으로 보인다."

리자청의 스캔들에 대해 진위를 가리기는 힘들지만, 대부분은 시간이 흐르고 사실을 캐다 보면 거짓으로 판명되는 경우가 많다.

제대로 처신한다는 것은 생각만큼 쉽지 않다. 특히 돈 많은 유명인사가 남의 입에 오르내리지 않도록 처신하는 것은 무척 어려운 일이다. 이런 점을 잘 알고 있는 리자청은 외부의 억측이나 오해에 개의치 않고 결백하게 행동한다는 원칙을 고수하며 살고 있다. 그가 생각하기에 명예를 지키는 것은 한 사람의 품격과 관계가 있고, 품격을 지키기 위해서는 오점을 남기는 행동을 해서는 안 되는 것이다.

> **· 리자청 어록 ·**
>
> 일에 몰두하는 것은 중요하다. 그러나 흥미를 갖고 일을 한다면 더 좋은 결과를 얻을 수 있다.

8 명예를 목숨보다 소중히 여기다

'기러기는 죽으면서 울음소리를 남기고, 사람은 죽어서 이름을 남긴다'라는 중국 속담처럼 사람에게 있어 좋은 명성을 얻는 것은 매우 가치 있는 일이다. 성공한 사업가에게 있어 명예는 돈보다 중요하다. 타인으로부터 받는 긍정적 평가와 명성은 더 많은 부를 가져다주기 때문이다.

"나는 독서를 즐긴다. 책의 종류를 불문하고 책을 읽다 보면 매일 2, 3시가 되어야 잠자리에 든다. 책을 읽다 보면 어떤 때는 시계를 보기가 두려울 정도이다. 자야 할 시간이 얼마 안 남았다고 생각하면 아쉽기 짝이 없기 때문이다." "소동파(蘇東坡)에 관한 글을 읽고 아무런 이유 없이도 해를 입을 수 있다는 것을 알았다. 야심이 없었지만 중상모략에 빠지는 것을 본 동생이 소동파에게 이렇게 말했다. '형님의 잘못은, 이름이 알려지고 너무 고고한 것이 잘못이라면 잘못입니다. 이런 걸 어쩔 수 없는 과실이라 하겠지요'." 리자청이 언젠가 인터뷰에서 독서와 명예에 대한 생각을 토로한 대목이다.

리자청은 겸허하고 신중하여 남 앞에 나서는 행동을 하지 않는다. 하지만 그는 철저하게 은둔할 수는 없는 처지다. 그는 돈 버는 기계가 아니라 감정과 꿈, 신념이 있는 사람이다. 정정당당하게 돈을 벌고 처신했으므로 그는 사람들 앞에서나 기자들에게 떳떳하게 자신의 인생관과 가치관을 밝혔다.

그러나 매스컴에서는 그에 대해 오해를 많이 했다. 인터뷰를 할 때 성의가 없다는 비난이 있지만, 사실 홍콩의 기자들은 대부분 인터뷰가 아니라 기자회견이나 측근들을 취재하여 기사를 썼다. 그의 당당한 자세가 기자들의 눈에는 너무 뻣뻣하게 보였던 것이다. 하지만 그는 외국 기자들에게는 국내 기자들에게보다 더 정중한 것으로 알려져 있다. 그런 오해 속에서 리자청이 중국 선전의 여기자인 샤핑(夏萍)과 단독인터뷰를 하자 홍콩 언론에서는 전례 없는 일에 깜짝 놀랐다.

알려진 바에 의하면 홍콩의 기자들 가운데 리자청을 단독으로 인터뷰한 사람은 아무도 없었다. 린옌니는 꽤 유명한 기자인데 〈명보주간〉에서 '화제의 인물'란을 연재하면서 리자청의 기사를 쓰기 위해 인터뷰를 청했지만 거절당했다. 그녀는 방법을 생각하다 창장의 광고문제를 상의한다는 명목으로 리자청을 만났다.

리자청을 만나본 그녀는 이렇게 말했다. "리자청은 단독인터뷰를 무조건 거절하지는 않는다. 그의 성격을 잘 아는 측근은 리자청이 사소한 일로 인터뷰를 하지는 않지만, 영향력 있는 미디어와의 인터뷰는 거절하지 않는다고 했다. 예를 들어 미국의 〈타임〉지나 〈뉴스위크〉가 인터뷰를 요청하면 성사될 가능성이 크다고 한다."

리자청은 절대로 홍콩의 기자들을 무시할 의도가 없지만, 수많은 기자들을 일일이 상대할 수는 없으므로 단독인터뷰를 거절하는 것이다. 그러나 그는 공공장소에서 기자들을 만나면 정중하게 취재에 응한다.

실제로 리자청은 기자들에게 우호적인 태도를 잃지 않고 있다. 그는 기자와의 일화 한 가지를 털어놓은 적이 있다. "스스로에게는 엄격하지만 타인에게는 너그럽게 대하자는 것이 나의 신조이다. 한번 한 약속은 반드시 지키려 하고, 상처를 주는 일은 하지 않으려고 노력한다. 하루는 아주 싫어하는 신문사의 기자 한 사람이 회사 현관에서 나를 기다리고 있었다. 내가 막 차에 올랐을 때, 비서가 그 기자가 두 시간을 기다렸다가 돌아가려는 참이었다고 말해주었다. 나는 기사에게 차를 돌리라고 한 뒤 기자와 잠깐 이야기를 나누었다. 나를 만나기 위해 두 시간을 꼬박 기다렸다는데, 차마 그대로 돌아가게 할 수는 없었다."

리자청은 홍콩에서 매스컴에 가장 많이 노출되는 부호이고, 본인이나 홍콩시민들은 이를 자연스런 일로 받아들이고 있다. 그는 홍콩의 〈문회보(文匯報)〉가 자신이 중국의 CCTV와 한 인터뷰의 내용을 모두 전재한 행동에는 거부감을 느꼈지만 한 중국 기자는 이 인터뷰 기사를 읽은 뒤 리자청에 대해 존경심을 느꼈다고 한다.

이 기자는 리자청이 홍콩의 기자들에게 조금은 거리감을 두는 이유가 사생활을 파헤치는 기사를 주로 쓰기 때문이 아니냐고 했다. 그러나 홍콩의 기자는 수많은 신문과 잡지가 치열하게 경쟁하는 홍콩의 언론계에서는 특종을 하지 않으면 살아남지 못하므로 그런 기사를 쓴다고 반박했다.

완벽한 사람이 있을 수 없듯이 리자청도 결점이 많지만, 강한 성격의 소유자답게 외부에서 어떻게 평을 하든 간에 개의치 않으며 소신껏 살고 있다. 그런데 그에게 불리한 말들이 돌아도 좋은 이미지와 명예가 무너지지 않는 데는 충분한 이유가 있다. 그의 명성은 조작된 것이 아니라 수십 년 동안 쌓아온 노력의 결과이기 때문이다.

명예를 생명과 같이 소중하게 여기는 그이지만, 진정으로 중요하게 여기는 것은 '깨끗한 이름'이지 '영예'가 아니다. 홍콩사람들이 그를 초인이라 부른 지가 10년이 넘었지만 본인은 아직도 이를 인정하지 않고 자신은 보통사람일 뿐이라고 강조하고 있다.

어렸을 때부터 전통적인 교육과 부모의 훈도를 받았던 그는 항상 겸손한 군자의 풍모를 잃지 않기 때문에 '선비 상인(儒商)'이라는 말을 듣고 있다. 그는 이미지의 중요성을 잘 인식하고 있고, 좋은 이미지를 일관되게 유지하는 것이 무척 중요하다는 생각으로 처신하고 있다.

홍콩이 영국의 식민통치를 받기는 했어도 중국인 사회이므로 '군자'다운 스타일이 가장 존경을 받는다. 따라서 신중하지 못하거나 절제하지 못하는 모습을 보이면 사업적으로도 손해를 볼 수밖에 없다.

완벽주의자의 이미지가 강한 리자청이지만 불필요한 오해와 비난도 적지 않게 받았다. 1967년에 싱가포르에 투자를 하면서 그는 거주권을 얻었다. 그러나 투자는 핑계이고 거주권 획득이 목적이라는 오해를 받았다. 주위 사람들은 작은 회사의 사장에 불과한 그가 해외에 투자한다는 사실을 이해하지 못했던 것이다. 그 당시에 중국은 문화혁명으로 정세가 매우 불안했기 때문에 홍콩인들은 공황상태에 빠져 있었다. 따라서 리자청이 설령 이민을 간다 해도 별 문제가 될 상황은 아니었다.

또 하나의 오해로 인한 소동을 소개하면 다음과 같다. 청명절에 중국인들은 성묘를 하는 관습이 있다. 홍콩의 유명한 사령(沙領)공동묘지에는 청명절에 수많은 사람들이 몰려드는데, 규정상 차량은 입구에 정차한 뒤 묘역까지 20분 정도 도보로 올라가야 했다.

그런데 1994년 청명절에 리무진 한 대가 묘지 앞에 서더니 한 노신사가 차에서 내렸다. 리자청임을 알아본 사람들은 유명인사를 봤다는 기쁨은 잠시뿐, 특권을 과시하듯 차로 올라온 사실에 분노를 터뜨렸다. 마침 현장에서 시민들의 흥분한 모습을 본 한 기자가 경찰에게 리자청의 행동이 위법이 아니냐고 따졌다. 경찰의 대답은 미리 통행증을 신청해서 차에 붙이면 차로 올라올 수 있다는 것이다. 일반 시민들도 가능한 일이며 특권은 아니라는 설명도 덧붙였다.

그가 또 한 번 구설에 오른 사건이 있다. 1991년, 리자청은 개인 명의로 영국 보수당에 선거자금 10만 파운드를 기부했다. 보도가 나가자 영국에서는 노동당과 보수당 간에 논란이 일었다. 노동당에서는 외국에서 기부를 받은 것은 선거법 위반이라고 주장했고, 보수당은 기부자가 영국 식민지의 영국 국적 중국인이므로 문제가 되지 않는다고 반박했다. 그러나 보수당 내부에서도 위법이라는 의견이 있었다. 이 소식이 홍콩에 알려져 여론이 들끓었지만 리자청은 침묵을 지켰다. 일각에서는 영국 정계에 비밀리에 정치자금을 제공하는 사람이 리자청 한 사람만은 아닌데 실수로 사실이 공개된 것뿐이라고 했다.

1994년 12월, 영국의 〈파이낸셜 타임즈〉지는 리자청이 기부한 정치자금이 50만 파운드(약 600만 홍콩달러)라는 보수당 정치인의 증언을 보도했다. 이때는 보수당 당수였던 크리스 패튼이 홍콩 총독에 취임한 지 2년이 지난 시점이었다. 그런데 리자청은 크리스 패튼과 별로 가까운 사이도 아니고, 사업적으로 특혜를 받은 일도 없었다. 따라서 리자청이 보수당과 유착하고 있다는 의혹은 낭설로 판명되었다. 더욱이 그는 이미 중국에 막대한 액수의 기부와 자선을 베풀었으므로 보수당에 기부한 600만 홍콩달러는 별 것이 아니었다.

홍콩 부호들의 기부는 다양한 행태를 보이고 있고, 세인들의 평판도 가지각색이다.

1991년 중국 동부지역의 수재로 인해 홍콩시민들은 허잉졔(何英傑)라는 대부호의 존재를 알게 되었다. 그는 리자청이 시민들에게 중국 동포들을 돕자는 호소를 하자 1억 홍콩달러라는 거액을 기부했다. 이 액수는 개인으로서는 최대 규모였으므로 사람들은 그가 어떤 인물인지 호기심을 감추지 못했다. 기자들이 수소문 끝에 알아낸 사실은, 그가 90세의 노인으로서 일찍이 상하이에서 담배사업으로 성공했고, 1949년에 홍콩으로 이주하여 담배회사를 경영하다 은퇴했다는 것이다.

허잉제는 1983년에 량여우(良友)자선기금회를 설립한 뒤 많은 자선을 베풀었다. 국제오비스안과병원은 비행기에 의료시설을 갖추고 각국을 돌며 개안수술을 해주는 단체이다. 이 병원이 홍콩의 한 익명의 독지가로부터 대형 제트기를 기증받았다. 그 독지가는 허잉제였지만, 개안수술로 눈을 뜬 사람들은 그의 존재를 모르고 있다.

난펑(南豊)그룹의 천팅화(陳廷華)도 자선가로서 유명한 인물이다. 1970년, 아직은 거부가 아니었던 천팅화는 자선기금회를 창설했고, 그 후 매년 홍콩과 외국의 자선단체에 기부금을 보내고 있다. 지원하는 단체와 액수는 밝혀지지 않았지만 수억대의 기부금을 내는 것으로 알려지고 있다. 기금회의 관계자는 천팅화가 이름이 보도되지 않는다는 조건으로 기부금을 내고 있으며, 이름이 알려지면 다시는 기부를 하지 않겠다는 단서를 달고 있다고 전했다.

영화계의 대부인 샤오이푸(邵逸夫)도 중국의 교육사업을 위해 지금까지 10억 홍콩달러가 넘는 돈을 기부했다. 그는 교육을 위해 써달라는 조건만을 내세울 뿐, 지역이나 지원 대상 학교에 대해서는 일체 관여하지 않는다. 일부에서는 거액을 교육사업에 기부하려면 바오위강이나 리자청처럼 대학을 설립하는 것이 낫지 않겠냐는 아쉬움을 표했다. 중국의 교육에 큰 열정을 갖고 지원하는 샤오이푸에게 한 인사가 찬사를 보내자 그는 이렇게 대답했다고 한다. "조금 있으면 90살이 되는 사람이 돈이 아무리 많은들 죽어서 갖고 갈 것도 아닌데 기부조차 안 하면 뭐에 쓰겠나?"

최근 기자와의 인터뷰에서 리자청은 자신의 기부행위에 대해 이렇게 말했다. "사는 것은 사실 단순하고 돈이 많이 필요한 것도 아니다. 얼마 전에 어떤 사람이 나에게 지금까지 얼마나 기부를 했냐고 물었다. 집계를 해본 적이 없어서 나도 잘 모른다고 대답했다. 그 후 몇 주 동안 수표책을 정리해보니 총 22억 홍콩달러를 홍콩과 중국에 기부했다는 것을 알았다. 아마 아무도 믿지 않겠지만."

일부에서는 기부를 통해 명예를 얻으려는 것이 결국에는 사업적으로 도움이 되기 때문이라고 주장한다. 그의 기부행위에 대해 가장 잘 이해하고 있는 사람은 량첸치(梁茜琪)라고 할 수 있다. 리자청의 개인비서로 자선과 기부에 관한 업무를 전담하는 그녀는 "리자청 회장은 몇 백만 달러를 기부하고 이름을 얻으려는 분이 아니다. 진심으로 어려운 사람들을 돕고 문제들을 해결하려는 충정을 나는 잘 알고 있다"고 말하고 있다. 이 말을 뒷받침할 수 있는 증거 중의 하나는 그가 기증한 건축물에 본인이나 가족의 이름을 절대로 올리지 못하게 한다는 사실이다.

한편 언론에서는 여러 차례 4대 재벌이 포커를 즐긴다는 기사를 내보낸 적이 있다. 그들은 리자청, 정위퉁, 저우원쉬앤(周文軒), 리자오지로, 한 게임당 1만 홍콩달러를 건다고 했다. 1995년 초에는 리자오지가 내기골프에서 1,400만 홍콩달러를 잃었다는 뉴스가 터져 나왔다. 골프 실력과 건강이 모두 좋지 않은 그가 1주일 동안 내리 네 게임을 지는 바람에 거액을 날렸다는 것이다.

펀링(粉領)로얄골프클럽에는 '골프의 4대 천왕'이 있는데 이들은 바로 리자오지, 리자청, 정위퉁, 그리고 린젠웨(林建岳)이다. 그들은 자오스광(趙世光) 등 몇몇 인사들과 자주 골프회동을 했다. 이 골프클럽은 최상류층만 출입하기 때문에 회원권의 프리미엄만도 1,200만 홍콩달러에 달했다. 회원권이 비싼 것은 알려져 있었지만 거액의 내기골프가 이뤄지고 있다는 사실이 알려지자 사회적으로 큰 물의가 일었다. 리자청은 다시 한 번 이름이 거론되는 곤욕을 치렀다.

평소 검소한 생활을 한다고 알려졌던 리자청이 골프도박을 했다고 하자 사람들은 반신반의하면서도 기만당한 느낌을 받았다. 진상을 파악하기 위해 사건을 취재했던 〈일주간(壹週刊)〉은 3월 24일자 판에 다음과 같은 기사를 내보냈다.

"리자오지, 리자청, 정위퉁, 린젠웨는 이 골프장에서 자주 골프를 즐긴다. 그들은 한 홀에 수십만에서 1백만 홍콩달러, 한 타당 20만 홍콩달러 식으로 내기를 하지만, 말로만 그럴 뿐 실제로 현금이 오가는 모습을 본 사람은 아무도 없다고 한다. 3개월여 전에 리자오지, 정위퉁, 린젠웨 등 8명이 연속해서 네 게임을 벌인 결과 리자오지가 1,400만 홍콩달러를 잃어 소동이 벌어졌다고 한다. 옆에서 심판을 보던 한 인사는 리자청이 실력이 부족하다며 게임에서 빠진 것은 선견지명이었다고 전했다. 그가 골프장에 나타난 것은 순전히 자오스광을 만나러 온 것임이 밝혀졌다.

정위퉁은 과거 한 잡지사와의 인터뷰에서, 내기를 하기는 하지만 친구와만 내기를 한다고 밝힌 적이 있다. '사실 도박이라고 할 수 없는 것이, 승부가 매일 바뀌다 보니 승자와 패자가 따로 없이 결국은 비기는 게임만을 하고 있다. 내기를 하면 더 집중하기 때문에 골프 실력도 늘기 마련이다!' 그는 도박이라는 단어를 거침없이 사용했다. 일찍이 그는 도박에 관한 명언을 남긴 바 있다. '(사람들은) 크게 걸 것에는 크게 걸고, 작게 걸 것에는 작게 걸 것이 있으므로 도박을 한다. 사업도 어차피 도박적인 요소가 있는 것 아닌가!'"

　기사의 내용은 골프도박이 이뤄졌는지의 여부를 확실히 알려주지 않고 있다. 기자가 진상을 파악하지 못한 것일 수도 있고, 재벌들의 심기를 거스르지 않기 위해 모호한 표현을 사용한 것일 수도 있다. 분명한 사실은 홍콩에서는 정부가 주관하는 경마와 민간에서 경영하는 마작하우스를 제외하고 모든 도박은 불법이라는 점이다.

　리자청과 그의 친구들은 온갖 소문에도 불구하고 여전히 골프를 치고 있다.

> **· 리자청 어록 ·**
>
> 열과 성을 다하여 상대로부터 신임을 얻도록 하라. 투자자 중에는 자신이 평생 모은 돈을 당신의 회사에 맡기려는 사람도 있을 것이다. 그런 사람들에게는 반드시 책임감을 갖고 신중하게 투자관리를 해줘야 한다.

리자청 관련 일화 모음

한번은 리자청이 차에서 내리다 우리 돈으로 260원쯤 되는 2홍콩달러짜리 동전을 떨어뜨렸다. 차 밑으로 굴러 들어간 동전은 하수구에 걸친 채 멈춰, 차를 움직였다가는 동전이 하수구 속으로 빠질 위험이 있었다. 그는 차 밑으로 몸을 구부려 손을 뻗었지만 닿지 않았다. 곁에 있던 골프장 종업원이 대신 동전을 꺼내주자 그는 사례금으로 100홍콩달러(약 1만 3천 원)를 건넸다. 2홍콩달러를 아끼려고 100홍콩달러를 내놓은 것에 고개를 갸웃거리는 사람들에게 리자청은 말했다. "내가 그 동전을 줍지 않으면 하수구로 굴러 떨어져 세상에서 사라질 것이다. 하지만 종업원에게 준 100홍콩달러는 곧 어딘가에 쓰일 것이다." 자기 주머니 속에 돈을 쌓아두는 것보다 쓸모 있게 사용하는 것이 중요하다는 얘기다.

리자청은 아직도 자신의 연봉을 5천 홍콩달러(한화 약 65만 원)로 묶어두고 있다. 30년 이상 같은 승용차를 타고, 한화 3만 원 정도의 값싼 시계를 착용하며, 고무밑창을 댄 7만 원짜리 구두를 신는 검소함이 몸에 배어 있다. 술, 담배, 도박, 사교춤 등은 아예 하지 않으며, 직원들과 회사 식당에서 식사하는 것을 즐거움으로 삼고 있다. 매주 월요일이면 자식과 손자들을 집으로 불러 식사를 하는데, 반찬 네 가지와 국 한 그릇이 전부라고 한다. 이는 1950년대부터 똑같이 지키고 있는 습관이다.

리자청은 시계를 항상 20분 빠르게 맞춰놓는다고 한다. 지금도 6시 전에 기상하여 오전에 1시간 반 가량 골프를 치며, 졸리면 인삼차나 진한 커피로 졸음을 쫓고 낮잠을 자지 않는 것으로 유명하다.

2004년에 인도네시아, 스리랑카 등 동남아 국가들이 지진해일참사를 당하자 세계 각국으로부터 지원이 쇄도했을 때의 일이다. 우리나라는 당초 60만 달러를 지원하기로 했다가 다른 나라들의 지원상황 등을 보고 300만 달러로 금액을 올렸다. 그런데 리자청이 개인 자격으로 310만 달러를 선뜻 내놓자 지원금을 500만 달러로 다시 수정해야 했다.

리자청은 아들들을 교육하는 데에도 무척 엄격한 것으로 유명하다. 그는 일찌감치 둘째 아들인 리처드 리(Richard Li, 리쩌카이, 李澤楷)를 독립시키기로 작정하고 종자돈을 주어 내보냈다. 리처드는 기대 이상의 수완을 발휘하여 한때 '아시아의 빌 게이츠'라고까지 불렸다. 그러나 세계적인 첨단기술주의 폭락으로 상당한 곤경에 처하게 되었다. 그러나 리자청은 이를 철저히 외면했으며, 리처드 역시 아버지의 도움을 거부했다. 물론 리처드는 스스로 재기에 성공했고, 현재 아버지 회사와는 경쟁관계에 있다.

렌샹(聯想)그룹의 총수 류추안즈(柳傳志)는 "작은 회사는 사업을 하지만 큰 회사는 사람을 만든다"고 했다. 이 말은 기업이 성공하는 데 필요한 핵심을 지적한 것이다. 기업은 사업을 하면서 사람을 만들어야 하고, 사람을 키우는 것이 사업에 우선해야 한다는 중요성을 강조한 것이다. 오늘날 치열한 경쟁사회에서 사람들은 물욕에 사로잡혀 인간성을 상실하고 있다. 우리의 조상들은 공맹(孔孟)의 도를 교육, 행동, 인격함양의 교본으로 삼았다. 유교적 가르침이 몇 천 년이 지난 지금까지 현존하고 있는 사실에서 우리는 새삼 그 가치를 발견할 수 있다. 리자청은 유교적 가치를 인간적 경영과 이윤의 사회 환원으로 구현함으로써 존경받는 경영인이 되었다.

비결 8

情

은혜에 보답하고
인간관계에
정성을 쏟다

1 대(對)사회 관계에 심혈을 기울이다

1999년 연초에 리자청은 재계의 총수들이 회동한 자리에서 홍콩을 '투자의 요람'이라고 표현하면서 신중하게 발전가능성이 있는 부문을 선정하여 적극적으로 투자를 확대하겠다는 의향을 밝혔다.

이에 앞서 리자청은 창장그룹의 송년파티에서 직원들에게 그룹의 '장기적 발전방향'을 제시했다. 연설의 대부분은 홍콩문제를 언급하는 데 할애되었다.

그는 홍콩이야말로 창장의 본거지이며, 직원들이 일치단결하여 힘든 여건 속에서도 다방면에 투자함으로써 안정적으로 성장할 수 있었다며 직원들을 치하했다. 또한 그룹의 일원으로서 회사와 홍콩에 유익한 건의를 한다면 세밀한 검토와 연구를 하겠다고 약속했다.

그는 또한 1998년은 아시아 국가들을 강타한 외환위기의 충격으로 매우 어려운 한 해였으며, 홍콩은 당분간 경기불황의 영향 속에서 고전을 면하기 힘들 것이라고 전망했다. 그는 홍콩인들의 유연한 사고방식과 뛰어난 적응력을 높이 평가하지만, 세계 각국의 경쟁력이 과거 10몇 년 동안 꾸준히 향상된 사실을 상기시켰다. 미국을 예로 들면, 값싸고 질 좋은 상품을 경쟁력으로 삼으면서 국민들의 근로의욕이 현저히 향상되었으며 첨단과학기술을 이용한 생산능력도 한층 강화되었다는 것이다.

그의 연설 내용 일부를 인용해보자.

"홍콩은 지속적으로 성장하고 있지만, 높은 생산비용으로 인해 경쟁력이 약화되고 있는 실정이다. 건설 분야의 비용은 홍콩이 일본보다도 20%가 높아서 아시아와 북미를 통틀어 최고수준을 기록하고 있다. 컨테이너 부문도 경영비용이 아시아에서 가장 높다. 아시아 외환위기의 영향으로 동남아 국가들이 평가절하를 단행함에 따라 홍콩은 상대적으로 경쟁력이 크게 떨어졌다. 그러므로 앞으로 제품의 부가가치 창출에 몇 배의 노력을 기울여야만 성장의 병목현상을 돌파할 수 있을 것이다.

이상의 발언에서 알 수 있듯이 리자청이 정계와 언론의 강력한 반발을 예상하면서도 1백억 홍콩달러의 투자를 잠시 미루겠다면서 경쟁력 강화를 강조한 것은 치밀한 계산이 있었기 때문이다."

〈사우스 차이나 모닝 포스트(South China Morning Post)〉지는 1999년 1월 6일자 기사에서 리자청이 홍콩이 투자를 유치할 능력을 상실하고 있다고 밝힌 뒤 중국정부가 홍콩의 경쟁력 강화를 위해 조치를 취하고 있다고 보도했다.

이 신문은 중국의 총리가 홍콩의 경쟁력 회복에 관해 연구를 하여 대책을 마련하도록 지시했다는 중앙정치국 위원의 말을 인용하여 보도했다. 또한 신화통신의 홍콩지국도 이 프로젝트를 진행하기 위해 국무원 소속의 홍콩·마카오 판공실의 협조를 받기로 했다는 내용도 같이 소개되었다.

특구 행정장관 둥젠화(董建華)도 홍콩정부가 중국의 전폭적인 지원을 받을 것이라고 밝혔다. 그는 기자들에게 추측성 보도에 대해 코멘트를 하고 싶지는 않지만 중국정부가 홍콩경제의 회복을 위해 지원을 아끼지 않을 것이라고 설명했다.

이어서 그는 전년도인 1998년에 중국경제가 7.8% 성장하여 홍콩에 많은 도움을 주었고, 올해도 안정적인 성장을 계속하여 홍콩경제에 활력을 불어넣을 것이라고 말했다.

1999년 5월 18일 오전, 당시 중국의 국가주석 장쩌민은 디아오위타이(釣魚臺)에서 리자청을 접견했다. 장주석은 리자청이 중국의 경제발전과 교육, 자선사업 등에 기여한 공로를 치하하며 앞으로도 홍콩의 경제발전에 더 많은 공헌을 해주기를 희망한다는 격려의 말을 했다.

장 주석을 접견한 뒤 리자청은 즉시 홍콩경제가 1/4분기에는 침체를 벗어나지 못했지만 하반기에는 회복될 것이라고 장담했다.

그는 홍콩경제의 회복에 대한 확신을 증명하기 위해 1999년 5월 23일에 기자회견을 열었다. 주요 내용은 중국 출신 부모의 자녀에 대한 거주권문제로 사회가 떠들썩하지만 홍콩에서 투자를 계속하겠다는 것이었다. "투자에 대한 정당한 수익만 보장된다면 홍콩은 나의 투자에 있어 최우선 대상이다"라는 말로 그는 홍콩에 대한 신념을 표현했다.

• 리자청 어록 •

회사는 가정과 마찬가지다. 회사에 공로가 있는 사람이라면 마땅히 응분의 대우를 받아야 한다.

2 은혜를 입은 사람에게는 반드시 보답을 하다

무협소설에 나오는 영웅들은 기본적으로 '은혜는 반드시 갚고, 원수에게는 응분의 복수를 하는' 인물로 묘사된다. 리자청은 유교의 가르침이 몸에 밴 사람이므로 '되로 받으면 말로 갚아야 한다'는 의식을 갖고 생활했다.

소년 시절 그는 '밥그릇을 잃을 뻔한 위기'에 빠진 적이 있다. 찻집 종업원이었던 그는 매일 10시간 이상 일을 하느라 피로에 시달렸지만 손님들의 흥미로운 대화를 듣다 보면 피곤이 풀리곤 했다. 그런데 어느 날 뜻밖의 사고가 났다.

한 좌석에서 손님이 상술에 대해 일장 연설을 하는 것을 듣느라 정신이 팔린 리자청은 차를 따르는 것을 잊고 있었다. 그때 한 종업원이 리자청에게 손님에게 와서 찻물을 따르라고 소리를 질렀다. 급하게 달려온 리자청은 실수로 손님의 바지에 뜨거운 찻물을 흘렸다. 너무 놀란 그는 새하얗게 질린 얼굴로 손님에게 정중하게 사과를 했다. 성격이 안 좋은 손님이라면 종업원의 뺨을 때리고 주인을 불러 소란을 피워도 할 말이 없는 상황이었다.

그때 리자청의 머릿속에 예전에 들었던 이야기가 떠올랐다. 그가 들어오기 전에 한 종업원이 삼합회(三合會, 홍콩 최대의 폭력조직)의 조직원에게 찻물을 흘리고는 무릎을 꿇고 사죄를 했다. 그러나 보복이 두려운 주인이 그를 해고했던 사건이었다.

마음속으로 쫓겨날 각오까지 한 순간 주인이 달려와 리자청을 야단쳤다. 그런데 뜻밖에도 손님이 "내가 실수로 이 사람을 건드렸으니 아무 말 하지 마시오" 하는 것이었다. 손님의 말에 주인은 정중하게 사과를 하고는 더 이상 리자청을 야단치지 않았다.

잠시 후 손님이 나가자 리자청은 떨리는 마음을 진정하지 못한 채 마음씨 좋은 손님을 만난 행운에 감격해마지 않았다. 주인은 리자청을 불러 주의를 주었다. "앞으로는 단단히 조심해라. 실수를 했을 때 재빨리 손님에게 사과를 하면 일이 커지지 않을 수 있다. 방금 전 손님은 마음씨가 좋아서 그렇지, 성격이 좋지 않았다면 난리를 떨었을지 모른다. 찻집을 하다 보면 주인이나 종업원이나 다 힘든 법이다."

집에 돌아온 리자청은 낮의 일을 어머니에게 전했다. 어머니는 운이 좋았다며 "관음보살이 도와서 그 손님과 주인이 너에게 너그럽게 대한 것이다"라며 좋은 일을 하면 좋은 결과를 얻는다는 말을 들려주었다. 어머니의 가르침을 가슴속에 새긴 리자청은 다시 한 번 손님과 주인의 관용에 감사했다.

사실 리자청이 무사히 넘어간 것은 요행이 아니라 평소에 근면하고 노력하는 자세를 보였기 때문이었다. 손님에게 최대한 친절한 자세가 손님과 주인의 눈에 들었기 때문에 그들이 너그러울 수 있었던 것이 아니겠는가. 만약 불성실하고 책임감이 없는 종업원이었다면 손님과 주인의 눈 밖에 나서 큰 잘못을 저지르지 않아도 해고당할 수 있었다.

그러므로 어떻게 보면 평소의 성실성이 그를 구한 것이라 할 수 있다. 하지만 리자청은 호의를 베푼 손님을 평생 잊지 않았다. 후일 그는 지인에게 그때 일을 털어놓으며 감상에 젖었다. "남들 눈에는 사소한 일이었을지 모르지만 나에게는 아주 큰일이었지. 만약 그 손님을 다시 만난다면 말년을 편안하게 보낼 수 있게 해서 그 큰 은혜를 갚고 싶어."

리자청은 어린시절 부모로부터 중국인의 전통적인 도덕관에 대해 교육을 받았다. 예를 들면 '화목함이야말로 최고의 자산이다', '인간관계를 잘 맺어야 재물이 들어온다', '좋은 일을 하면 좋은 결과를 얻고, 나쁜 일을 하면 끔찍한 벌을 받는다'는 관념이 그것이다. '밥그릇을 잃을 뻔한 위기'를 겪고 난 뒤 그는 마음속 깊이 부모님의 가르침을 실천하며 살아야겠다고 결심했다. 그는 사람들과 화목하게 지내기 위해 노력했고, 덕을 쌓으며 선을 베푼다는 원칙을 지키기 위해 최선을 다했다. 물론 이러한 원칙은 사업을 하는 데에 많은 도움이 되었다.

한때 철물공장에서 영업사원으로 일했던 리자청은 회사를 사직한 뒤에도 자신에게 잘해주었던 사장에게 미안한 감정을 갖고 있었다. 영업실적이 좋아 회사에 많은 도움을 주기는 했지만 이직을 만류하는 사장을 뿌리치고 나온 것이 마음에 걸렸던 것이다.

은혜를 입으면 반드시 갚아야 한다는 생각을 갖고 있던 그는 철물공장 사장에게 회사를 위한 건의를 했다. 그가 생각하기에 사업을 하려면 세상의 흐름을 잘 읽어야 하는데, 철물공장이 잘되려면 두 가지 방법을 모색해야 했다. 첫째, 전망 좋은 업종으로의 전환. 둘째, 플라스틱제품과 경쟁하지 않는 품목을 중점적으로 생산하거나 플라스틱으로 대체할 수 없는 제품을 생산하는 것이 바로 그것이다.

그러나 사장은 리자청의 건의를 받아들이지 않고 계속해서 쇠파이프를 생산했다. 얼마 후 철물공장은 플라스틱제품에 잠식당해 도산 위기에 직면하게 되었다. 이 소식을 들은 리자청은 사장을 찾아가 쇠파이프

생산을 중단하고 카라비너(암벽을 오를 때 쇠못(하켄)과 자일을 연결하는 강철 고리)를 생산하라는 권고를 했다.

리자청은 철물공장을 그만둔 뒤에도 계속 관심을 갖고 지켜보고 있었다. 자신의 선택이 정확했는지를 확인하기 위해서였지만, 한편으로는 기회가 오면 보답을 하기 위해서였다. 그래서 그는 시간이 나면 철물제품시장의 동향을 파악했다. 조사 결과 전문적으로 카라비너를 생산하는 곳이 없었고, 다른 자재로 대체할 수도 없어 경쟁력이 충분했다.

카라비너 생산에 대해 확신을 갖게 된 그는 사장을 열심히 설득했고, 사장은 그의 제의를 선선히 받아들였다. 1년 후 철물공장은 카라비너 제품으로 제2의 전성기를 맞이하게 되었다. 철물공장의 성공은 업종전환에 기인한 것이긴 하지만, 리자청의 충고가 결정적으로 도움을 주었다는 사실은 부정할 수 없다.

철물공장 사장은 리자청에게 감사의 뜻을 전하며 이렇게 장담했다. "네가 우리 회사에 있을 때 나는 한눈에 네가 평범하지 않은 인물이라고 느꼈다. 내가 보장하건데 넌 반드시 큰일을 해낼 거다!"

주위 사람들의 말을 빌리면, 리자청은 모든 일과 사람들에게 감사의 마음을 잃지 않고 산다고 한다.

• 리자청 어록 •

> 남들이 보기에는 사소한 일이었을지도 모르지만 내게는 큰일이었다. 만약 그 손님을 다시 만난다면 그가 말년을 편안하게 보낼 수 있게 하여 은혜를 갚을 것이다.

3 이익보다 의리를 중시하여 스스로의 약속을 어기지 않다

　창업을 위해 리자청이 한동안 몸담았던 플라스틱회사를 떠날 때의 일이다. 사장은 몇 년 간 리자청을 지켜보면서 큰물에서 놀아야 할 인물이라고 판단했기에 그를 놓아주기로 결심했다. 그리고 떠나는 리자청을 위해 송별연을 베풀어주었다.

　리자청은 감동과 함께 미안한 마음을 감추지 못해 사장에게 자신의 계획을 솔직히 털어놓았다. "회사를 그만두고 플라스틱공장을 차리려 합니다. 여기서 배운 기술로 비슷한 제품을 생산하게 될 것입니다. 요즘 플라스틱이 워낙 인기니까 제가 아니라도 다른 사람이 사장님과 같은 제품을 만들겠지요. 하지만 절대로 사장님의 고객이나 거래처를 빼앗는 짓은 하지 않겠습니다. 제 나름대로 판매망을 개척하겠습니다."

　장사꾼들의 말은 믿을 게 하나도 없다고 하지만 리자청은 이익보다는 의리를 중시하여 스스로의 약속을 어기지 않았다. 실제로 그가 플라스틱공장을 차리자 먼저 회사에서 알았던 고객들이 거래를 하겠다고 나섰지만, 모두 거절했다. 오히려 먼저 회사의 우수성과 자신의 입장을 설명하면서 원래대로 거래를 계속하라고 권했다. 리자청의 마음씨에 감동을 받은 고객들은 발길을 돌렸다.

　20년 후인 1973년, 오일쇼크가 터져 홍콩의 플라스틱업계가 원료 확보에 비상이 걸리자 리자청은 자신의 회사가 보유하고 있던 원료를 은혜를 입었던 회사에 넘겨주었다. 이미 환갑을 넘긴 사장은 뜨거운 눈물을 흘리며 자신이 리자청을 잘못보지 않았다고 감격해했다.

리자청은 뛰어난 세일즈맨은 상품과 함께 자신을 파는 것이라고 생각했다. 그렇기 때문에 그는 자신을 포장하는 데 매우 신경을 썼다. 상품을 잘 포장하는 것이 중요하듯 세일즈맨이 스스로를 포장하는 것은 무척 중요하다. 세일즈맨의 포장에는 복장, 언행, 인격적인 수양 등이 포함된다.

리자청은 의식적으로 친구를 많이 사귀었다. 이해관계를 초월하여 먼저 친분을 쌓고, 그것이 우정으로 발전하면 사업상의 문제는 자연적으로 풀린다는 것이 그의 지론이다. 그리고 그는 고객만을 친구로 만들지는 않았다. 당장은 고객이 아니더라도 미래에 고객으로 만들 수 있으며, 그렇지 않더라도 서로 도움을 주고받을 수 있다면 좋은 일이라 생각했기 때문이다.

박학다식함과 진심으로 타인을 배려하는 마음가짐이 리자청의 매력이었고, 많은 사람들이 이 매력에 끌려 친구가 되었다. 한 친구는 리자청을 가리켜 '자신의 몸값을 올리는 데 있어 그만한 고수는 없다'고 말했다.

> **· 리자청 어록 ·**
>
> 돈을 많이 갖게 되면 갑자기 인생에서 의미 있는 일을 하고 싶은 생각이 든다. 하지만 막상 돈이 필요할 때 돈을 벌려고 하면 쉽지 않다.

4 회사의 운명은 직원이 결정한다는 사고를 갖다

　홍콩섬 베이자오(北角)의 창장빌딩은 리자청이 처음으로 소유한 건물로, '플라스틱조화의 왕'이라는 별명을 얻게 만든 근거지이다.
　사람들은 리자청이 부동산과 증시에서 크게 성공한 뒤 플라스틱제조업을 그만둔 것으로 알고 있다. 그러나 여기자 린엔니가 광고회사를 설립하기 위해 사무실을 물색하러 다니다 창장빌딩에 여전히 플라스틱조화공장이 있는 것을 발견하고 깜짝 놀랐다. 플라스틱조화는 오래 전에 사양사업으로 전락해서 수익성이 없었다. 이에 비해 창장실업은 번창일로여서 플라스틱조화로 돈을 번다 해도 별로 도움이 될 것이 없었다.
　그럼에도 불구하고 창장실업은 소규모이나마 조화를 생산하고 있었다. 린엔니는 이런 저런 생각을 하다 리자청의 인품으로 보아 창장플라스틱에서 오랫동안 근무한 직원들이 생계를 유지할 수 있도록 공장 문을 닫지 않는 것이라 짐작했다.
　그녀의 생각은 일리가 있었다. 실제로 창장빌딩을 외부에 임대한 후 플라스틱공장이 문을 닫게 되자 몇 명 안 되는 늙은 직원들은 빌딩관리 등의 일을 하도록 배려했다. 의리와 옛정을 소중하게 생각하는 리자청은 플라스틱조화를 생산하던 직원들에게 감사한 마음을 잃지 않았던 것이다.

한번은 지인이 그에게 왜 창장플라스틱의 직원들을 아직까지 돌보고 있냐고 물었다. 그러자 그는 이렇게 대답했다. "회사는 가정과 마찬가지다. 그들은 회사에 많은 공헌을 했으므로 마땅히 대접을 받아야 한다. 그들은 이제 늙었으므로 우리가 그들을 돌봐야 할 의무가 있다."

그 지인은 오늘날 홍콩의 회사들은 나이든 직원들을 쫓아내는 일이 다반사인데 그들을 아직까지 껴안고 있다며 리자청의 배려에 감탄을 금치 못했다. 리자청은 극구 부인하며 "사장이 직원들을 먹여 살린다는 말은 낡은 사고방식에서 나온 것이다. 현대적인 기업은 직원이 사장과 회사를 먹여 살린다"는 지론을 폈다.

상인은 이익을 추구하는 방향으로 행동하고, 최종 목적은 돈을 버는 것이다. 자선가가 아닌 사업가가 수익을 내지 못하는 공장의 문을 닫는 것은 아무런 문제가 되지 않는다. 또한 비즈니스의 세계는 정이 개입할 여지가 없다고 한다. 늙은 직원들을 배려하는 리자청의 모습에서 사람들은 그의 또 다른 면모를 발견할 수 있었다.

'직원이 사장과 회사를 먹여 살린다'는 리자청의 말은 자신이 현대적인 경영관의 소유자임을 드러내는 것이라 하겠다. 직원들이 열심히 일을 하지 않는다면 아무리 능력 있는 경영자라도 기업을 제대로 운영할 수 없다. 반대로 직원들이 단결하여 회사를 위해 분투한다면 그 기업의 전망은 매우 밝다고 할 수 있다.

리자청은 직원과 회사의 관계를 "조금도 과장하지 않고 말하건대, 기업은 가정과 같아서 직원들은 바로 가족이라 할 수 있다"라고 정의했다.

"경영자는 엄청난 스트레스를 받기는 하지만 직원들보다 훨씬 많은 수입을 올린다. 그러므로 나는 직원들을 더 많이 배려하면서 그들에게 정당한 대우를 해줘야 한다는 생각을 잊지 않기 위해 수시로 자성한다."

그의 말이 사람들의 마음을 사려는 '화려한 미사여구'에 불과하다고 비판할 수도 있다. 사실 그가 어떤 말을 하는지는 중요하지 않다. 중요한 것은 그의 실제 행동이다. 확실한 사실은 리자청이 늙은 직원들의 생계를 마련해주는 배려를 잊지 않았다는 것이다. 흔히 경영자는 직원을 이용하려 할 뿐 진정으로 그들의 이익을 챙겨주기란 쉽지 않다. 피고용자의 입장에서는 이런 경영자에게 미래를 맡기기보다는 스스로 출로를 찾기에 급급하기 쉽다. 이런 상황은 고용주와 피고용자 누구에게도 득이 되지 않는다.

> · 리자청 어록 ·
>
> 사장이 직원들을 먹여 살린다는 말은 낡은 사고방식에서 나온 것이다. 현대적인 기업은 직원이 사장과 회사를 먹여 살린다.

5 국가와 국민에게 이바지하는 것이 인생의 큰 기쁨이다

리자청은 명함이 필요 없는 인물이지만, 중국 서부지역에 갔을 때 그는 파격적으로 장애인들에게 '홍콩 창장실업 이사회 의장 리자청'이라고 새겨진 명함을 건네주었다. 2001년 2월 리자청이 서부지역의 교육과 의료현황을 살펴보러 갔을 때의 일이다. 그는 출발 전에 관계자들에게 반드시 장애인들을 만나게 해달라고 부탁했다.

2월 20일, 리자청은 8년 전에 건물을 지어 기증한 깐수(甘肅)성 장애인 재활센터를 방문했다. 재활치료를 받고 있던 뇌졸중 환자가 그의 손을 잡으려 하자 그는 성큼 다가가 다정한 목소리로 위로했다. 특수교육을 받은 농아들이 춤과 노래를 선보일 때는 흐뭇한 미소를 지었다. 시설을 둘러보면서는 '창장의 보급형 의수와 의족'을 사용하는 환자가 걸음을 떼자 기쁨을 감추지 못했다. 잠시 후 장애우들과 환담을 나누는 자리를 마련하자 그들은 앞 다퉈 리자청에게 자신들의 이야기를 들려주려 했다. 그 중에서도 몇몇 아이들의 이야기는 그를 매우 감동시켰다.

톈난(田楠)은 어렸을 때 귀가 멀었지만 리자청이 재정지원을 하여 만든 농아훈련프로그램에서 언어를 익혀 정상적인 생활을 하고 있다고 했다. 현재 고등학교 1학년에 재학 중인 이 소녀는 자신의 이야기를 하면서 감정에 복받쳐 눈물을 흘렸다. 그러자 리자청은 소녀에게 다가가

"그만 울어라. 내가 다 알아들었다. 불행한 과거는 잊고 힘차게 살아야지!" 하고 위로했다.

장징(張靜)은 초등학교 입학을 앞두고 교통사고로 왼발을 잃었다. 매일 아침 이 소녀는 친구들이 등교하는 모습을 부러운 마음으로 지켜보다, 리자청의 기부금으로 마련한 의족을 선물받아 학교를 다니게 되었다. 장징은 상장을 들고 나와 국어와 수학 시험에서 97점과 100점을 받았다고 자랑했고, 제기를 차는 모습도 보여주었다. 리자청은 소녀의 머리를 쓰다듬으며 격려의 말을 잊지 않았다. "앞으로 과학기술이 발전하면 네가 뛰어다닐 수도 있을 거다."

다리 한쪽을 잃은 여섯 살의 도우쥔(竇君)이 명랑한 얼굴로 리자청에게 한 말에 사람들은 폭소를 터뜨렸다. "할아버지가 저에게 새로운 다리를 주셨으니 열심히 공부해서 돈을 많이 벌겠습니다. 그리고 비행기를 타고 할아버지를 만나러 가겠습니다." 리자청은 자리를 뜨면서 뜻밖에도 수행원에게 자신의 명함을 달라고 하더니 장애우들에게 모두 나눠주었다. 그리고 "앞으로 무슨 일이 있으면 나를 찾아오라"고 했다. 아무에게도 주지 않았던 명함을 몸이 불편한 아이들에게 일일이 나눠준 것이다.

1주 후 홍콩으로 돌아온 그는 다음날 곧장 장징과 톈난에게 편지를 썼다. 내용은, 만나서 반가웠고, 열심히 공부하여 좋은 성적을 얻길 바라고 어려운 일이 있으면 연락을 하라는 것이었다. 재계의 거물로서 눈코 뜰 새 없이 바쁜 그가 소녀들에게 신속하게 편지를 보낸 사실에 주위 사람들은 감동을 받았다고 한다.

리자청은 11년 동안 중국의 장애인연합회 인사들과 꾸준히 접촉하며 그들의 상황을 이해했다. 그는 공식석상에서 "아무것도 가진 것이 없는 사람들에게 도움을 주는 것이 가장 유익한 일이다"라는 말을 여러 번 했다. 1984년 중국장애인복지기금회가 출범하면서 덩푸팡(鄧樸方, 덩샤오핑의 아들로, 문화혁명 때 장애인이 되었다)이 처음 홍콩을 방문하자 리자청은 200만 홍콩달러를 기부했다. 중국장애인연합회가 설립된 1991년에는 또다시 1억 500만 홍콩달러를 기부했다.

1991년 8월, 덩푸팡이 장애인예술단을 이끌고 홍콩을 방문했다. 이 시기는 중국 동부지역에 큰 수재가 나서 홍콩에서 대대적인 모금운동이 벌어지고 있을 때였으므로 덩푸팡은 장애인 돕기 성금을 받지 않겠다고 했다. 그러나 리자청은 얼마 전 5천만 홍콩달러를 수재성금으로 냈음에도 불구하고, 사양하는 덩푸팡에게 고집스럽게 500만 홍콩달러의 성금을 전달했다.

두 사람이 만나는 자리에서 덩푸팡은 "우리는 이 성금을 종자돈으로 삼아 사업을 해서 장애인들이 절실하게 필요로 하는 곳에 쓰도록 하겠습니다. 분명히 좋은 결과를 얻을 것이라 확신합니다"라고 했다.

자신의 생각과 일치하는 덩의 발언에 기분이 좋아진 리자청은 찬사를 보낸 뒤 장애인사업에 관한 자료를 얻어 집으로 가져왔다. 그날 밤 그는 아들들과 긴 이야기를 나눴다. 다음날 덩푸팡을 만난 리자청은 1억 홍콩달러를 성금으로 주었다. 12월 초에는 차남 리쩌카이를 베이징에 보내 장애인들의 실태와 취업상의 어려운 점 등을 살펴보도록 했다.

1999년 12월, 덩푸팡이 홍콩을 이틀간 방문하여 국제회의에 참석할 것이라는 소식을 들은 리자청은 그에게 전화를 걸어 만날 약속을 했다. 12월 18일, 두 사람이 다시 만났을 때 리자청은 과거를 회고하며 21세기에는 더욱 협력을 강화하자고 다짐했다. 그는 생색을 내는 사업보다는 실질적인 도움을 주는 일을 하고 싶다며 의료, 교육, 공익사업에 대한 관심을 표했다. 덩푸팡은 리자청의 진심을 알았기 때문에 자신의 포부도 털어놓았다. "1991년에 내신 성금은 우리들에게 정말 큰 도움이 되었습니다. 지금 제가 55세인데, 중국에서는 60세면 은퇴를 합니다. 은퇴하기 전에 후배들을 위해 보람 있고 실질적인 일을 하고 싶습니다. 장애인사업에 있어서 취약한 부문을 강화하고 체계적인 시스템을 만들어서 앞으로 많은 성과를 얻기를 바라고 있습니다. 장담하건데 선생께서 내시는 기부금은 우리 사업의 새로운 부문을 개척하는 데 유용하게 쓰일 것입니다."

3개월 후에 중국장애인연합회는 6천만 홍콩달러의 도움을 요청하는 〈창장 신기원 프로젝트〉라는 보고서를 보냈고, 리자청은 흔쾌히 동의했다. 후에 그는 4천만 홍콩달러를 더 기부하여 총 1억 홍콩달러를 중국 장애인 복지에 사용하도록 했다.

몇 년 동안 중국장애인연합회는 리자청에게 활동보고회에 참석해달라고 요청했지만 모두 거절당했다. "국민의 한 사람으로서 마땅히 할 일을 한 것뿐이다"라는 것이 리자청의 거절 이유였다.

그는 한 글에서 다음과 같은 말을 했다. "세상에서 진정으로 가치 있고 자랑스러운 일을 하려면 뚜렷한 인생관을 갖고 이상과 목표를 위해 굳은 의지와 분투하는 정신으로 최선을 다해야 한다. …… 우리 모두는 숭고한 가치관을 갖고 소중한 자원을 잘 활용하여 사회에 공헌하고, 삶을 위해 아름다운 씨를 뿌려야 한다."

불교학의 대가인 자오푸추(趙朴初)는 임종 전 병원에서 리자청을 위해 '마음에 사랑이 가득한 사람'이라는 휘호를 남겨주었다.

웬만해서는 기념사를 쓰지 않는 리자청은 간수성 장애인 재활센터에 "도움을 필요로 하는 사람들에게 무상으로 봉사함으로써 우리는 인성의 고귀한 면을 고취할 수 있습니다"라는 제호를 남겼다. 장애인들은 그의 도움에 답례하기 위해 다음과 같은 글을 선물했다. "당신의 사랑은 우리의 삶을 바꿔놓았습니다!"

• 리자청 어록 •

이생에서 인류와 민족, 국가를 위해 유익한 일을 할 수 있다면 나는 기꺼이 최선을 다할 것이다.

6 뜨거운 애국심으로 조국에 헌신하다

많은 화교들이 외국에서 부를 쌓으면 조국에 봉사하겠다는 마음을 갖고 있다. 이 중에서 가장 대표적인 인물이 푸젠성 출신의 천자경(陳嘉庚)과 광둥성 출신의 리자청이다.

리자청은 '나는 평범한 중국인'이라는 강한 귀속감과 함께 '중국인으로서 조국에 대한 의무를 다해야 한다'는 책임감을 갖고 있다. 고향을 떠난 지 오래되었고 사업가로서 분망한 삶을 살고 있지만, 한 순간도 중국과 고향을 잊지 않고 있으며, 전력을 다해 고국을 돕고 있다. 그는 고향인 차오저우의 한 관리에게 뜨거운 애향심을 표현했다.

"나는 조국의 고속성장을 목격하고 있습니다. 4개 현대화정책의 추진으로 사회 각 분야가 눈부시게 발전하는 모습을 보면 가슴이 벅차오르는 것을 느낍니다. 본인은 모국과 고향의 발전에 조금이라도 도움이 되고자 하는 마음으로 평생을 살아왔습니다. 차오저우의 복지를 향상시킬 수 있는 사업이 있으면 기쁜 마음으로 참여하겠습니다."

리자청은 홍콩에서 해외투자를 가장 많이 하는 기업가이지만 여러 가지 이유로 중국대륙에 대한 투자는 1위를 기록하지 못했다. 그러다가 홍콩의 많은 재벌들이 대중국투자에서 큰 성과를 거두자 리자청도 그 대열에 뛰어들었다. 1992년을 기점으로 리자청은 해외투자의 중심을 중국으로 옮겼다.

　1992년은 덩샤오핑이 중국 남부의 경제특구를 순시하면서 개혁개방의 바람을 일으킨 해이다. 경제학자들은 중국을 세계에서 가장 큰 잠재력을 가진 시장으로 평가하고 있다. 하지만 친중국적인 성향에도 불구하고 사이먼 먼레이는 리자청에게 중국투자에 신중을 기하도록 충고했다. 리자청은 새로운 구상을 행동에 옮기는 데 있어 기민한 사업가들보다 늦는 경우가 많았지만, 한번 내린 결정은 여간해서 번복하지 않았다. 1989년 톈안먼(天安門)사건에 경악한 홍콩인들은 홍콩에 남아 있는 것은 앉아서 죽음을 기다리는 것이라며 위기감을 떨치지 못했다. 창장그룹의 이사들 가운데 90% 이상이 본사를 해외로 옮겨야 한다고 주장했지만, 리자청만은 절대로 동의하지 않았다. 그 결과 창장그룹에서 본사를 해외로 이전한 계열 기업은 하나도 없었다.

　창장그룹은 오랫동안 홍콩을 본거지로 했다가 해외로 진출했다. 그러나 홍콩의 반환과 중국의 경제발전을 지켜보면서 시장의 잠재력에 주목하여 과감하게 투자의 중심을 중국대륙으로 옮겼다. 리자청은 창장이 앞으로 많은 액수를 투자하여 중국 내 기업들과 합작을 할 것이라 했다.

　그는 중국 각지를 직접 시찰한 후 상하이를 투자의 중심지로 삼을 것이라고 선언했다. 상하이가 짧은 기간 동안 세계적인 금융과 정보통신, 무역, 항운의 중심지로 부상했다고 찬사를 보내며 앞으로 성장가능성이 무궁무진하다고 격려했다.

　현재 창장과 허치슨 왐포아 그룹이 중국에 투자한 액수는 600억 홍콩달러가 넘으며, 그 중 상하이에 대한 투자액이 80억 홍콩달러에 달해 최대 투자지역이 되었다.

　상하이와 더불어 투자의 중심지가 된 곳은 홍콩과 인접한 선전이다.

고위층 인사의 요청으로 선전을 방문한 리자청은 상하이와 마찬가지로 지금까지 이룩한 발전과 미래의 발전가능성에 높은 점수를 주었다. 허치슨 왐포아 산하의 기업이 옌톈(鹽田)항 3차 공정을 수주했는데, 이 항만은 세계 최대의 컨테이너부두가 될 전망이다. 따라서 선전은 앞으로 창장그룹의 중국 투자지역 중 선두자리를 지키게 될 것이다.

선전의 눈부신 발전을 목격한 리자청은 현재의 성과도 대단하지만 도시계획, 경제, 과학기술에 대한 장기적 계획이 존경할 만하다고 치사를 했다. 롄화산(蓮花山) 정상에서 선전시를 바라보면서 리자청은 "선전시는 세계적으로 자랑할 만한 도시입니다. 앞으로 공간적으로 허락이 된다면 창장은 시 중심지 개발에 기여하고 싶습니다."라고 했다. 중국의 하이테크공업 집중육성발전의 5대 중심지 중 하나로 선정된 공업단지를 방문해서는 외국의 투자기업이 이곳에서 생산한 제품을 중국 내에서 판매할 수 있는지의 여부, 투자기업에 대한 규제 등에 대해 질문한 뒤 적당한 종목이 있으면 투자하겠다는 의향을 밝혔다.

상하이와 선전을 방문한 것은 리자청의 중국시장에 대한 높은 관심을 보여주기 위해 계획된 행사였다. 그는 앞으로 중국의 각종 건설프로젝트에 대규모 투자를 하여 경제발전에 헌신하겠다는 각오를 밝혔다.

리자청이 고향에 베푼 가장 큰 선물은 산터우대학의 설립이었다.

이에 앞서 천자경은 몇 십 년 동안 동남아와 세계 각국에서 활동하면서 모은 돈으로 푸젠성에 유치원, 초등학교, 중·고등학교 및 사범학교, 수산, 항공 분야의 전문학교들을 설립했다. 그는 육영사업에 대한 열정과 헌신으로 중국인들로부터 화교의 지도자로 칭송을 받았다.

리자청은 20억 홍콩달러를 쾌척하여 산터우대학을 설립했다. 조국과 고향의 발전을 위해 후대를 잘 교육시켜야 한다는 정신이 대학 설립으로 나타난 것이다. 유서 깊은 고장 차오저우와 산터우는 대대로 인재가 많이 배출되었고 면적 1만 평방킬로미터에 인구가 900만이나 되지만 대학이 없었다. 1940년대에 차오저우에서는 대학을 설립하기 위해 자금을 모았지만 실패했다. 당시 천자경도 적극적으로 찬동하면서 대학 설립의 당위성에 대해 글을 쓰기도 했다. "차오저우에 아직 대학이 한 군데도 없다는 것은 매우 유감스런 일이다. 비록 중국 남단의 외진 곳이기는 하지만 동남아로 진출하는 데 있어 유리한 이 지역에 대학을 설립하면 중국의 대학에 머물지 않고 동남아의 대학으로 발전할 것이다." 천자경의 소원은 결국 리자청에 의해 이루어졌다.

1979년 중국이 개혁개방정책을 실시하면서 산터우시가 4대 경제특구의 하나로 선정되자 경제 분야의 엘리트에 대한 수요가 높아졌다. 중앙정부와 현지정부는 차오저우와 산터우에 대학을 설립해야 한다는 필요성을 절감하면서 해외 화교들에게 이 사업에 동참해달라고 호소했다.

소년시절, 교사가 되려는 꿈을 가졌던 리자청은 산터우대학의 설립 소식을 듣자 교육보국의 숙원을 이루게 되었다는 희망에 부풀었다. 그리고 비록 직접 교육을 담당하는 것은 아니지만 최대한 도움을 주어야겠다는 결심을 굳혔다.

1981년 8월, 국무원은 산터우대학 설립을 비준했다. 11월에는 쉬디신을 초대 총장으로 임명하고, 교지는 산터우시 근교의 상푸산(桑浦山) 남쪽으로 결정했다.

리자청은 처음에는 개인 명의로 3천만 홍콩달러를 기부했고, 설립과정에 적극적으로 참여했다. 1981년부터 산터우대학 설립위원회에 참여했던 천옌쥔(陳衍俊)은 저서에서 리자청의 노고를 소개했다.

"기획단계에서 리자청, 산터우 정부의 고위관리, 설립위원회 주임은 학교의 '하드웨어' 건설에 초점을 맞춰 신속하게 1차 공사를 완성하기로 했다. 이 작업에는 홍콩의 우전민(伍振民)건축사무소와 산터우대학 설립위원회에 소속된 건축설계사, 엔지니어 등이 헌신적으로 기여했다. 리자청은 많은 시간을 학교 설립 문제에 할애했을 뿐만 아니라 창장그룹 내에 특별히 산터우대학 사무를 전담할 팀을 구성했다. 이 팀은 수시로 현지에 와서 상황을 파악하면서 어려움을 해결해주었다. 우전민건축사무소는 학교의 건축을 전담하면서 설립위원회의 기초건설팀 및 베이징 유색금속야금(冶金) 설계원과 협력하여 전체적인 청사진을 마련했다."

1982년 세계적인 경기불황과 함께 대처 수상이 중국과 벌인 홍콩반환협상에 대한 불안감으로 홍콩증시와 부동산경기가 붕괴되는 사태가 벌어졌다. 창장그룹의 수익도 62%가 감소한 5억 2,600만 홍콩달러를 기록했고, 1983년에는 그룹 전체의 수익이 4억 홍콩달러로 급감했다.

창장그룹뿐 아니라 홍콩경제 전체에 검은 구름이 드리워졌고, 해외이민붐이 최고조에 달했다. 차오저우와 산터우 출신의 홍콩 사업가들이 고향을 방문하여 홍콩에서 돈 있는 사람들은 모두 해외로 빠져나갔다고 말하자 리자청이 더 이상 돈을 내지 않을 것이라는 소문이 파다해졌다. 심지어 산터우대학 건설현장에 찾아가, 공사가 중단되었는지, 설립위원회가 간판을 내리지는 않았는지를 살펴보는 사람들도 있었다.

상황이 이렇게 돌아가자 리자청은 1983년 5월 설립위원회에 서한을 보내 창장이 어려운 형편이지만 대학 건립을 중단하는 일은 절대로 없을 것이라고 강조했다. 또한 광둥성과 산터우시 고위관리들에게도 앞으로 상황이 더 나빠지더라도 산터우대학 설립에서 발을 빼지 않을 것이라고 다짐했다.

리자청의 적극적인 추진에 힘입어 산터우대학은 개교를 했다. 1986년 6월 20일 오전 덩샤오핑은 인민대회당에서 리자청을 접견했다. 덩샤오핑은 "당신이 조국을 위해 큰 기여를 한 사실을 나와 홍콩의 지도자들, 중국 인민들은 잘 알고 있습니다. 우리 중국 인민을 대표하여 감사의 뜻을 전하는 바입니다"라고 말했다.

리자청은 "산터우대학을 설립한 것은 제 인생에서 가장 중요한 일이었습니다. 교육을 통해 조국의 과학기술 수준을 높이는 것은 매우 중요한 사업이기에 저는 많은 노력을 기울였습니다. 많은 화교들과 외국인들이 산터우대학 설립에 힘을 모은 사실을 상기해서 앞으로 학교가 대외적으로 더욱 개방되기를 희망하는 바입니다"라고 화답을 했다.

덩샤오핑은 리자청의 생각에 크게 동의하면서 적극적으로 지원하겠다는 뜻을 밝혔다. "전국의 우수한 교수들을 이 대학으로 보내고, 더욱 개방적으로 운영해서 유수의 대학으로 발전시킬 것입니다. 우리는 앞으로 더욱 교육발전에 박차를 가할 것입니다."

리자청은 국가 지도자의 지원이 없다면 산터우대학을 발전시키기 힘들 것이라는 사실을 잘 알고 있었다. 그래서 그는 덩샤오핑에게 교수의 질과 실험·실습설비가 아직 미흡한 문제 등을 지적하는 편지를 썼다. 편지에서 그는 덩샤오핑이 다음의 세 가지 문제에 대해 '발언'을 해주기를 바란다는 희망을 피력했다.

첫째, 대학을 개방적으로 운영하여 해외의 우수한 교수들을 초빙하고 전국의 뛰어난 학생들을 유치한다.

둘째, 대학의 자율성을 높이고, 대학원을 설치한다. 대학원생을 외국으로 유학을 보내 학위를 받게 한 뒤 교수로 임용하여 대학을 세계적인 수준으로 발전시킨다.

셋째, 대학의 발전에 기여하기를 원하는 국내외 인사들을 폭넓게 받아들여 과학기술 분야의 인재들을 양성하게 한다.

리자청의 제언에 동감을 표한 덩샤오핑은 국가교육위원회에 산터우대학을 지원하도록 지시했다. 위원회는 중국런민(人民)대학, 상하이 푸단(復旦)대학, 난징(南京)대학, 샤먼(厦門)대학 등의 교수들을 파견하여 산터우대학을 돕도록 했다.

1986년 10월 7일, 리자청은 네 번째로 산터우대학을 방문했을 때 벅찬 감정을 토로했다. "여태껏 살아오면서 가장 심혈을 기울인 일이 산터우대학 설립입니다. 내 인생에서 가장 크고 가장 중요한 사업이었죠." 그는 대학 건설과정에서 몇 차례 추가로 기부를 했다.

1980년 9월에는 3천만 홍콩달러였던 기부금이 1989년 10월에는 3억 7천만 홍콩달러로 증가했고, 한 달 후에는 또 5억 7천만 달러를 기증했다. 기부액수는 원래 계획에 비해 20배 정도 증가했다.

그는 산터우대학이 국내외적으로 일류대학이 되기를 간절히 바랐다. 이를 위해 해외에 '리자청 산터우대학 기금회 주식회사'를 설립했고, 산터우시에 화력발전소를 건설했다. 기금회는 발전소 건설을 위해 미화 1천만 달러를 투자했고, 국외에서 5천만 달러의 기금을 모았다.

비영리조직인 기금회는 산터우대학과 산터우병원 운영에 필요한 자금을 조달하며, 기금운용에서 발생하는 이자는 모두 경영자금으로 사용한다.

리자청은 교육자는 아니지만 기업경영의 이념을 바탕으로 산터우대학을 경영하는 데 전력을 기울였다. 그는 대학은 낡은 틀을 깨고 과감하게 혁신하면서 적극적으로 진취하는 정신을 가져야 한다는 생각을 갖고 있다. 기업을 경영하려면 정확하고 다양한 정보를 수집해야 하듯, 리자청은 아무리 바쁠 때라도 시간을 내어 교육에 관한 정보를 연구·분석하여 제공함으로써 산터우대학 발전에 활용하도록 했다.

그는 산터우대학의 교수들이 해외의 대학들과 학술교류를 하여 강의의 질을 높이도록 홍콩에 산터우대학 학술기금회를 설립하여 교류에 필요한 자금을 제공했다. 이밖에도 교수진을 양성하기 위해 홍콩대학에 리자청장학금을 마련했고, 산터우대학 교수들을 영국의 글래스고대학으로 유학을 보내기도 했다.

1984년 이래 산터우대학은 미국, 영국, 호주, 독일, 일본, 싱가포르, 태국, 홍콩 등에 100명 이상의 유학생과 교환학생을 파견했다. 리자청이 산터우대학을 위해 쏟은 정성과 열정은 중국인들에게 감동을 주기에 충분했다.

• 리자청 어록 •

내가 만약 의사가 되었다면 그저 한 명의 의사에 불과하겠지만, 사업에 성공하면 1년에 200명의 의사를 양성할 수 있을 거라는 생각이 들었다. 결과적으로 나는 이 목표를 달성했다.

7 겸손함과 인정미가 돋보이는 인간적 매력을 지니다

 리자청은 '평범한 서민'의 모습으로 살아간다. 이름이 나거나 스포트라이트를 받는 것을 좋아하지 않기 때문에 공식석상에 나가는 것을 꺼리고, 언론에 노출되는 것은 더욱 원치 않는다. 겸손의 미덕에 대해 잘 알고 있기 때문에 일관되게 '조용한' 처신을 유지하고 있다.

 그가 조용하게 살아간다고 해서 건강에 문제가 있거나 성격적으로 결함이 있다는 오해를 해서는 곤란하다. 그는 아직도 건강상에 아무런 문제가 없으며 회의, 토론, 시찰 등의 바쁜 일정을 완벽하게 소화해내고 있다. 뛰어난 기억력을 가진 그는 사람이나 일에 관한 세세한 부분까지 모두 기억하여 주위사람들을 놀라게 하곤 한다. 그의 비서진은 "우리는 회장님과 기억력과 학습 면에서 항상 경쟁을 해야 한다. 그렇지 않으면 일을 따라갈 수가 없다"는 말을 한다.

 걷는 속도가 매우 빠른 그는 오전에는 홍콩에서 회의와 업무를 처리하고, 정오 무렵에는 비행기를 타고 산터우에 가서 점심을 먹는다. 점심 식사 후 1시간 정도 휴식을 취하고 나면 곧바로 산터우대학 부속병원에 가서 순찰을 하는데, 1층에서 6층까지 올라가는 속도가 젊은이들도 따라잡기 힘들 정도라고 한다. 일의 능률이 신속하기로 소문난 그는 수억 달러가 걸린 문제도 아무리 늦어도 사흘 내에 결정을 내리고, 일반적인 사안은 반나절에서 하루 정도면 해결책을 찾아낸다. 또한 정보의 중요성에 대한 인식이 매우 높아서 세계적으로 일어나는 일들에 촉각을 곤두세우고 있다.

일 외에 인간적인 측면을 보면, 그는 친구와 신용을 매우 중요하게 여긴다. 친구들이 어떤 일을 부탁했을 때 그가 '생각해보겠다'고 대답한다면 분명히 세심하게 연구를 하겠다는 뜻으로 보면 된다. 만약 할 수 없는 일이라면 그는 친구에게 직접적으로 불가능하다는 의사표현을 한다. 또한 일단 약속한 일에 대해서는 틀림없이 책임을 진다.

부하를 아끼는 마음이 대단한 것으로 유명한 그는 사원들이 회사에 충성심을 갖고 최선을 다할 것을 요구한다. 그들의 생활, 미래에 대한 대책, 노년생활 보장 등에 큰 관심을 갖고 있기 때문에 다른 기업들보다 높은 대우를 해준다. 따라서 이직률도 낮다.

리자청이 친구와 사원들을 아끼는 마음과 행동은 수많은 일화로 인구에 회자되고 있다. 동료였던 친구가 퇴직한 후 그 부인이 입원했다는 소식을 듣자 리자청은 그가 회사에 기여했던 공로와 현재의 어려움을 떠올리고 즉시 비서를 보내 상당한 액수의 위로금을 전달했다. 또 한번은 수십 년 전 동고동락했던 동료의 부음을 듣고는 오랫동안 연락이 없었음에도 불구하고 비서로 하여금 조문을 하도록 했다. 이에 그치지 않고 장례비용과 생활비, 자식들의 교육비까지도 제공했다.

1989년 10월, 산터우대학 생물과의 중빙웨이(鍾秉偉) 교수가 별세한 뒤 11월에 대학을 방문한 리자청은 자세한 사정을 듣고 교수의 가족에게 도움을 주도록 조치했다. 이에 앞서 산터우대학 병원장이 병으로 작고하자 유가족들을 만나 위로의 뜻을 전하면서 힘든 일들을 해결하도록 많은 도움을 주었다. 리자청의 휴머니스트적 기질을 잘 드러내는 이런 일화들은 사람들에게 많은 감동을 준다.

그는 '조용하고 소박하며 평화롭게 즐기는' 생활을 하기 위해 많은 노력을 한다. 하지만 피로감을 감출 수 없을 때는 친구나 비서들에게 "정신적으로 너무 피곤해. 정말로 쉬고 싶은 마음뿐이야!"라고 고충을 털어놓는다고 한다. "내 몸이 내 것이 아닌 것 같다"고 말하면서 "언제라도 은퇴하겠다"는 말도 하는 그는 "1997년 후에는 회사일로 골머리를 썩는 사람이 내가 아닐 것이다"라는 말로 은퇴하고 싶은 심중을 밝히기도 했다.

전세계의 언론은 리자청에 대해 다음과 같은 평가를 하고 있다.

영국의 로이터통신 기자는 "19세기에 영국의 상인들이 홍콩에 입성했지만, 이제는 중국인들이 점차 영국의 자본을 대신하고 있다. …… 영국계 그룹들이 쇠락하고 있는 가운데 중국 기업가들은 놀랄 만한 성공을 하고 있는데, 그들의 선두주자는 리자청이다"라는 기사를 썼다.

〈뉴스위크〉지는 리자청을 '신의 아들'로 표현하기도 했다.

미국의 〈해피니스(Happiness)〉라는 잡지는 리자청을 '가장 검소하고 소박한 억만장자'라고 칭했다. 이 표현은 '화교 기업가들 돈 벌기에 혈안, 쓰는 데는 인색'이라는 기사에 등장한 것으로, 일본을 제외한 아시아 국가들에서 거대한 부를 축적한 화교 출신 재벌들이 돈버는 데에서 인생의 의미를 찾지만 개인적인 소비는 극도로 자제한다는 특징을 소개했다. 하지만 이들이 교육과 자선사업에는 거금을 쾌척한다는 긍정적인 면을 소개하면서 예로 든 것이 리자청이었다. '부동산재벌인 리자청은 25억 달러의 재산을 소유하고 있지만 검소한 생활로 일관하고 있다. 개인적으로 해외에 부동산을 구입한 것이 하나도 없으며, 외국에 나갔을 때는 약속이 있으면 버스를 타고 다닌다'라는 내용은 리자청의 일면을 정확히 묘사한 것이었다.

1989년에 발행된 〈포브스〉지의 한 기사에서는 세계적인 갑부들 중 '무섭게 돈을 써대는' 인물들을 언급하면서 '가장 근검절약하는 갑부'는 리자청이라고 적시했다.

싱가포르의 〈연합조보(聯合早報)〉는 '홍콩의 부동산재벌 리자청'이라는 기사에서 '자신의 부를 과시한 적이 없는', '지혜와 용기를 겸비한' 인물로 표현했다. "리자청은 홍콩의 경제기자들과 증권전문가들이 가장 존경하는 인물이다. 개인 재산을 회사의 발전에 투자하는 그를 회사의 자산을 사유화하는 여느 기업가들과 감히 비교해서는 안 될 것이다. 무엇보다도 그는 중국인의 명예를 높이는 데 큰 관심을 갖고 있으며 자선사업에도 열정적으로 참여하고 있다"라는 대목에서 해외언론에 비친 리자청의 진면목을 발견할 수 있다.

베이징의 〈인민일보(人民日報)〉는 1992년 5월 20일자 해외판에서 리자청의 말을 그대로 인용하여 그의 생활을 소개했다. "살면서 필요한 것은 과히 많지 않다. 나는 소박한 삶을 원한다. 어느 날 내가 늙고 일을 할 필요가 없을 때에도 나는 단출하고 평안하게 살아갈 것이다."

· 리자청 어록 ·

나는 생활하면서 특별히 원하는 것이 없다. 따라서 의식주를 모두 간단하게 해결하고 있다. 하늘이 이미 나에게 많은 것을 주었기 때문에 많은 재산을 바라는 사치스런 생각은 하지 않는다.

8 고향과 공익을 위한 활동에 헌신하다

 '벼슬길에 나가면 천하를 구하고, 벼슬길이 막히면 홀로 수양한다'는 사상은 고대 유교사상의 핵심이다. 현실에서 거리를 두는 사상이라는 비판을 받기는 하지만, 이를 실천할 수 있는 사람은 얼마 되지 않을 것이다. 그런데 리자청은 이 사상을 잘 이해하고 있었고, 홍콩과 그의 고향 차오저우는 그의 '선행'의 수혜자가 되었다.

 '성공하면 천하를 구한다'는 가훈을 깊이 새기고 있는 리자청은 홍콩의 사회, 교육, 문화, 의료, 복지 등에 관심을 갖고 행동함으로써 대자선가라는 명예를 얻었다.

 중국의 전통적 미덕과 가치관으로부터 영향을 받은 리자청은 '인생 최고의 가치는 사리사욕을 떠난 헌신', '사람은 마땅히 나라와 민족, 그리고 인류를 위해 유익한 일을 해야 한다', '젊은이들을 위해 더 나은 미래를 만들어주자'는 목표를 세웠다.

 홍콩에서 생활하면서 리자청은 두 가지 직업이 존경과 격려를 받을 수 있다는 사실을 깨달았다. 첫 번째는 교사이다. 학생들의 지적인 호기심을 채워주고 올바른 가치를 가르치는 교사의 생활은 일반적으로 힘이 들고 경제적으로 별로 여유가 없다. 리자청은 부친이 교사였기 때문에 그 생활을 잘 이해했고, 깊은 존경심을 가졌다. 그래서 그는 교육사업에 대해 각별한 관심을 가졌다. 두 번째로 꼽을 수 있는 직업은 경찰이다. 생사를 넘나들며 근면하게 멸사봉공하는 경찰이 홍콩사회의 안정과 번영에 큰 공헌을 한 것이 사실이다. 그래서 리자청은 1977년부터 홍콩대학, 홍콩중문(中文)대학, 홍콩대학 손중산(孫中山)기금회, 홍콩대학의 '학생교환계획', 홍콩중문대학의 석사과정, 샤딩지(夏鼎基)기금, 홍콩언어운동, 프랑스 국제학교, 신화사 홍콩지국 교육기금 및 명애(明愛)센터, 세스틴고등학교, 성바오로고등학교, 둥화(東中)리자청중학교, 홍콩해외발전훈련학교, 카밀중학, 삼육초등학교, 노동자자녀학교, 경찰자녀교육기금, 경찰복지기금 등 교육과 경찰에 관련된 21개의 학교와 단체에 5,400만 홍콩달러를 기부했다.

홍콩시민들은 리자청의 의료사업에 대한 열성적 지원에 대해 존경과 찬사를 보냈다. 1984년 6월 사톈(沙田)의 프린스 오브 웨일즈 병원은 리자청으로부터 3천만 홍콩달러의 기부를 받아 리자청 클리닉을 개설했다. 홍콩 총독은 개원식에서 "이 클리닉은 홍콩 당국의 의료시설 확대계획에 큰 도움을 준 리자청에게 감사를 표한다"라는 치사를 했다.

그가 의료사업에 많은 기부를 한 것은 '시민이 건강해야 사회가 건강하다'는 인식에 바탕을 두고 있다. 개인적으로는 부친이 가난 때문에 제대로 치료도 받지 못하고 일찍 타계했을 때 돈을 벌면 반드시 의료 복지 향상에 기여하겠다는 숙원을 가졌기 때문이다. 그가 의료계에 행한 자선과 기부는 홍콩사람이라면 누구나 알고 있는 사실이다.

그는 사회복지와 문화예술 발전에도 깊은 관심을 갖고 많은 기부를 했다. 이 분야에서는 홍콩공익금, 맥리호스기금, 덩젠(鄧堅)자선기금, 소방서복지기금, 홍콩걸스카우트, 성아가다복지회, 홍콩로이터사회서비스협회, 홍콩경무처퇴역자협회, 재홍콩차오저우기구, 홍콩문화예술기금, 홍콩발레학교, 홍콩관현악단, 홍콩경제발전협회, 홍콩기본법자문위원회 등 25개 조직과 단체에 대해 1억 홍콩달러의 지원을 한 것으로 알려져 있다.

그는 또한 불당, 교회, 성당의 건축에도 적지 않은 기부를 했다. 빈민층에 대한 구제활동은 수도 없지만 외부로 알리기 싫어하는 그의 성격 때문에 잘 알려지지 않고 있다.

그는 '내 돈은 사회에서 나왔기 때문에 당연히 사회를 위해 쓰여야 한다', '나는 더 이상 많은 돈이 필요하지 않다', '내 자신만을 위해 돈을 번 것이 아니다. 나는 회사와 주주들, 그리고 공익사업을 위해 돈을 벌고 써야 한다. 그리고 남는 돈은 장애인과 빈곤한 사람들을 위해 나눠줘야 한다' 등의 말을 남겼다. 각종 자선활동과 기부금에 거금을 쾌척하는 그에게는 '개인장부'가 하나 있다고 한다. 그 장부는 가난하고 외로운 사람들과 친지를 돕기 위해 준비한 것이다. 설과 명절은 물론 한 달에 한 번씩 비서들은 리자청에게서 이름과 주소, 액수를 적은 메모를 받아 입금을 한다. 리자청은 이 메모를 모두 기억하며, 마치 자신의 '의무'처럼 충실하게 이 일을 이행한다고 한다.

1977년 이후 리자청은 매년 '익명'으로 1억 홍콩달러를 홍콩과 중국의 의료 및 교육사업에 기부하고 있다.

그의 엄청난 기부행위를 보고 '돈을 물 쓰듯 한다'고 오해해서는 안 된다. 그는 돈을 어떻게 써야 하는지를 잘 알고 있는 사람이다. 절대로 사치나 낭비를 하지 않고 사회에 유익한 곳에만 돈을 쓰기 때문에 홍콩 사람들은 리자청을 '돈을 쓸 줄도, 돈을 부릴 줄도 아는 사람'이라고 존경한다.

리자청은 '성공해도 고향과 조국을 잊지 않는다'는 생각을 늘 품고 살았다. 앞에서 말했듯이 리자청은 1940년 열두 살 때 홍콩으로 온 이후 38년이 지난 1978년에야 다시 중국 땅을 밟았다. 베이징에서 열린 국경일 행사에 참석한 그는 익숙한 듯하면서도 낯설고, 낯설면서도 친숙한 느낌을 받았다.

모국의 엄청난 변화를 목격하는 그의 가슴에는 만감이 교차했다. 19세기 말에서 20세기 초 '아시아의 병자'라는 비웃음을 사던 시대, 일본의 침략으로 국토가 유린되었던 역사, 국공내전의 시대, 문화혁명의 광기가 휩쓸고 간 뒤 빈곤과 고난의 시대를 보내고 개혁개방정책으로 경제부흥을 꾀하는 중국 현대사가 주마등처럼 그의 머릿속을 스쳐갔던 것이다.

홍콩으로 돌아온 그는 향친회에 자신이 도움을 줄 수 있는 일이 있으면 꼭 알려달라는 편지를 보냈다. "달은 고향의 달이 더 밝다는 말이 있듯이 나는 조국과 고향을 사랑합니다. 나라와 고향을 위해 미력하나마 도움이 될 수 있다면 무한한 영광으로 알겠습니다. 본인의 기부는 절대로 명예와 이익을 추구하기 위한 것이 아니라 순전히 개인적인 충정에서 나온 것입니다"라는 대목에서는 그가 평소 고향을 몹시 그리워했다는 사실을 짐작할 수 있다.

1978년 말부터 리자청은 고향을 위해 많은 일을 했는데, 그 중 대표적인 사례를 꼽으면 다음과 같은 것들이 있다.

첫째, 앞서 언급한 것처럼 1978년부터 1986년까지 590만 홍콩달러를 들여 차오저우시에 총면적 12,529평방미터의 주택과 아파트 9동을 지어 250가구를 입주시켰다.

둘째, 1980년에는 22억 홍콩달러를 기부하여 차오안현병원과 차오저우시병원을 건립, 차오저우시의 의료수준을 대폭 향상시켰다.

셋째, 한장대교 건설에 450만 홍콩달러를 기부했다. 다리를 건설하는 동안 리자청은 비서실장을 보내 공사의 진척상황을 지켜보도록 했다. 완공 후 차오저우시는 '애국·애향정신으로 교량건설에 도움을 준 국내외 인사들'의 공을 기리기 위해 대교 동쪽의 산기슭에 전통적 건축미를 살린 기념관을 건립했다. 기념관 입구의 좌측에는 기증자의 이름, 우측에는 사진이 전시되었는데, 가장 많은 기부를 한 리자청의 사진은 중앙에 위치했다.

넷째, 리자청, 부인 좡웨밍, 리자청의 모친 좡비친이 수차례에 걸쳐 11만 홍콩달러를 기부하여 차오저우의 개원진국선사(開元鎭國禪寺)를 중수했다. 오랫동안 방치되었던 개원사의 산문, 천왕전, 대웅전, 관음각 등은 리자청 일가의 도움으로 새롭게 단장되었다.

개원사는 국보급 사적지로 당나라 현종시대(738년)에 지어졌는데, 규모가 웅대하고 법력이 강하다고 알려져 크게 융성했다. 중국 고대건축의 정수로 꼽히는 사찰의 아름다움과 더불어 장경루(藏經樓)에 보관된 건륭황제가 하사한 옹정판본의 〈대장경〉 7,240권은 역사적으로 매우 높은 가치를 지니고 있다. 이밖에도 1937년에 시작하여 1949년에 완성된, 개원사 방장 스지청(釋智誠)스님이 혀를 깨물어 피로 쓴 〈대방광불화엄경(大方廣佛華嚴經)〉(속칭 '혈경(血經)')과 불교철학을 집대성한 경전, 문물 등은 중국 고대문화유산의 우수성을 그대로 보여주고 있다.

다섯 번째 중요한 사업은 차오저우시의 복지향상을 위한 기금조성이다. 87년에서 90년까지 80만 홍콩달러를 기증하여 의료복지기금회를 설립했고, 92년에는 차오저우시 위생국에 25만 홍콩달러, 85년에는 안부(庵埠)화교병원에 12만 홍콩달러, 89년에는 교육장려기금으로 10만 홍콩달러를 기부했다. 90년에는 차오저우시립체육관을 건립하는 데

150만 홍콩달러의 성금을, 92년에는 난아오(南澳)현인민병원에 50만 홍콩달러를 기부했다.

리자청은 수많은 기부와 자선활동을 했지만 외부에 알려지는 것을 극도로 싫어했기 때문에 여간해서는 테이프커팅식과 같은 행사에도 출석하지 않았다.

1983년 원소절(元宵節)에 차오저우에서는 여러 행사가 열렸다. 그 중에는 차오저우와 차오안병원의 개원식도 포함되었는데, 리자청은 이 두 병원을 지어주면서 세 가지 단서를 달았다. 첫째, 병원 이름에 자신의 이름이 들어가지 않도록 할 것. 둘째, 창장그룹 직원들을 개원식에 참석시키지 않을 것. 셋째, 홍콩의 귀빈들을 초청하지 않고, 자신도 개원식에 나가지 않을 것. 그러나 차오저우시의 지도급 인사들이 수차례 참석을 권하자 리자청은 할 수 없이 초청에 응했다.

이날 리자청은 "조국의 눈부신 발전을 보니 감개무량합니다. 국가 건설에 참여하고 보국을 하는 것은 본인 평생의 숙원이었습니다"라고 말한 뒤 "이 병원에 입원했던 환자가 건강을 회복하여 나가는 모습을 본다면 더할 나위 없이 기쁠 것입니다"라고 벅찬 소회를 털어놓았다.

"내가 가장 행복할 때는 사람들에게 그들이 원하는 것보다 더 많은 도움을 주었을 때이다. 그들이 도움을 받아들여 약속을 지키고 나면 형용할 수 없는 기쁨을 느낀다"라고 말하는 리자청은 홍콩뿐만 아니라 중국을 위해 뜻있는 일을 많이 했다. 자료에 의하면 리자청이 홍콩에서 교육, 의료, 문화예술 및 사회복지 등에 기부한 액수는 수억 홍콩달러가 넘는다고 한다. 중국의 각 분야에 출연한 금액도 10억 홍콩달러 정도 된다고 한다.

리자청은 무한경쟁의 자본주의 사회에서 '돈이면 안 되는 일이 없다'는 사실을 잘 알고 있지만 '돈이 만능은 아니다'라는 진리도 망각하지 않고 있다. 그렇기 때문에 그는 공공의 이익을 위한 사업을 천직으로 여겼다.

"중국인으로서 후세를 위한 일에 기여할 수 있다면 어떤 고생도 가치가 있고, 아무런 여한이 없을 것이다"라고 한 말은 아마도 그의 인생관을 압축한 것이라 하겠다.

> **· 리자청 어록 ·**
>
> 처음 창업을 했을 때 원래는 3년 후에 다시 공부를 하기로 마음먹었다. 하지만 현실은 내 마음처럼 되지 않았고, 이 점은 아직도 약간의 후회로 남아 있다.

리자청의 근황

리자청의 최근 행적을 살펴보면 중국으로의 진출이 눈에 띈다. 1950년대에 남들보다 한발 앞서 홍콩의 성장을 따라가며 부를 축적한 것처럼, 최근엔 중국에 대한 투자를 과감하게 추진하고 있다.

1972년 홍콩에서 부동산사업에 뛰어들면서 큰 돈을 모았던 그가 그로부터 30년이 지난 시점에 들어서면서는 "부동산이 홍콩경제를 이끌던 시대는 끝났다"라고 선언하고 중국 쪽으로 눈을 돌렸다. 그의 대중국투자를 살펴보면 대부분 부동산개발에 치중하고 있어 30년 전의 홍콩 개발을 연상하게 한다.

현재 리자청이 추진 중인 중국투자현황을 살펴보자.

첫째, 청두(成都) 청난(城南) 지역에 '리틀 홍콩' 건설을 추진 중이다. 이는 주택단지와 홍콩 스타일의 쇼핑센터를 세우는 것인데, 21억 위엔(한화 약 3,150억 원)의 사업비가 들 것으로 예상되고 있으며, 20만 평 규모의 사업이다.

둘째, 중국 중부권 중심지인 후베이(湖北)성 우한(武漢)시에 8억 2,500만 달러(한화 약 8,250억 원)를 투자해 초대형 테마파크를 개발하고 있으며, 역시 중부권인 시안(西岸)과 충칭(中京)에도 수십억 위엔을 투입해 대규모 상업단지 개발에 나서고 있다.

셋째, '동방의 하와이'로 불리는 중국 하이난(海南)성 산야(三亞) 하이탕(海棠)만에 7성급의 초호화 호텔을 건설할 계획이다.